U0448474

新发展理念视域下
我国矿产资源法修订研究

廖欣　刘娴　张发旺　著

图书在版编目(CIP)数据

新发展理念视域下我国矿产资源法修订研究 / 廖欣，刘娴，张发旺著. —北京：商务印书馆，2021
ISBN 978-7-100-20485-9

Ⅰ.①新… Ⅱ.①廖… ②刘… ③张… Ⅲ.①矿产资源法-修订-研究-中国 Ⅳ.①D922.624

中国版本图书馆CIP数据核字（2021）第230120号

权利保留，侵权必究。

本书受广西社会科学院新型智库出版资助

新发展理念视域下我国矿产资源法修订研究
廖欣　刘娴　张发旺　著

商　务　印　书　馆　出　版
（北京王府井大街36号　邮政编码 100710）
商　务　印　书　馆　发　行
三河市尚艺印装有限公司印刷
ISBN 978-7-100-20485-9

2021年12月第1版　　开本 880×1230　1/32
2021年12月第1次印刷　印张 8 1/4

定价：88.00元

序

廖欣及其科研团队的专著出版在即，请我作序，我欣然应允。本书是廖欣及其团队持续关注我国矿产资源立法的又一力作，主要针对新发展理念下矿产资源法的修改进行研究。我国现行《矿产资源法》颁布于1986年，最新一次修订是在2009年，距今已十二年之久。随着中国经济进入新常态，以及生态文明、绿色发展的理念不断深入人心，尤其是在新发展理念视域下，我国矿产资源的管理与开发利用工作面临着新形势、新任务和新要求。在这种背景下，已纳入议程的《矿产资源法》修订应该有所回应。这正是本书的问题意识之所在，这种面向中国的、现实的、重大问题的研究成果正是我所欣赏的。书中提出的矿产资源开发利用中的环境保护优先、矿业可持续发展、矿业推动扶贫脱贫和乡村振兴、矿区生态文明建设、矿业市场对外开放、城市地下矿产资源开发与地下空间布局相结合等修法理念正契合了新发展理念的新要求。

本书在新发展理念的指引下，从国内外矿业形势、矿产资源立法理论、我国矿产资源不同时期立法情况、国外矿业可借鉴立法（主要是美国、加拿大、澳大利亚、法国的相关立法）等内容全面、资料翔实的基础研究入手，深入探索我国矿产资源立法的修订方向和修订内容，并提出了全面系统的立法建议。我认为，本书的贡献主要体现在三个方面：第一，从纵向的角度梳理了我国《矿产资源法》修订的发展历程，对我国社会发展不同阶段的立法背景、内容、成效进行了详细的梳理，对于研究当前新发展理念视域下我国《矿产资源法》修订具有重要的理论意义与价值。第二，从横向的角度梳理了国外矿产资源法律制度的主要内容，并归纳总结了国外立法对我国《矿产资源法》修订的借鉴意义，比如主张建立充分体现矿产资源安全的立法理念和完备的矿产战略储备体系，建立矿产品储备和矿产地储备并重的矿产资源储备法律制度；建立统一、完备的矿产资源法律体系、矿业权法律关系；建立包括权利金、资源租金税、矿业权租金、耗竭补贴费等税费在内的矿产资源有偿使用制度；等等。这些建议能对矿业管理部门、矿业企业等单位提供指导，具有较强的应用价值。第三，本书最大的亮点，是针对《矿产资源法》的修订提出了具有创新性和时代性的意见，这些意见十分详细，论证充分，具有很强的操作性，建议立法部门对此要充分重视。

  廖欣博士曾经长期从事矿业管理相关工作，是我国学界中为数不多的既懂矿产资源管理又懂法律的复合型专家，因此本书也呈现出理论与实践高度融合的典型特征。希望本书的出版能够为我国《矿产资源法》的修订，以及矿产资源法理论与实践起到积极的推动作用。

  是为序。

中国工程院院士

2021 年 12 月 22 日

目 录

前 言 ·· 1

第一章 《矿产资源法》修订的国际国内背景 ··············· 3
  第一节 《矿产资源法》修订的国际背景 ·························· 4
    一、全球矿业基本形势研判 ·· 4
    二、全球矿业新情况新问题 ·· 9
  第二节 《矿产资源法》修订的国内背景 ························ 15
    一、我国矿产资源形势分析 ·· 15
    二、我国矿业发展新机遇 ·· 22
  第三节 《矿产资源法》修订的法治意义 ························ 27
    一、修法是贯彻宪法至上宗旨的必然要求 ···················· 28
    二、修法是秉承依法治国理念的根本要求 ···················· 30
    三、修法是完善国家治理方式的内在需求 ···················· 32

第二章 我国《矿产资源法》立法历程 ·························· 35
  第一节 1986年《矿产资源法》的制定 ·························· 35
    一、立法背景 ·· 35

二、主要内容 ……………………………………………………… 40
　　三、主要成效 ……………………………………………………… 43
第二节　1996年《矿产资源法》的修订 ……………………………… 49
　　一、修订背景 ……………………………………………………… 49
　　二、修订内容 ……………………………………………………… 52
　　三、修订成效 ……………………………………………………… 65
第三节　2009年《矿产资源法》的修订 ……………………………… 70
　　一、修订背景 ……………………………………………………… 70
　　二、修订过程及内容 ……………………………………………… 72
第四节　2019年《矿产资源法（修订草案）》（征求意见稿）……… 74
　　一、修订背景 ……………………………………………………… 74
　　二、修订内容 ……………………………………………………… 80
　　三、《修订草案》存在完善空间 …………………………………… 85

第三章　国外矿产资源法立法考察 …………………………………… 94
第一节　矿产资源所有权与矿业权立法 ……………………………… 94
　　一、矿产资源所有权立法 ………………………………………… 94
　　二、矿业权立法 ………………………………………………… 101
第二节　矿产资源使用立法 ………………………………………… 106
　　一、美国有偿使用制度 ………………………………………… 107
　　二、澳大利亚有偿使用制度 …………………………………… 110
　　三、加拿大有偿使用制度 ……………………………………… 112
第三节　矿产资源储备立法 ………………………………………… 115
　　一、国外矿产资源储备立法体例分析 ………………………… 116

二、石油储备制度立法规定 ··· 117
　　三、稀有金属储备制度立法规定 ································· 122
第四节　国外矿区环境保护制度 ·· 123
　　一、加拿大矿区环境保护制度 ····································· 123
　　二、澳大利亚矿区环境保护制度 ································· 129
　　三、美国矿区环境保护制度 ·· 132
第五节　对我国立法的经验启示 ·· 136
　　一、完善监管体系，注重信息公开与公众参与 ············ 137
　　二、界定政府职能，注重厘清政府与市场边界 ············ 137
　　三、科学设置税费，注重利益分配公平与合理 ············ 138
　　四、推行生态补偿，注重开发过程生态环境保护 ········ 139

第四章　修法的基本思路与理论创新 ·· 140
第一节　修法的基本思路 ·· 140
　　一、强化规划和顶层设计 ·· 141
　　二、掌握实情与着眼长远 ·· 145
第二节　修法的理论创新 ·· 150
　　一、创新立法修订理念 ··· 150
　　二、拓宽找矿新的思路 ··· 163
　　三、谋划矿业发展布局 ··· 171

第五章　《矿产资源法》修订的对策建议 ································· 175
第一节　借鉴国外矿产资源立法与修法经验 ·························· 176
　　一、借鉴国外矿产资源立法理念 ································· 176

二、建立完备矿产资源法律体系 178
三、明确权利义务及其产权界定 180
四、健全矿产资源有偿使用制度 180
五、高度重视矿产资源储备立法 182

第二节 吸收现有法规政策成熟与实用条款 183
一、契合我国的统一而又分层次的立法修法体制 184
二、集约化立法修法与分级分层立法修法相结合 185
三、留给地方立法修法创新自主权 185

第三节 吸收司法解析和相关判例合理内容 186
一、明确矿业权出让的主体及出让方式 190
二、完善矿业权流转相关规定 191
三、完善矿区生态环境赔偿制度 192

主要参考文献 194
附件一 《中华人民共和国矿产资源法（修订草案）》（征求意见稿）修改建议 199
附件二 《中华人民共和国矿产资源法》修订建议稿 225
后　记 255

前　　言

　　党的十八届五中全会提出了"创新、协调、绿色、开放、共享"的新发展理念，这是以习近平同志为核心的党中央治国理政新思想在发展理念上的集中体现和高度概括，是在深刻总结中国特色社会主义建设实践基础上，对中国特色社会主义发展理论内涵的完善和提升，也是指导新发展阶段各项事业的思想引领，更是为当前矿业发展指明了前进方向。新发展理念在矿业领域的运用体现在：通过矿业技术、制度等方面的创新解决矿业发展的动力问题；通过矿业规划与布局等解决矿业发展的不平衡问题；通过矿区土地复垦和生态修复等解决矿区人与自然的和谐关系问题；通过矿业"走出去"和"引进来"等方式解决矿业发展的内外联动问题；通过共享矿业成果等解决矿区的社会公平正义问题。

　　有关矿产资源的立法修法直接关系到国家经济的可持续发展，其为我国矿产资源合理开发利用、资源保护、依法行政、宏观调控和市场配置提供了强有力的法律保障。《中华人民共和国矿产资源法》（以下简称《矿产资源法》）颁布于1986年，虽历经1996年的修订和2009年的微调，但目前无论是从实施年限，还是从形势需要来看，它的再次修改已经成为时代的必然选择。近年来，党中央、国务院对矿产资源管理改革作出了一系列部署，2018年，十三届全国人大常委会将《矿产资源法》的修改列入立法规划。按照党中央、国务院的部署，自然资源部加快推进对《矿产资源法》修改工作的研究和部署，召开了多次专题会议，开展座谈交流、实地调研和书面征求意见。同时，广泛征求和听取了国务院有关部门、地方自然资源部门、行业协会、矿业企业以及有关专家学者等方面的意见和建议。经过反复讨论、研究、修改，起草形成了《中华人民共和国矿产资源法（修订草案）》（征求意见稿）（以下简称《修订草案》）。《修订草案》对此前法律进行了较大修改，旨在规范矿产资源保护、勘查、开采等活动，能有效维护矿产资源国家所有权和矿业权人合法权益，促进我国矿业高质量发展，保障国家资源安全，推进生态文明建设。但是，《修订草案》仍然有进一步完善的空间，如修法的前瞻性、产权界定及各类主体的权利义务的明晰、矿产资源储备思路的拓宽、矿产资源有偿使用制度等制度的优化、矿山环境保护及生态修复制度的规定等方面尚有较大完善空间。

本书以习近平法治思想和生态文明思想为指导，贯彻新发展理念，以促进我国矿业高质量发展和保障国家矿产资源安全为目标，运用经济全球化和区域经济一体化理论、生态文明建设理论、可持续发展理论、国家总体安全理论等理论方法，分析全球矿业大势，借鉴国外矿法立法修法经验，建言矿法前瞻修订，推动绿色矿业制度安排。通过梳理我国矿产资源立法和之后修改的背景、历程、意义与存在的问题，分析和总结国外发达国家矿产资源立法和修法的经验与教训，提出进一步完善《修订草案》的基本思路、理论创新和对策建议。与此同时，还提供了较为完整的修法建议稿。本书的出版，不仅将在《矿产资源法》的修订及其配套法规建设中发挥积极的参考作用，也将在矿业经济发展及政府管理工作中发挥积极的作用。

法制建设是一个长期的认识和实践的过程，《矿产资源法》的修订也不例外，它需要全社会的参与、献计献策，这正是本书出版的初衷。

第一章 《矿产资源法》修订的国际国内背景

党的十八届五中全会提出了创新发展、协调发展、绿色发展、开放发展、共享发展的新发展理念。该理念在矿业领域的应用体现在：矿业创新发展主要是通过矿业技术、制度等方面的创新来解决矿业发展的动力问题；矿业协调发展主要是通过矿业规划与布局等来解决矿业发展的不平衡问题；矿业绿色发展主要是通过矿区土地复垦和生态修复等来解决矿区人与自然的和谐关系问题；矿业开放发展主要是通过矿业"走出去"和"引进来"等方式来解决矿业发展的内外联动问题；矿业共享发展主要是通过共享矿业成果等来解决矿区的社会公平正义问题。现行《矿产资源法》于1986年颁布实施，随后，以《矿产资源法》为根据，国务院先后制定发布了《中华人民共和国矿产资源法实施细则》(以下简称《矿产资源法实施细则》)、《探矿权采矿权转让管理办法》和《矿产资源开采登记管理办法》等十余部相关法规制度，构建起我国矿产资源管理的法律法规体系。《矿产资源法》的颁布实施，不仅填补了矿产资源的法律空白，还极大地促进了我国矿产资源的有效开发利用，为国家经济社会发展提供了有力的资源保障。

但是，随着我国社会主义市场经济体制的不断改革及生态文明、绿色发展理念的不断深入人心，尤其是在新发展理念视域下，我国矿产资源的管理与利用工作面临着新形势、新任务和新要求。近些年来，国际形势正在发生深刻变化,世界各国逐步调整矿业政策,全球矿业形势面临严峻挑战。反观国内,绿色发展理念已成普遍共识,矿业结构加速转型升级,党中央、国务院对矿产资源管理改革作出了一系列重大部署。在此背景下,《矿产资源法》的修订工作也应当提上日程。

第一节 《矿产资源法》修订的国际背景

进入 21 世纪,在全球实现一体化的同时,发展不平衡的矛盾逐步凸显,广大发展中国家演变为发达国家的能源供应基地,但是随着矿产品市场总体上供大于求及国际资本市场动荡,全球矿业形势呈现下行趋势,唯独新能源新材料矿产品逆势而上,成为拉动矿产资源发展的主要增长点。

一、全球矿业基本形势研判

(一)全球经济与矿产资源需求整体放缓

2008 年经济危机以来,以美国为首的西方发达国家遭受重创。特朗普上任美国总统后,不仅发起逆全球化浪潮,还贸然发动贸易战,旨在摧毁中国等发展中国家不断攀升的高科技产业,使其永远处在产业链的低端。随之而来的是,国际经济复苏的势头戛然而止,始作俑者美国亦深受其害,全球各大经济体均受到了不同程度的影响。与此同时,全球矿产品价格也随之快速、大幅下跌,全世界矿业资本市场遭受严重挫折。2020 年 1 月,联合国发布的《世界经济形势与展望 2020》表示,由于中美之间的贸易摩擦及投资的大幅缩减,全球经济增速在 2019 年降至 2.3%,为十年来的最低水平。据不完全数据统计,2019 年全球主要发达经济体、新兴和发展中经济体经济增速同步放缓，有90%以上的国家或地区经济增长均放缓。

2020年以来，受到新冠肺炎疫情的影响，全球的交通运输业、制造业、商业大幅萎缩，矿产资源的勘查、开发、生产和利用等也受到了很大程度的影响，一些重大国际矿业项目被迫停产或暂缓建设，商业订单取消，产品投产下降，交易额严重下降，也使得铁矿石、稀土等矿产品价格大幅上涨。疫情在全球的肆虐蔓延，使得各国经济呈现断崖式下跌，致使矿业周期性复苏受挫，矿业繁荣周期的到来严重滞后。据普华永道全球矿业并购与行业观察的数据分析，2020年上半年，全球采矿和有色金属矿业的交易总量下降了25%。2020年底，国际疫情形势再度严峻，英国、法国、德国、新加坡、巴西等国家再次严控边境往来，重启封锁措施，从而使得全球经济复苏的势头进一步放缓。联合国2021年初表示，2020年全球经济萎缩4.3%。显而易见，世界经济复苏任重而道远，全球经济的全面下滑将会深刻影响矿业，矿产资源需求在短期内难以恢复到同期水平。

（二）受经济波动影响全球矿业结构不断调整

近年来，世界百年未有之大变局加速演变，全球地缘政治进一步紧张，国际形势和国际关系的不确定性骤然加大。全球重要矿产品价格剧烈震荡，国际原油价格甚至出现前所未有的负油价，一些具有金融保值属性的矿产品（如黄金、银、铁矿石等）价格不断上涨，然而其他金属矿（如铝、锌、镍、锂、铅、钴等）的价格却在不断下跌。

随着新冠肺炎疫情的全球蔓延，世界经济呈现断崖式下行，国际矿业生产和运输受到影响，国际矿产品的贸易交易呈现出区域性、短缺性、波动性等特征，也导致了全球矿业出现生产滞后、供不应求的不良态势，石油输出国组织和俄罗斯、巴西、澳大利亚、加拿大、秘鲁、南非等主要矿产资源地经济萎缩严重。与此同时，在新旧动能转换、高新技术开发、金融衍生品市场等领域，稀土、钨、锗、石墨、萤石、锑、铟、重晶石、钒、镓、镁等新型战略性矿产资源愈发突显其价值，并且与传统的矿产资源存在明显差异。以稀土为例，它在民用和军事领域运用相当广泛，是新型材料、高端制造及尖端科技的核心原材料，这种特殊矿产几乎没有替代品。在此背景下，这些资源成为极具重要经济价值的高风险、高利润的国家层面战略资源，也逐渐成为全球多个国家开展矿业勘测、地质勘查和资源开发储备的重要目标。基于此，全球范围内的矿业生产结构也在不断调整和发展，全球主要矿产品产量呈下降态势，多因素造成部分特殊矿种价格暴涨，重要矿业公司股价缓慢复苏，矿业并购活动趋于活跃，矿产勘查投入呈分异态势，预计2021年世界矿产勘查开发投资及原油、铁矿石等大宗矿产价格有望回升，全球固体矿产勘探投资触底回升，矿业公司市场条件逐步改善，黄金等贵金属供应紧张局面将显现，传统矿产资源和新兴矿产资源的需求此消彼长，未来全球矿业布局将会更加扑朔迷离。

（三）新能源新材料矿产品需求呈现爆发式增长

随着新兴产业快速发展，世界新能源新材料矿产需求量大幅增长。据统计，2000年至2017年，碳酸锂的消费量从6.5万吨增至24万吨，增幅约2.7倍；钴消费量从3万吨增至11.3万吨，增幅近2.8倍；稀土消费量从7.9万吨增至13万吨，增幅约65%。以新能源动力汽车为代表的新型产业已经悄然引领改革潮流，这些产业大多做到了低碳、环保和经济，相关的矿产品市场需求不断攀升，前景愈发广阔。以电动车行业龙头特斯拉为例，其在上海的超级工厂建成后，仅一年的石墨需求量就高达10万吨，其他的矿产品消耗量更是体量巨大。中国作为世界最大的发展中国家以及第二大经济体，根据国务院办公厅印发的《新能源汽车产业发展规划（2021—2035年）》，它的新能源汽车预计到2025年将实现保有量3262万辆。据有关部门预测，到2025年，我国新能源汽车动力电源的新材料矿产品的需求量分别是：碳酸锂41万吨—57万吨，钴4.1万吨—9.84万吨，镍6.3万吨—7.1万吨，石墨32.8万吨。

显而易见，新能源新材料矿产品的未来市场规模将会呈现几何式增长，并且在《联合国气候变化框架公约》对世界各国碳排放量的逐年限制及森林资源砍伐等气候变化政策调整的影响下，矿业基础绿色发展面临新挑战。可以预见清洁环保能源即将成为主流，传统不可再生的矿产品将会被新能源新材料矿产品所取代，各类市场主体加大资金投入研发新型材料适应市场需求，低碳化成为发展趋势，以碳中和为目标的绿色矿业经济与新能源开发利用政策也将进一步推动特殊矿产品（如稀土、锗、铟、钒、镉、碲、锑、镓等）需求增长，加快推动新一轮矿产资源革命的到来。

（四）全球有色金属矿业供应与消费格局呈现多元化

在"一带一路"倡议的带动下，全球矿业资源供应格局变化比较明显，一些非洲、东南亚、南美的国家和地区逐步成为全球矿产资源的新的重要供应地区，这些新兴矿业地的矿产品资源得到进一步开发与提升，特别是有色金属的供应与消费市场格局变化十分明显。比如一些发达国家有色金属矿的年产量以及占比份额不断降低，但是这些发达国家对有色金属矿产资源的控制力并未减弱，继续占据国际竞争的制高点，组建全球超大型的矿业公司，以联合、兼并、重组为特征进行持续性、战略性的调整，主导推动着世界矿业市场格局的变化发展，展现出高度的垄断性特征，主要涉及的矿产品有煤炭、铁、铜、铅、锌、镍、钼、金、钴等。

近几年来，中国、印度、东盟等亚洲新兴经济体已成为全球有色金属矿产品的消费中心。全球大宗矿产消费中心逐渐转移到亚洲，这些国家和地区的有色金属矿产品需求量仍将持续走高，然而美国、欧盟、加拿大、日本、韩国等发达国家和地区的需求量却逐年下降。现代科技创新为全球矿业发展带来新动力，新技术的采用大幅提高矿业的整体效率，影响和放缓了矿产资源的需求（类型），变革矿产资源的供应格局。目前，"三稀"矿产和非金属矿产等战略新兴矿产资源需求量巨大，原材料市场广阔，新的增长点不断出现。

（五）"一带一路"建设正在助推重构全球矿业新格局

随着"一带一路"倡议的顺利推进，中国倡导新发展理念，构建人类命运共同体，这些变革正在推动着全球经济的增长，同时也改变和影响着以西方发达国家为主的矿业资源消费国和以发展中国家为主的资源输出国的全球矿业发展格局，为加快构建新型矿业勘查、生产和贸易体系，拉动全球矿业复苏、发展做出了积极贡献。目前，矿产资源投资将逐渐转向基础设施，以及基建设施沿线的产业化和城镇化，进而引领全球矿业发展。在智能科技、绿色发展、开放合作等众多因素的影响下，全球矿业发展新阶段将进一步转型升级，矿产资源的供给与消费格局正在发生深刻变革，许多发展中国家崭露头角，既成为矿业资源供应国，也逐步发展为矿业资源消费国，因此可以说全球矿业的生产、消费、贸易一体化的全新格局正在进一步发展和完善。以智能制造、电子信息、新技术革命、新能源材料等为主的新一轮产业革命推动着全球矿业市场结构趋向更加低碳化，稀土、锗、铟、钒、镉、碲、锑、镓等特殊矿业也将迎来新机遇、新发展。总之，全球矿业将由以竞争为主走向合作共赢的发展模式，矿业资源的地质勘查、规模开发和生产利用也将趋向于智能化、开放化、绿色化，以合作共赢为核心的全球矿业命运共同体正在逐步形成。

二、全球矿业新情况新问题

在全球经济复苏、矿业产业加速发展的新时期，一些新兴经济体表现十分活跃，逐渐成为推动世界矿产品市场高质量发展的中坚力量，受到业内一致好评。但是，国际贸易保护主义抬头、矿业投资环境分化、全球有色金属工业格局重塑、发达经济体依然占据垄断地位等因素，造成了当今世界矿业发展的外部环境动荡不稳定，一些风险挑战明显增多。因此，在这种大变革、大调整的国际市场背景下，只有把握关键矿产资源分布、各国矿产资源政策、战略新兴产业需求、矿产资源供给安全、绿色环保压力、贸易保护主义和资源民族主义挑战等问题，才能及时调整战略布局，借助新技术产业变革，不断推动我国矿业升级优化和高质量转型发展。

（一）关键矿产影响地缘政治格局

从冷兵器时代到热武器时代，铁矿石等关键性矿产资源一直都是抢夺对象，甚至在一定程度上能决定战争胜负。虽然人类文明发展至今，总体呈现出和平态势，但是关键矿产品影响地缘政治格局这一现象从来不曾改变。

近年来，伴随着美国奉行美国优先政策，频繁扮演世界警察角色，世界局势不确定因素增加，"擦枪走火"的风险加大。关键矿产品供应成为新的资源安全威胁之一，大国之间的博弈深刻影响着关键矿产品的生产和供应。为实现关键矿产品供应的自身战略安全，美国无端强调关键矿产品是世界"安全形势问题"的根源，于是便改变关键矿产的勘查与开发的贸易政策，在国内加快对关键矿产的立法保护，进一步降低项目准入标准，加大关键矿产品的战略储备、科技研发与经费投入。然而，对外却发起所谓的"能源合作倡议"，进一步加强与欧盟、北约等同盟的战略合作，与日本、澳大利亚、新西兰等国签署关键矿产开发合作协议，以期实现关键能源独立，谋求资源霸权。与此同时，加拿大为了巩固其全球关键矿产供应国地位，积极融入美国主导的能源战略，目的是成为全球关键矿产的主要供应商。

俄罗斯作为全球矿业资源重要输出国，拥有着丰富的关键矿产资源，是世界第二大铂和镍生产国和第四大稀土储量国。2018年，俄罗斯出台《2035年矿产资源基地发展战略》，指出要有计划地加大对国内矿业地质勘查开发的支持力度，进一步突显其在北冰洋、北极和联邦国土中的地缘政治优势和利益。2019年，俄罗斯与刚果（布）共同签署合作协议，倡导在未来30年内利用现代科学技术在刚果（布）合作勘查及开发利用金、银等一些重要和关键矿产品，不断扩大俄罗斯在非洲对矿产资源强国享有的优势与影响力。亚非拉的发展中国家加大矿业工业的开发，推动下游冶炼产业发展，美欧发达国家加强矿业对高端制造业的支撑。全球矿产品市场震荡调整，矿业市场结构出现分异，一些国际大型矿业公司依托自身财力、金融和贸易优势，试图垄断和控制全球优质矿产品资源，比如美国、加拿大、澳大利亚、日本、巴西等国的矿业公司的持股比例均超过60%。

（二）各国频繁调整矿产资源政策

全球经济局势动荡，为避免受制于人，各国基于自身利益，开始频繁调整矿产资源的开发利用政策，主要国家和地区加快矿业政策调整，推动了全球主要矿业资源的有效治理。

2017年，美国时任总统特朗普分别签署了《推动能源独立和经济增长》《确保关键矿产安全和可靠性供应的联邦战略》的战略协议；2018年，美国内政部先后公布35种关键矿产清单，将其列为全球关键矿产品储备的战略目标；2019 年，美国商务部正式发布战略协定，集中资源优势和科技实力，强化维护关键矿产的安全和可靠供应。为实现全球战略和全球利益，美国分别向刚果（金）、赞比亚、巴西、阿根廷、菲律宾等 10 个矿产品输出国施压，要求它们与美国建立能源和关键矿产联盟。美国出台《能源资源治理倡议》，已经吸引 9 个国家加入其中，科技创新正在引领传统矿业转型升级，加速向绿色、安全、智能方向发展。

与此同时，为进一步抢抓全球关键矿产品的战略储备先机，加快对战略性矿产资源的产业布局，德国、英国、法国、日本等国相继发布了关键矿产资源的实施战略计划，如日本将关键矿产品列入全球矿业产业链的战略布局重心，以三菱商事、住友商事、三井物产为代表的 15 家企业成立战略执行联盟，在亚洲、非洲、美洲以及大洋洲不断扩大资源供应链，逐步构建起覆盖全球的资源供应体系。此外，受多重因素影响，一些资源丰富的发展中国家也开始调整矿产资源政策，如东南亚和非洲部分国家开始强化本土矿业权益；铜、钴资源丰富的刚果（金）在 2018 年颁布了新的《矿产资源法》，针对其国内矿业大幅度提升了矿业权益金；赞比亚为限制和影响国内矿业的高强度开发，发布政令进一步提高矿业税、矿业用电价格；印度尼西亚严禁矿产品原料出口，限制矿业企业投资采矿的生产规模；等等。

总体来看，全球矿业政策在继续朝着环境保护方向发展的同时，持续加强矿业权管理，加快行政审批，放宽外商投资限制，矿法修改以鼓励开发为主，例如，允许合同延期、延长矿权有效期、不限制采矿特许权的规模等。矿业权管理重在事后监管，环境管理倾向事前预防，通过提高外资股权比例管控外资准入、资金融资。伴随资本市场及政府政策变更，矿产资源开发背后的深层次利益冲突愈加凸显，各国频繁调整矿产资源政策也就在所难免。据统计，30 多个国家和地区计划或开展了矿法修改的相关工作，它们主要是东南亚、西非、南美等国家。推动矿法现代化改革，加强矿业精准化管理将是未来几十年全球矿业发展的主基调、主旋律。

（三）对战略新兴产业所需矿产的竞争激烈

当今世界，矿产资源竞争是国与国之间关系的重要一环，甚至在某种程度上掐断资源供应就能实现不战而屈人之兵，因而美国在中东发动的多场战争本质上就是资源掠夺战。但是，就未来发展趋势而言，对战略新兴产业和高新技术产业所需的矿产资源的争夺将会是竞争的核心和焦点。现实问题是，这些矿产资源的分布极不均匀，强权政治和地缘政治均深刻影响着矿产资源供应国，这就为新兴矿产资源竞争及国际环境的不确定性埋下了伏笔。据内部资料，目前，美国、德国、英国、澳大利亚等国的少数矿产业的大型跨国公司掌握着全球钴产量的六成以上。在金砖国家中，俄罗斯、印度、南非矿产工业发展态势良好，巴西不理想，但是金砖国家矿产品生产特色明显，优势互补。目前，因新能源汽车产业的发展，锂资源消耗成倍数增长，未来锂资源的开发有可能成为资源竞争的主战场之一。在美国，拟征税清单中几乎涵盖了锂、稀土及相关产品。2020年9月，欧盟更新了其关键原材料清单，稀土等30种具备重大价值和战略意义的矿产原材料被纳入其中，而主要原因在于欧盟认为这些原材料关乎欧盟经济利益和战略安全，事关产业布局和投资研发。欧盟于2011年发布的关键原材料清单中包含关键原材料14种，2014年为20种，2017年为27种，这足以说明欧盟正在积极为资源竞争做准备。在此背景下，战略新兴矿产资源作为兼具经济价值和安全价值的双重属性资源，是目前世界各国开展地质勘查和资源储备调察的重要目标。因此，伴随着战略新兴产业快速发展，将会引发新一轮的矿产资源争夺战。

(四)矿产资源供给安全与环保压力逐步加大

近些年,生态环境、气候变化等议题越来越受到国际社会的关注和重视,"全球负责任矿产计划"(RMI)深受青睐,逐渐成为全球矿业勘查、开发和利用的新准入标准,这将进一步推动全球矿产业的发展,促进矿业资源的勘查、开采、加工、利用等的生态化、绿色化。在未来几十年,鼓励支持清洁绿色能源发展,加快矿业资源技术创新、绿色生产,改进传统矿业资源开采方式,降低矿业污染物排放量,推进绿色、低碳、循环的新型矿业发展体系,将是全球矿产品行业发展的基本共识与未来趋势。目前,许多国家和地区已经开展致力于矿业供给的绿色与安全发展的事业,如澳大利亚、新西兰、加拿大高度重视国内矿业治理与绿色安全发展,认真执行外商投资审查、出口审批、环境治理、矿业活动生态恢复等行为。总体来看,全球矿产资源市场供给体系逐步跳出了以规模、数量、成本、利润为目标的安全供给范围,迈向了以科技优先、质量第一、绿色生态为标志的新一轮全球矿产资源供应安全体系建设。这就需要认清复杂多样的国际环境与形势,面对新挑战、新要求,以高质量发展的新理念,迎难而上,突出重点,加快构建以绿色、环保、科技为一体的新型矿业发展格局,形成合作开放、互利共赢的全球矿业全产业链、供应链的利益共同体。

(五)面临贸易保护主义和资源民族主义双重挑战

2020年以来,全球经济遭受巨大打击,新冠肺炎疫情带来的负面影响不断冲击原有世界格局。然而,在这样的背景下,超级大国美国仍将遏制中国发展作为首要战略目标。贸易保护主义抬头,矿业投资环境分化,资源民族主义愈演愈烈,更是加深了国际局势的紧张。倘若世界各国能够携手共渡难关,取消贸易壁垒,放弃贸易保护主义,世界经济将有望更快复苏,矿产品需求量也将持续上扬,全球矿业市场将会走出低谷，迎来良好发展局面。贸易保护主义一旦抬头盛行，必将在相当一段时间内影响全球经济发展，迫使更多国家面临经济压力，世界经济也会继续下行，从而使全球矿业资源市场更加波动，竞争也会愈加惨烈。比如，世界各主要经济体密切关注稀土、锂、镍、钴等关键矿产资源的供应链安全问题；美国加大对关键矿产资源的保障力度，2019年发起十国战略矿产倡议，2020年成立"关键材料核心小组"来应对关键矿产供应风险，减少对我国高科技产业关键原材料的依赖，以应对中美贸易战中的不利因素。

随着中国等新兴经济体的不断发展壮大，矿产资源开发领域迎来了新机遇，一些主要矿产资源输出国不断调整出口政策，如提升国外投资比例、提高税收、抬高矿产品出口门槛等，以便更好地保障本国矿业的战略资源安全。资源输出国往往有其自身经济考量，适当地利用资源民族主义，不仅可以实现利益更大化，而且对本国政府和民众而言，是扩大国家财富和政府财政收入的最直接手段。例如，巴西修订矿业法，允许矿业采矿权的融资担保作用，提高环保标准与规定；巴布亚新几内亚计划规定国家有权在采矿许可证届满后强制性获得该矿山，将特殊采矿租约的最长有效期从40年减少到25年，采矿租约的最长有效期从20年减少到10年等，同时政府持有干股的比例有所提高；刚果（金）将钴、钽等关键战略矿产资源的权利金税率提高至5%，明确国家将从新矿业项目中获得的干股比例提高至10%，国家持股比例持续攀升；印度尼西亚通过立法，提高本国政府、公司占有外国公司开发投资矿山的权益至50%以上；坦桑尼亚强制要求政府持股16%，同时保留继续增加持股的权利。部分国家甚至开始实施矿产品出口禁令，如印度尼西亚、越南等国禁止部分原矿产品出口政策，几内亚、坦桑尼亚禁止金、铜、镍等精矿出口，菲律宾、伊朗也计划禁止铁、银等原料矿石出口。众多的不确定性因素导致全球矿业前景尚不明朗。

第二节 《矿产资源法》修订的国内背景

一、我国矿产资源形势分析

我国《矿产资源法》于1986年颁布,实施至今已三十多年,可以说在相当长的时间内,调节矿产资源秩序有序进行一直是矿产资源开发及管理的重要内容。1990年,国务院部署对钨、锡、锑、稀土等的开采整治工作。1995年,国务院对河南、陕西两省交界的小秦岭金矿区进行综合整顿。2001年3月,国务院将矿业资源管理秩序列入当年专项重点工作之一。2005年8月,国务院印发《关于全面整顿和规范矿产资源开发秩序的通知》,坚持治乱、治散、治本相结合,全面规范我国矿业勘查、开发秩序。2020年1月,国家自然资源部下发《关于推进矿产资源管理改革若干事项的意见(试行)》,针对矿业权出让制度改革、油气勘查开采管理改革、储量管理改革等方面强化矿产资源管理。总体来说,我国矿产资源开发已经实现从粗放型到集约型、从无的放矢到有序规划、从多点密集到产群规模化的跨越,矿产数量虽然呈现出逐年降低的趋势,但是绿色开发及生态修复理念贯穿于矿产资源开发的始终,矿业发展已经步入质量增长模式。与此同时,国家先后出台了一系列矿产资源相关规范性文件,不断矫正矿产资源开发方向,修正矿产资源开发存在的问题,尤其是在新发展理念的引领下,生态文明已经被纳入"五位一体"总体布局的重要内容,这必将推动我国矿业政策呈现出新特征、新变化。

(一)资源安全始终是国家可持续发展的核心问题

资源关乎国家经济命脉,为此我们要不断强化与广大资源输出国的经济合作，多方位、多途径构建起资源供给体系，进一步避免资源安全风险。进入 21 世纪后，我国加速海外能源布局，如在巴西、秘鲁、阿根廷、菲律宾、澳大利亚、加拿大、刚果（金）、赞比亚、纳米比亚、博茨瓦纳等国家加大矿产资源开发力度，其中在亚太和非洲地区参与或运营的矿业项目占我国海外投资的矿山项目的 60% 以上。目前，我国矿产资源严重依赖进口的趋势没有改变，铁、铬、铝、镍、钴、锆等对外依存度已经超过 70%。当前，我国作为世界最大的矿产品消费国和进口国，资源安全形势异常严峻，一旦在关键矿产上受制于人，对国内经济发展和战略安全将会产生巨大影响。石油、铁、铅、铬、铜、铝、锌、铂、锰、磷和锡等传统短缺矿产品，目前在国内的储备量与产量都十分有限，不能过度、无节制地开发，必须借助进口才能满足长远发展的要求。同时，受到新兴行业的带动影响，稀土、锂、钴等战略性矿产需求急剧增长，多数矿产可能会出现供不应求局面，这也必然成为我国矿产资源追逐和竞争的关键矿产品。即便我国成为很多矿产输出国的主要输入地，与当地经济联系密切，但是我国在矿产品定价上并无太多优势。比如，在与澳大利亚的铁矿石交易中，澳大利亚一手掌握全球铁矿石定价权，在 2017 年更是将铁矿石平均价格推高至 76 美元/吨，按照当年中国进口 10.75 亿吨铁矿石并且其中 61% 来自澳大利亚来计算，意味着澳大利亚仅从中国市场就获得了接近 500 亿美元的收益。出现这些问题的主要原因，在于我国并未掌握相关矿产品价格定价权。我们的邻国日本，在本国严重缺乏资源的情况下，逐步形成了自己的定价机制，如与澳大利亚签订了 15 年至 20 年的长期合同，前 5 年至 7 年的铁矿石价格保持不变，逐渐形成了成熟的交易规则。此外，我国尚未实现全球布局，在处理矿产资源输出国事务上经验不足，特别是一些局势动荡国家在政府更替后将中资企业或股份收归国有，使前期投入均化为乌有。

2020 年 10 月，国家自然资源部发布了年度矿产资源报告，截至

2019年底，全国的煤炭、石油、天然气、页岩气、猛、铅、锌、铝土、石墨等34种主要矿产资源储量增长。其中，页岩气增长77.8%，锌矿增长6.8%，铅矿增长6.7%，铝土矿增长5.7%，石墨增长21.4%。下降比较明显的矿产有镍矿、萤石、硼矿，分别下降9.4%、6.3%和4.3%。除了钨、钼、锑、锡、稀土等6种关键战略矿产外，我国仍有15种战略性矿产储备量低于全球比重20%，处于劣势的关键矿产数量超过了66.7%。特别是石油这一重要能源，我国储量仅为全球总量的1.5%。当前，我国正步入工业化的关键时期，"十四五"规划也在稳步推进中，矿产资源需求量仍将维持高位运行，恰逢百年未有之大变局，全球政治格局变幻莫测，矿业供应链安全也必将面临更加严峻的形势。

（二）矿业形势深刻变化倒逼矿业结构调整和转型升级

改革开放以来，我国产业结构不断优化，第一产业比重不断下降，第二产业占比总体变化幅度较小，基本在40%—50%内震荡。第二产业几乎占到了国民经济总产值的一半，说明产业结构不合理、初级矿产品消耗大，这些粗放型资源开发利用模式导致效益并未得到明显提升。我国矿产品的需求、矿业结构逐渐变化，一定程度上影响了我国矿业的高质量发展。况且，我国是典型的煤炭消费结构，2018年能源生产总量达37.7亿吨标准煤，比1949年增长157.8倍，年均增长7.6%。然而，传统产能结构性过剩、效率利用低下等问题尚未解决，反而大量出口低附加值初级产品，造成了初级矿产品过度消费。我国的铁、钨、金、铜等矿产资源的采矿废石的利用率较低。比如，煤、铁、金、铜等矿产资源的采矿废石排放量超过25种关键矿产资源的80%，但是它们的废石利用率均低于全国的17%。与此同时，传统的煤炭、钢铁、水泥等行业产能过剩问题长期未解决，加之世界新能源、新材料等新型产业方兴未艾，我国矿业结构调整的步伐亟须提速。目前，各地为全面化解过剩产能，通过推进矿业供给侧改革，以退出、转型转产、兼并重组等方式，清理整顿高成本矿产产能，严格控制新增产能，减少无效供给和低端供给，从而化解矿业行业过剩产能。但是不得不面临的现实问题是，矿产发展层次低、结构矛盾的问题将会严重制约矿业转型升级。

（三）绿色发展要求资源开发利用方式加快转变

随着我国工业化进程不断推进，农业现代化、城乡一体化不断升级，环境污染问题成为制约经济发展的短板。不同于西方发达国家上百年才完成工业化道路，我们的工业化进程在飞速追赶的过程中累积了一些亟待解决的难题。比如，生态空间遭受过度挤压，环境污染普遍存在：地表水、地下水污染依然严重，长江、黄河等主要水系总体轻度污染；耕地面积逐年减少，盐碱化、水土流失日趋严重，森林覆盖率和草原、湿地面积远低于世界平均水平；生物多样性受到重创，部分珍稀野生动物濒临灭绝；持久性有机物、工业固体废弃物大量堆积造成白色污染；加之随着基础设施建设以及城镇规模的不断扩大，大气、水源、土壤均受到多维度污染。随着我国不断变革与调整经济发展方式，逐步由高投入、高消耗的模式向质量与效益双高的方式转变，绿色发展原则甚至写入了《中华人民共和国民法典》（以下简称《民法典》），可见国家对环境保护的重视程度。党的十八大以来，国家进一步加强对自然保护区、生态功能区的建设，明确要加快转变发展理念、方式和措施，尤其是加大对矿产资源开发利用方面的升级改造、优化转型等。在我国矿产资源勘查、开采的高成本和高污染的严峻环境下，如何进一步科学、合理、有效地开采利用矿产资源迫在眉睫，矿区环境保护问题亟待解决。因此，国家提出要加大对矿产开采环境优化，提高勘查开采约束力，规范矿产资源管理的法规体系，不断优化和修复生态环境，朝着绿色、安全、智能、高效的新发展方式不断前行。比如，借助科技创新引领矿业发展，将大数据技术、云智能等现代信息技术与矿业发展相互融合，推动勘查、开采、贸易、物流的智能化与一体化。

矿产资源具有稀缺性、不可再生等特征，一旦开发利用，将对周边环境和生态产生重大影响，甚至在某种程度上，这样的影响是不可逆的或者永久性的。矿山在建设期需要修建硬化道路、开采平台、工业厂房，不可避免地要砍伐植被、挖掘土地，处理不当极易造成山体滑坡、地面塌陷、植被破坏。施工中机械切割以及开采中深孔爆破，都会产生大量粉尘，造成大气中悬浮颗粒急剧增加，会对较大范围内的森林植被、聚集村落产生粉尘污染，甚至有可能造成严重的大气污染。大型的矿井还有可能引起泥石流等地质灾害；有色金属矿、稀土矿的开发，可能会造成有毒元素渗入地表水和地下水，不仅污染水源，还会引发土壤酸化以及重金属超标。目前，我国尚未形成高效、集约、智能的矿产资源技术研发机制，许多新型科学技术缺乏原创性、创造力，导致制约因素多、攻关能力不强、成果转化率较低，尤其是在一些经济较落后地区，许多中小型矿山数量大、产业链短、设备落后、开采粗放等，造成了开发利用技术较为低效、资源浪费较为严重、产能较低、环境破坏较大等问题。根据有关资料，一些开发区由于矿山开采过度、占地面积逐年递增，造成水土流失严重、地质灾害频发，极大程度上影响了矿业生产效益。同时，由于环保监测与治理手段落后、开采方式粗放、"三废"排放随意，更加促使了矿区环境的恶化与生态破坏严重。比如，硫化物及废气排放、重金属等酸性废水排放、固体废弃物等，造成了空气、水体、植被、土壤的生态污染。随着"绿水青山就是金山银山"理念的深入人心，我国矿产品勘查开发的战略重心逐渐转向了生态环境保护，尤其在环境较为脆弱的西部矿区，坚持环境保护优先、开发与治理并重的原则，将地区生态环境保护放在首位，不断变革创新矿业资源开发利用方式，营造资源开发价值最大化、生态环保效益最优化的共赢局面。

（四）全面深化改革要求加快矿产资源管理体制机制创新

习近平总书记强调，"我们要坚决破除一切妨碍发展的体制机制障碍和利益固化藩篱，加快形成系统完备、科学规范、运行有效的制度体系"[①]。我国矿产资源领域的深化改革工作，也应革新原有落后陈旧的管理体制，建立起以习近平新时代中国特色社会主义思想为指引的改革思路，不断实现管理体制机制创新。党的十九大报告指出："转变政府职能，深化简政放权，创新监管方式，增强政府公信力和执行力，建设人民满意的服务型政府。"这为矿产资源管理体制改革指明了出路，要增强矿业发展的活力动力，必须理顺体制机制，深化"放管服"改革，充分发挥市场配置资源的决定性作用，不断强化监督管理，才是资源管理体制机制改革的应有之义。

全面深化改革已进入攻坚期，新一轮改革浪潮也正在涌起，打好这场攻坚战务必要大胆创新、精准发力，特别是在一些"硬骨头""深水区"上不能停滞不前、故步自封，应该大胆尝试，不断深化改革。当前，在我国矿产资源管理体制机制上，应当牢固树立"两山论"，贯彻新发展理念，变革传统的发展方式和思维模式，大力发展集约节约型的循环经济、数字经济，完善工作管理体制，规范矿权转让制度，深化供给侧改革等，努力朝着绿色、集约、科技、智能型的发展模式前进。尤其是把简政放权、放管结合、优化服务改革作为供给侧结构性改革的重要内容，融入矿产资源管理体系中来。基于此，国家自然资源部下发了《关于推进矿产资源管理改革若干事项的意见（试行）》，对建立和实施矿业权出让制度、优化石油天然气矿业权管理、改革矿产资源储量分类和管理方式等作出一系列重大的制度创新，体现了矿业权管理理念的重大转变，确立了以全面推进矿业权竞争性出让为核心的矿产资源管理制

---

① 习近平：《在庆祝改革开放40周年大会上的讲话》，《人民日报》2018年12月19日第2版。

度,将进一步发挥好市场在资源配置中的基础性地位作用,平衡好矿产资源开发利用与生态环境保护的关系。

(五)推进"一带一路"建设和全球矿业治理需求

我国的经济利益已经遍布全球,与世界各国尤其是发展中国家的经济联系日益密切,推进"一带一路"建设是党中央高瞻远瞩的重要策略。"一带一路"沿线国家许多有着悠久的文明历史且矿产资源丰富,在充分利用亚洲基础设施投资银行、丝路基金等投资平台的基础上,对这些国家进行基础设施投资建设,不仅能极大地促进当地经济发展,也能在一定程度上保障矿产资源的多元化,实现矿产资源全球布局。与此同时,利用上海合作组织等框架,在国内成立由政府、企业及研究机构共同组成的矿产资源治理机构,在国际上联合矿产资源输出国构建协作机制,按照市场化、国际化、专业化的原则,全面推进"一带一路"的矿产资源治理体系建设,提高参与全球资源治理的能力。

"走出去"政策实施以来,我国矿产资源企业积极向海外市场进发,在铜、铝等矿业项目上,海外产能已与国内产量基本相当,但是与美国、日本等成熟、发达的矿产资源开发体系相比,我国境外矿业还具有版图不大、经济效益较低、资源勘查开发进度慢等不足,一定程度上存在"小、散、慢"的特征,并且这些现象在短期内难以改变。如今,除部分矿业巨头,世界上相当多矿产企业将无法有效应对全球经济低迷所带来的较大冲击,不少中小型矿产企业可能会面临停摆、破产、倒闭等问题,一些优质矿业项目、核心资产将会剥离、挂牌、转让甚至出售。正所谓危机与机遇并存,我国作为2020年世界上唯一实现正增长的主要经济体,对国内矿产企业来说,目前无疑是海外资产并购的重要机遇期。加强与沿线国家构建长期的金属矿产品贸易活动,承建各种矿产资源开发以及冶金建设的项目,综合金属矿业企业的实际需求,构建完善的工程建设运营以及管理一体化的全生命周期服务能力。"一带一路"倡议为我国矿业企业与沿线的东南亚、南亚、欧洲等国家开展矿业合作带来了便利，世界各国也希望借助我国先进的矿产资源勘探开发技术、投入资金和储备人才为本国服务。据统计，目前我国已与76个国家和地区开展了矿业资源的勘查开采与产能合作，其中"一带一路"沿线国家比例高达80%，沿线投资的矿业项目超过300个。未来，一大批具有国际化视野的现代化矿产企业将陆续涌现，优化矿业产业布局，实现资源节约及环境友好发展模式是全球矿业治理的必然趋势。

二、我国矿业发展新机遇

在经济全球化的大背景下，我国矿业发展到今天，已经逐步实现全球布局，并为全国经济高速发展提供了源源不断的动力。当前，我们又迎来新的发展机遇，随着新发展理念的深入贯彻实施，以及国际国内双循环新发展格局的构建，我国矿业正在步入新的发展阶段。

（一）新发展阶段的要求

习近平总书记在党的十九大报告中庄严宣告"我国经济已由高速增长阶段转向高质量发展阶段"，这是以习近平同志为核心的党中央根据我国发展条件和发展阶段变化所作出的重要论断。不同于往年9%—10%的高速增长率，我国近年经济增长率逐步稳定在6%左右的水平，虽然受到新冠肺炎疫情影响导致2020年增长率跌至2.3%，但是从2021年第一季度18.3%的高增长率来看，我国经济总体呈现稳步复苏趋势。结合国内外主流意见，今后的很长一段时间，我国经济增长率将会总体保持在6%—7%。2020年，我国GDP总量首破100万亿人民币，接近美国GDP的75%，世界经济史上还未出现过如此体量的经济体长期保持高速增长的情况。以前的原材料价格、人工成本、消费方式等竞争优势逐渐消减,再加上人口红利、生态环境、脱贫攻坚、社会文明等现实状况,深化改革所带来的创新动能、制度优势难以在短期内再次带来爆发式上涨,经济高速增长的时期将难以再次出现,这也是经济增长的规律使然。因此,转向创新驱动的高质量增长模式是我国经济发展进入新时代的客观需要,也是全面建设社会主义现代化强国的内在要求。

我国"十四五"规划明确提出,"'十四五'时期推动高质量发展,必须立足新发展阶段、贯彻新发展理念、构建新发展格局",这为全面建设社会主义现代化国家提供了重要保障和力量源泉,也为我国矿业高质量发展提供了根本遵循和奋斗方向。新时代,我国矿业高质量发展要朝着现代化的矿业管理体系迈进,深入贯彻新发展理念,变革传统的发展模式,完善工作管理体制,大力发展集约节约型的循环经济、数字经济,朝着绿色化、集约化、科技化、智能化的发展方向前进。目前,我国矿业发展已经不能再简单地以速度论成败,而应该以全自动化、人工智能、5G通信等高新技术手段的深度应用,以产学研相结合推进成矿理论、找矿方法与勘查技术深度融合,要大力推动自主创新,实现关键技术重大突破。发展矿业循环经济,加强资源整合,提升资源开采率、选矿回收率与综合利用率,推动矿业开发走高质量、高效、清洁、安全的可持续发展道路,使得矿产资源勘查、开采和修复迎来质的飞跃。"十四五"时期,高质量、高效率发展将成为我国矿业发展的基本路径,这是适应新发展阶段的必然选择,也是全面构建资源节约型、环境友好型的新发展格局的内在要求。

(二)新发展理念的贯彻

长期以来,我国的矿产资源开采引发的环境问题十分突出,一定程度上制约了我国矿业经济的稳定和可持续发展,而且在不少地区已经危害到社会的稳定和人民群众的生命财产安全。而现行的矿产资源管理制度虽然总体上体现了矿产资源开发与生态环境保护的协调一致原则，但是从历史和社会发展的角度来审视，矿产资源开发理念并没有做到与时俱进。随着生态文明上升为国家总体布局和战略方针，特别是中共中央、国务院印发的《生态文明体制改革总体方案》，明确提出坚持节约资源和保护环境这一基本国策，以解决生态环境领域突出问题为基本导向，改善环境质量，保障生态安全，提高资源利用效率，推动形成人与自然和谐发展的现代化建设新格局。这就对矿产资源开发理念提出了新的要求，即在生态文明建设和绿色发展理念的引领下，发展绿色矿山，构建全新的、多维度的发展理念和建设模式。鉴于此，依托生态文明建设总体规划，注重矿区环境综合治理，遵照"采前预防、采中治理、采后恢复"的原则，科学完善矿区地质勘查、开采利用与生态环保的长效治理机制，认真梳理汇总在建矿山、已建矿山及历史遗留矿山的数据资料，分门别类制定环保应对策略，积极开展矿区土地资源的复垦、利用，以及植被、水源的保护，努力形成资源开发与环境保护相互协调发展的长效格局。

党的十九大报告指出，必须坚持节约优先、保护优先、自然恢复为主的方针，形成节约资源和保护环境的空间格局、产业结构、生产方式、生活方式，还自然以宁静、和谐、美丽，这为新时期开展矿业资源的开发利用提供了指导思想。树立正确的矿产资源新发展理念，首先需要摒弃"取之不尽用之不竭""资源无穷论"等落后观念。我国虽是矿产资源大国，但是人均矿产资源十分有限，探明的矿产储量不能仅满足当代人的需要，还要为子孙后代着想。在全球矿产资源日趋紧张的背景下，要站在制高点上谋全局而动，统筹兼顾，未雨绸缪，既立足现在又放眼长远，以生态文明建设为基本指导，有效转变经济增长方式，让新发展理念成为全民普遍共识。以"在保护中开发、开发中保护"为方针，将生态环境保护融入矿产资源开发的每个环节，将以往不符合环保政策、环保标准的指标和流程节点予以剔除，严格落实矿产资源勘查登记、开采审批、监督管理、法律责任。对于开采过程中出现的违法勘查、违规开采等现象，主管部门要强化监督执法机制，坚决追究相关法律责任。全面确立矿产资源开发生态补偿机制，坚持开发者保护、破坏者恢复、污染者负担，明确各类主体的责任边界，使市场主体在从事矿产资源开发获益的同时承担相应的义务，谨防出现互相推诿的情况。坚持"再勘查、减量化、再利用、资源化"的基本原则，完善形成科学化、专业化的矿业勘查开采的环评指标体系，综合评定矿山企业循环经济的发展状况与等级标准，努力构建矿产资源高效利用、集约节约程度高、科技含量高、环境污染少的新型循环发展的良性模式。通过整合完善各类矿产资源开发机制，大力推进绿色矿山建设，实现资源开发优化配置与生态环境保护的有机统一。

在党中央的"五位一体"总体布局中，生态文明建设的地位将会越来越凸显。新时代，我国提出创建"美丽中国"及新发展理念，是顺应新时代的发展要求，也是应对我国社会主要矛盾的必然选择。我国矿产开发企业应当及时掌握国家矿业政策的发展变化，深入推进产业转型升级和绿色矿山建设。同时，科学把握全球矿业发展的新变化、新动向，借鉴成功经验，加强科技创新，助力中国矿业发展迈向世界中高端水平，实现由矿业大国、资源大国向矿业强国转变。今天的矿业已经不可能再走粗放型的发展老路，必须摒弃陈旧落后模式，通过各个方面的创新，进而实现创新、协调、绿色、开放、共享发展。2015 年，国土资源部在编制第三轮矿产资源规划中，要求全国各地矿产企业全面推进绿色矿山建设，按照统一的建设标准，将通过鼓励性政策刺激绿色矿山建设热潮。实际上，政策的激励和制度约束固然重要，但是新发展理念的贯彻需要在多维度方面予以呈现，核心要义在于创新。从矿产资源勘探到开发，再到矿山闭坑复垦，其中每一个环节都蕴含着复杂的技术，想要实现产业链的整体升级，必须对原有的勘探技术、采矿技术、选冶技术以及相关领域理论进行创新，达到技术装备的更新换代。例如，鼓励产学研一体化的联动模式，高科技研发矿业绿色采选技术，积极推动矿区土地复垦、环境恢复等领域的新工艺、新技术、新设备，加强多途径、高技术的应用研究和技术研发。此外，在新发展理念的统筹指导下，推动矿产品企业内部精细化管理，创新绿色发展理念，加大制度创新，加快矿产企业经济结构调整和优化升级，实施节约集约化生产，推动矿业管理的网络化、智能化、绿色化和数字化建设，助力矿业进入一个高效、安全的新发展阶段，矿山也将呈现出崭新的面貌。

（三）国内国际双循环相互促进的新发展格局的构建

2020年是中国深度变革的一年，国际国内市场环境迎来重大变化，构建以国内大循环为主体、国内国际双循环相互促进的新发展格局，有利于促进我国矿产资源供需模式的再平衡状态，进而提升矿业全产业链的安全性与竞争力。

进一步完善矿产资源国内大循环。2020年5月，国家自然资源部专门印发了完善矿产资源储量动态更新机制的有关文件，强调要重视战略性矿产资源的国情调查，做好矿产资源储量的分类新标准，尤其是针对国家紧缺的石油、铀、铁、铬、铜、铝、镍等关键矿产，认真做好国情调查，摸清矿产资源底数。同时，我国矿产资源开发工作重心逐步向西转移，比如新建的32处矿产资源基地就有25处分布在西部，可见西部地区已经成为国家矿产资源的主要产地。随着矿产资源国情调查的进一步深入，我国优势矿产资源储量可以为国内大循环提供必要的资源保障。况且，我国拥有超大规模市场优势，可以发挥市场配置内需潜力，防止部分优势矿产资源产能过剩，通过质量和效率双轮驱动，推进供给侧结构改革，有效扩展中高端的供给链条，增强供给侧结构的需求量、适应性，进而逐渐加快矿业全要素生产率。

当前，国际贸易形势已经发生重大变化，给国际大循环格局带来了一定的挑战。美国等西方国家与我国存在高新技术产业竞争的关系，对中国高新技术企业进行打压，但是更多的还是相互依赖、相互合作的关系。在矿产资源领域，我们必须牢牢把握国际市场主动权，维系好国家能源资源安全战略，紧跟美国、欧盟、日本等国家矿产资源战略意图，不断强化与这些国家的经济捆绑。及时调整对外投资策略，以国家利益至上为原则保障矿产资源供应，加强矿产资源安全的形势预判与战略安排。一旦国际形势骤变，也能有效应对各种突发情况，避免国内矿产资源供应陷入混乱局面。重点梳理分析和总结国内矿产资源对外依存度、需求量、矿种数量及类别规模等情况，逐步提升国内矿产资源企业的风险管理防范意识，积极应对国外矿业产业链、供应链断裂的不利风险等。目前，在全球经济大萧条、国际大循环新变化的时代背景下，我们应根据时代变化，主动调整矿业产业链、供应链的布局和规划，尤其是针对战略性紧缺矿产，加强矿业资源的源头供给，重点在矿业"强链"方面下功夫，科学制定风险防范策略和战略性规划。同时，依托"一带一路"倡议、中国与东盟合作机制等国际协同方式，与地区矿产资源的合作开发进行深度融合，进一步扩展矿产资源的国际分区、分层次建设路径，不断发展和推动国际国内矿业"双循环"发展模式。

第三节 《矿产资源法》修订的法治意义

党的十九大报告全面阐述了生态文明体制改革、推进绿色发展、建设美丽中国的战略部署，为未来中国的发展方向描绘了路线图。以生态文明建设为纲领，建设绿色矿业、发展绿色经济已经上升为国家意志。

2018年5月，在全国生态环境保护大会上习近平总书记强调，"用最严格制度最严密法治保护生态环境，加快制度创新，强化制度执行，让制度成为刚性的约束和不可触碰的高压线"，在法治层面和机制层面对生态环境保护提出了新的要求。毋庸置疑，制定严密的生态环境保护法律、执行严格的生态环境保护机制，是生态文明建设的必然要求和必经之路。现行的《矿产资源法》实施至今已三十多年，中间历经多次修正，虽然总体上体现了矿产资源开发与生态环境保护的协调一致原则，但是从历史和社会发展的角度来审视，矿产资源立法还是出现了一些因法律保障机制滞后而与环境保护不相适应的情形。这些问题的存在不仅是因为法律本身有着难以克服的天然缺陷，更多的还是因为各类机制不健全，不具有操作性，以及在实践过程中出现的逃避处罚、执法不严、监管不力。因此，《矿产资源法》的修订具有现实的法治意义。

一、修法是贯彻宪法至上宗旨的必然要求

现行《矿产资源法》第一条规定："为了发展矿业，加强矿产资源的勘查、开发利用和保护工作，保障社会主义现代化建设的当前和长远的需要，根据中华人民共和国宪法，特制定本法。"《中华人民共和国宪法》（以下简称《宪法》）作为我国的根本大法，《矿产资源法》的修订必须以《宪法》为基础。近50年来，我国《宪法》经过了三次大的修改，修改时间分别为1975年、1978年和1982年，此外还经历了多次小的修订。从1988年起，以修正案的形式修改《宪法》，到目前为止已有1988年、1993年、1999年、2004年、2018年等5个修正案，《宪法》修改程序已进入规范化轨道。第一部《宪法》已将有关自然资源的法律规范问题纳入其中，1975年《宪法》修改时保留了这些规定，1978年修改《宪法》时对有关自然资源的法律规范问题略作调整。1982年，我国对《宪法》

作了大量修改，其中对有关自然资源的法律规范问题作了历史上最大改动，第九条第一款继续明确了我国自然资源的权属问题，其第二款对自然资源的合理利用和保护内容作了相应增补。由此可以看出，在1982年前，由于历史原因和人们认识的局限性，我国《宪法》有关自然资源法律规范问题主要着重于对自然资源权属问题的法律规范。1982年，由于我国对自然资源利用方面的认识的不断提高，一些思想和理念必然反映到宪政制度之中，使这次修改后的《宪法》中关于自然资源法律规范问题增加了有关利用和保护的内容。此外，2018年修正后的《宪法》在序言章节规定，要推动物质文明、政治文明、精神文明、社会文明、生态文明协调发展。其中，将生态文明的内容摆在了重要位置，不仅突显出生态文明的重要性，更是赋予了生态文明法律上的意义。以《宪法》为基础，通过整合环境保护相关法律，逐步过渡成为一个涵盖立法、司法、执法全方位的生态基本法，是生态文明立法工作的发展方向。

《矿产资源法》的修订既是《宪法》至上宗旨的必然要求，也是赋予生态文明新使命的迫切期望，也就是推动生态文明建设得以实现的科学立法。随着国家经济转型和环境保护工作的深入推进，原有的一些环境保护法律法规已经跟不上新时代的步伐。科学立法不仅要着力将党中央关于生态文明的部署转化为具体的法律条文，还要在广泛发动人民群众参与立法的基础上提高立法质量，协调利益关系，尊重客观规律，以满足和适应社会发展及人民群众对生态文明建设的要求。生态文明建设要做到严格执法，从中央生态环保督察组通报的典型案例来看，部分地方行政机关并未严格执法，导致环境污染事件频发，严重破坏当地的绿水青山。环境执法作为生态环境保护的重要一环，要敢于向污染者亮剑，坚决同污染环境行为做斗争，真正做到有法必依、执法必严、违法必究，切实保护人民群众的生态环境权益。生态文明建设要坚守司法为民、公正司法，充分发挥司法部门的联动互动，严守司法底线。在处理生态环境案件时，把打击生态环境犯罪作为提高司法公信力的重要抓手，不断提高违法犯罪成本，向社会传递保护环境的积极信号。同时发挥司法的能动作用，大力开展环境公益诉讼，倒逼行政执法，为生态文明建设提供坚强后盾，切实维护社会公平正义。生态文明建设要倡导全民守法。在一些重大环境违法案件中，违法行为人法律意识淡薄是其实施违法行为的重要原因，他们往往基于经济利益考量，抱有侥幸心理，违规开采、违法排放，最终导致生态环境遭到严重破坏。要在全社会树立起全民守法的意识，自觉维护法律的威严，不断增强学法懂法用法的风尚，培育起以破坏环境为耻、保护环境为荣的价值取向，把建设美丽中国转化为全民自觉行动。

二、修法是秉承依法治国理念的根本要求

党的十八大以来，我国的法治建设取得了显著成效。以习近平同志为核心的党中央高度重视"法治中国"建设，切实将全面依法治国摆在"四个全面"战略布局的法治保障地位，从党和国家的战略全局出发，突出全面依法治国的重要性，创造性地提出了一系列新举措、新战略、新思想，带领全国人民开创法治中国新局面，有力推动依法治国行稳致远，比如组建中央全面依法治国委员会，科学提出习近平法治思想，"十四五"规划将法治建设再次提上新高度，等等。这些重大战略举措和重要思想内涵，指引我国走上建设中国特色社会主义法治的康庄大道。习近平法治思想为新时代认识全面依法治国、推行"法治中国"建设指明了前进方向，提供了根本遵循。因此，在全面依法治国的时代背景下，应当深入学习宣传习近平法治思想，全面推进自然资源法治建设，加快自然资源改革发展和生态文明建设。《中共中央关于全面深化改革若干重大问题的决定》提出要推进法治中国建设。党的十九大报

告也指出要坚持全面依法治国,"坚定不移走中国特色社会主义法治道路"。全面实现依法治国不仅是现代法治国家的本质要求,也是实现新时代中国特色社会主义的重要保障。生态文明建设这场"绿水蓝天保卫战"需要法治为其保驾护航,将其纳入法治轨道,方能展现出强大生命力。持续全面推进依法治国,严格规范生态环境各个领域,是实现绿色经济、建设美丽中国的根本要求。

习近平总书记在党的十九大报告中强调,"明确全面推进依法治国总目标是建设中国特色社会主义法治体系、建设社会主义法治国家"。在全面推进依法治国背景下,需要运用法治思维和法治方式来武装头脑,养成用法治手段解决生态环境问题的习惯,向生态绿色经济注入法治能量,保障生态文明体制改革顺利推进。法治思维是以法律作为判断是非曲直之依据的理性思考方式,是依法治国在精神层面的体现,而法治方式则是在法治思维的指引下解决具体问题的行动方法。在法治思维和法治方式的共同作用下,让依法治国在生态文明体制改革中发挥巨大效用,让生态文明建设步入法治快车道,使两者相互融合、相得益彰。只有在生态文明体制改革中真正体现法治理性,才能推动全社会共建共治共享,建立多元共治的生态环境保护体系,实现建设美丽中国、人与自然和谐共生的社会主义现代化强国目标。

依法治国要落实到生态文明建设体系中来,这就决定了必须推动《矿产资源法》修订及相关配套机制制度的完善,使矿产资源法律法规体系成为生态文明的重要组成部分。总体来看,我国现行《矿产资源法》因受计划经济观念等诸多因素影响,尚且存在诸多与生态文明建设不相适应的地方,因此亟须注入生态文明理念,借鉴发达国家在矿业立法中的先进经验,继而补足监管机制、修复机制等方面的漏洞,最终形成具有中国特色的矿产资源法律体系。这不仅是依法治国的根本要求,也是推进生态文明建设的重要内容和迫切要求,是实现经济长足发展和人与自然和谐共生的必然选择。况且,《矿产资源法》作为矿产资源法律体系的核心内容,自从正式颁布实施以来,在我国的改革开放、社会主义现代化建设的进程中发挥了巨大作用,也得到了不断发展。然而,近些年我国矿产资源的勘查、开采、开发和利用等方式,一定程度上破坏了矿区环境,影响了周边安全,造成了生态环境的严重污染,与生态环境的保护理念的矛盾越来越大,因此迫切需要对现行的《矿产资源法》进行一定程度的修订和必要调整。因为现行的《矿产资源法》在主要内容、管理体制、执法监督等方面暴露出了不少局限性,具有明显的滞后性。比如,当前的监督实践注重宣传,惩罚手段弱,仅是出台发布不同类型的规范性文件,很难做到根本性的引导和约束,由于执法疲软、量刑过轻,导致部分不法企业肆意妄为、有恃无恐,很难实现矿产资源的合理开发和有效管理。《矿产资源法》的一些条文不明确,模糊不清,针对资源配置等问题的规定,与矿产资源的法规体系、制度文件有着一定程度的冲突和矛盾,长久以来导致一些规范性文件形同一纸空文。也有不少新制定的地方性法规、条例与上位法相冲突,给矿产资源管理执法、矿区治理工作带来了不少烦恼,很大程度上影响了法治的执行力和公信力。因此,及时修订《矿产资源法》,健全我国矿产资源管理的法规体系和规范制度,是目前加强矿业高质量发展的当务之急。

三、修法是完善国家治理方式的内在需求

2019年,党的十九届四中全会通过了《中共中央关于坚持和完善中国特色社会主义制度 推进国家治理体系和治理能力现代化若干重大问题的决定》。推进国家治理体系和治理能力现代化是一项复杂的系统工程,完善的法治则是国家治理能力现代化的重要方式。法律是治国之重器,也是治国理政的基本要求。

完善的矿产资源立法，是实现国家治理方式转变的重要体现。自《矿产资源法》颁布实施以来，我国矿业发展取得了长足进步，发生了深刻变革。随着国家治理体系和治理能力现代化的不断推进，《矿产资源法》作为国家治理方式在矿产资源领域的主要表现，应当在立法层面进行相应的完善。实践证明，法治具有固根本、稳预期、利长远的作用，既是国家治理的有效方式，也是实现国家治理现代化的有力保障。党的十九大报告明确提出要加快生态文明体制改革，这为及时修订《矿产资源法》提供了有利契机，"富强民主文明和谐美丽"的目标预示着生态文明建设已经上升为新时代中国特色社会主义的重要组成部分，对有效指导《矿产资源法》的修订具有重要意义。

近些年，我国生态环境面临着严峻的资源浪费、污染严重等问题，矿业资源管理和发展模式也存在诸多不利因素，如国内矿产资源储备有限、矿物原材料供应不足、海外市场规模较小等问题，严重制约了我国矿业的全球发展布局。其中，一部分原因在于矿业管理体制机制的落伍、科技创新实力的不足，很大程度上是有关矿业的法规体系不完善，特别是《矿产资源法》在规范矿产资源勘查、开采、使用等方面不够明确，执法监督力度不够，对一些新情况、新问题并未给予明确指导，等等。这就需要我们顺应时代发展、结合形势需要对《矿产资源法》进行相应的修订和完善。总之，现阶段提出修订《矿产资源法》，不仅是强化顶层设计、完善法制体系的必然要求，更是国家治理方式的内在需求。

包括资源开发治理、环境综合治理、空间格局管控等方面在内的生态文明建设，是国家治理体系的重要组成部分。为了达成生态文明总体目标，实现美丽中国建设"三步走"目标，要不断完善生态文明治理体系和治理能力现代化。党的十九届四中全会决议强调，当前我国生态环境领域不充分、不平衡的状态没有得到根本改变，甚至将会持续很长一段时间，优质生态产品并不能满足人民群众的需要，生态治理体系仍然存在短板，生态文明制度建设存在零散化、碎片化现象，未能形成有机统一的整体，继而从生态环境保护制度、资源高效利用制度、生态保护和修复制度、生态环境保护责任制度等四个方面对生态文明制度体系建设提出新的要求，以期用制度确保生态环境质量实现根本好转，并且成为生态环境治理的科学指引和行动指南。

在全球化日益发展的今天，生态治理一直是世界各国面临的共同难题。过去的几十年，我国也经历了"唯 GDP 论"带来的环境污染阵痛，但是我们找到了解决问题的方法和途径，并且形成了具有中国特色的社会主义生态治理体系。如今在国际社会中，我国的生态治理理论和治理成果也得到了诸多第三世界国家的赞赏和借鉴，我国不仅是《巴黎协定》的积极践行者，还结合自身利益和广大发展中国家利益争取更多的话语权，推动世界各国开展生态环境安全合作，共同应对环境污染挑战。在国内，在党中央的决策和部署下，各级政府和生态环境部门加强生态环境保护，坚决打赢污染防治攻坚战，通过淘汰落后产能、加快节能减排、关闭关停污染企业等一系列行动，使生态环境质量不断得到改善，生态环境保护工作发生历史性变化。正是生态治理体系的转变，决定了要推动《矿产资源法》的修订与完善。要站在全局性、整体性、系统性的视角，以《生态文明体制改革总体方案》为出发点和落脚点，将自然资源资产产权制度、国土空间开发保护制度、空间规划体系、资源总量管理和全面节约制度、资源有偿使用和生态补偿制度、环境治理体系、环境治理和生态保护市场体系、生态文明绩效评价考核和责任追究制度等八项制度贯彻落实到《矿产资源法》中来。综合运用跨学科、系统论、比较分析等研究方法，回应新时期我国矿产资源保护开发实践的制度需要，树立新时期矿产资源保护立法的复合价值理念，建立健全完善的矿产资源国家所有权保障制度、矿产资源生态修复补偿制度和矿产资源保护法律责任制度等机制。

第二章　我国《矿产资源法》立法历程

第一节　1986年《矿产资源法》的制定

一、立法背景

当今世界90%以上的能源、80%以上的工业原材料、70%以上的农业生产资料，都取自矿产资源。[①]可见，矿产资源是人类生产及生活资料的基本源泉，矿业是国民经济的基础产业，国家的经济实力和发展潜力与矿产资源的丰富程度和开发利用程度直接相关。中华人民共和国成立后，我国地质勘查工作和采矿事业得到较快发展。截至1986年，我国已发现矿产150多种，有137种探明储量，其中不少矿产的探明储量居世界前列；我国年采矿总量从1949年的4000多万吨到1986年的12亿多吨，增长了30多倍。[②]尤其在党的十一届三中全会以来，在国家"放开、搞活、管好"开发地下资源的总方针和"积极扶持、合理规划、正确引导、加强管理"发展乡镇企业的方针下，国家、集体和个

---

① 徐绍史：《加快发展和改革步伐　提高矿产资源保障能力》，《国家行政学院学报》2008年第2期。
② 朱训：《关于〈中华人民共和国矿产资源法（草案）〉的说明》，《中国地质》1986年第5期。

体采矿都有新的发展,全国矿业发展呈现出蓬勃发展的大好形势。但与此同时,我国的矿产资源勘查、开采等活动中积累的旧矛盾和出现的新问题日渐增多,迫切需要立法,《矿产资源法》在这一背景下开始孕育。当时,矿产资源勘查、开采活动中存在的主要问题:

一是勘查、开采管理体制不合理。长期以来,我国矿产资源实行按矿种分行业的管理,地质工作、经营矿山等工作分散在国务院不同部门,由它们代表政府发挥行政职能,矿产资源缺乏统一的规划和管理。譬如,在矿产资源的勘查方面,出现了在同一个地区地矿部门、冶金部门、煤矿部门等部门反复勘查的现象,部门间缺乏沟通,造成不必要的重复工作,浪费人力物力。同时,在一段时期,矿山被层层下放到各省、市、县,国家相关部门管理大中型矿山,各省、市、县建设中小型矿山,乡镇则开发一批小矿。由于乡镇集体矿山企业和个体采矿在管理体制上的不明确,进而产生了管理认识上的混乱和管理体制上的问题。

二是开采过程中矿产资源损失浪费现象严重。部分单位不注重采用采选工艺的改进,损失浪费严重。譬如我国花岗石、大理石的花色品种较好,但当普遍采取打眼放炮的方式开采,矿产出荒率和板材出成率比国外先进水平低一半,而且造成矿石不能出大块,价值更是成倍下降。[①]资源回收利用率偏低。据 1985 年统计数据分析,煤矿总回收率情况为国营统配煤矿为 52%,地方国营煤矿为 30%—40%,乡镇集体煤矿和个体煤矿为 15%—20%[②],综合开采、综合回收较差。譬如,内蒙古东升庙硫铁矿储量居全国之首,当时在开采过程中只利用硫铁矿,而对与硫铁矿伴生的经济价值更高的锌、银、铅、铜等矿产并未回收。按当时已开

---

① 胡兆扬:《拥护矿产资源法 遵守矿产资源法》,《中国地质》1986 年第 5 期。
② 方樟顺:《依法加强矿产资源勘查开发利用的监督管理》,《中国地质》1987 年第 8 期。

采量估算,仅仅伴生的锌矿一项就损失2000多万元。①

三是多种经济成分办矿和乡镇矿业的迅速发展,争夺资源、矿业秩序混乱的现象较为突出。 随着中央"放开、搞活、管好"加快开发地下资源总方针的执行,乡镇集体矿山企业和个体采矿快速发展,并在我国矿业发展过程中发挥了重要的补充作用。据不完全统计,1985年全国乡镇集体矿山企业和个体采矿者数量达到12万多个,其开采量以1984年煤炭产量为例就达到2.1亿吨,占全国煤炭总产量的1/4。② 乡镇集体矿山企业和个体采矿者在利用零星分散资源及大矿山的边角残矿方面发挥了大矿企业起不到的作用,同时也带动了当地群众脱贫致富,促进了地区经济社会加快发展。但是,由于矿产资源开发利用缺乏统一的规划和管理,也没有明确的技术经济政策,乡镇集体矿山企业和个体采矿呈现管理无序状态。《矿产资源法》颁布之前,在一些地方,部分乡镇集体企业和个人未经批准非法进入国营矿山企业的矿区范围乱采滥挖,与国营矿山企业争夺资源,影响国营矿山企业正常生产经营。当时,全国70%以上的国有矿山企业深受小矿企业滋扰,90%以上的国家大中型骨干矿山企业存在不同程度的矿业纠纷。③ 譬如,1985年底,湖南省乡镇集体矿山企业和个体采矿者分别为4800个、6200个,其中超过七成在国营矿山的矿区范围采矿;在江西赣南钨矿区,大量农民涌入国营矿产区采挖,仅1986年一年就造成矿石损失172.5万吨。④ 同时,对乡镇集体、个体小矿缺乏技术指导和有效管理,致使部分矿山存在资源破坏、水土流失、环境污染等现象,进而引发了一系列安全事故和社会问

---

① 刘作会:《齐心协力 把矿产资源法落在实处》,《中国地质》1986年第10期。
② 朱训:《关于〈中华人民共和国矿产资源法(草案)〉的说明》,《中国地质》1986年第5期。
③ 田凤山:《切实贯彻实施好〈矿产资源法〉——在〈中华人民共和国矿产资源法〉公布十五周年座谈会上的讲话》,《国土资源通讯》2001年第4期。
④ 方樟顺:《依法加强矿产资源勘查开发利用的监督管理》,《中国地质》1987年第8期。

题，造成了对乡镇集体矿山企业和个体采矿"放开"了却没有"管好"的局面。

中华人民共和国成立后，参考了苏联等国矿业立法的经验及有关规定，国务院及有关主管部门制定、颁布了一系列有关矿产资源开发、利用和保护的法规、规章和政策文件。1951年，原政务院公布的《中华人民共和国矿业暂行条例》第一条就明确规定："全国矿藏，均为国有，如无须公营或划作国家保留区时，准许并鼓励私人经营。"由于当时存在着公营、私营、公私合营等不同所有制形式，因此法律尊重客观现实，允许私人开矿，支持公私合营、政府参股。此外，条例对整理旧矿区、探采新矿区、探矿人及采矿人的责任等也作了具体规定。1965年，国务院批准发布了《矿产资源保护试行条例》，明确"矿产资源是全民所有的宝贵财富，是社会主义建设的重要物质基础"，规定"矿产资源的保护和合理利用，在社会主义建设中带有战略意义，是国家一项重要的技术经济政策"，同时，还对地质勘探、矿山设计、矿山开采、选矿、冶炼、矿产加工和使用、地下水资源管理等内容作了具体规定。但该条例缺乏相关的执行和监督部门，不利于该条例颁布后的贯彻执行（见表2.1）。这些矿业法律法规在中华人民共和国成立到改革开放初期阶段，对调整矿产资源开发利用的各种关系发挥了积极作用，有力地促进了我国矿业的发展，为国民经济建设提供了重要的物质基础，但远不能满足矿业经济现实发展的需要，矿业管理的立法亟须健全完善。

表2.1 1949—1985年我国矿产资源法规情况表

时间	法规情况	部门
1951年	《中华人民共和国矿业暂行条例》	政务院

续表

时间	法规情况	部门
1965 年	《矿产资源保护试行条例》	国务院
1980 年	《国务院关于与外商合作勘探开发石油工作统一归口问题的批复》	国务院
1981 年	《国务院批转国家能源委员会关于地方国营煤矿若干经济政策问题请示的通知》	国务院
1981 年	《关于审查批准地质勘探报告的几项规定》	国家经委、国家计委、国家建委
1982 年	《中华人民共和国对外合作开采海洋石油资源条例》	国务院
1982 年	《矿山安全条例》	国务院
1982 年	《矿山安全监察条例》	国务院
1982 年	《国务院关于发展煤炭洗选加工合理利用能源的指令》	国务院
1982 年	《国务院关于保护国营矿业企业正常生产的决定》	国务院
1982 年	《关于全国社队煤矿座谈会情况的报告》	国家经委、国家能委、国家农委转发
1983 年	《中华人民共和国海洋石油勘探开发环境保护管理条例》	国务院
1983 年	《国务院批转煤炭工业部关于加快发展小煤矿八项措施的报告的通知》	国务院
1983 年	《关于允许野外地质队边探边采开办小矿问题的通知》	国家经委
1983 年	《国务院关于恢复全国矿产储量委员会的通知》	国务院
1984 年	《中华人民共和国资源税条例（草案）》	国务院
1984 年	《资源税若干问题的规定》	财政部
1984 年	《国务院批转国家经委、国家计委、财政部关于调整煤炭工业若干政策问题的请示的通知》	国务院
1984 年	《区域矿产资源开发的综合评价工作情况纪要》	国家计委、地矿部
1985 年	《国务院批转国家经委关于开展资源综合利用若干问题的暂行规定的通知》	国务院

二、主要内容

1979年9月,在第五届全国人大常委会第十一次会议批准恢复成立地质部之后,在国家经委领导下,由地质部牵头,会同石油部、煤炭部、化工部、冶金部、建材部等有关部门人员联合组成《矿产资源法》起草办公室,着手法律起草工作。当时起草办公室明确《矿产资源法》的基本指导思想为:既要体现《宪法》关于矿产资源属国家所有和国家保障自然资源的合理开发利用的规定,体现当时中央关于"开放、搞活、管好"的开发地下资源的总方针,也要体现国家对乡镇企业实行"积极扶持、合理规划、正确引导、加强管理"的方针;通过法治的保障,既能调动国家、集体和个人的积极性,又能促进矿产资源合理开发利用和保护,以加强地质工作,振兴矿业发展,满足社会主义建设当前和长远对矿产资源的需要。[①] 为起草首部《矿产资源法》,起草办公室系统参考了世界上十余个矿业发达国家相关法律,梳理了我国历代有关矿业方面法律规定,总结了新中国成立30年来矿产资源勘查、开发等方面的工作经验及教训,并充分考虑当时矿业经济发展和管理体制的状况,广泛地征求了各方面的意见,经过8年易稿15次,正式提交全国人大常委会审议。其间,于1982年5月4日,国务院决定将"地质部"改名为"地质矿产部",不仅主管全国矿产资源,还增加了对矿产资源开发利用和保护的监管职责,政府职能由过去单一的找矿变为找矿兼管矿。由此,矿业部门的职能变迁推动了有关矿业立法的大部分争议渐趋统一。[②] 1986年3月19日,第六届全国

[①] 朱训:《地质科学与地矿产业——中国地矿工作的过去和未来》,云南科技出版社1997年版,第240页。

[②] 李显冬、孟磊主编:《新中国自然资源法治创新70年》,中国法制出版社2019年版,第128页。

人大常委会第十五次会议对《中华人民共和国矿产资源法》（以下简称1986年《矿产资源法》）进行审议，并决定于1986年10月1日起施行。这部法律填补了国内矿业法律的空白，是中华人民共和国成立后首部调整社会经济关系、调整矿产资源勘查的基本法律，成为我国矿业史上的重要转折，"标志着我国矿产资源开发利用管理开始走上了依法治矿的法制轨道"[1]。

1986年《矿产资源法》包括总则、矿产资源勘查的登记和开采的审批、矿产资源的勘查、矿产资源的开采、乡镇集体矿产企业和个体采矿、法律责任、附则共7章50条。《矿产资源法》首次对从区域地质调查、矿产资源普查，到矿床勘查工作均以法律条款形式提出明确要求，具有里程碑意义。该部法律的颁布，将国家对矿产资源勘查、开发和管理的重要方针政策上升为部门基本法，正确处理矿产资源开发与保护间的关系，正确处理依法管理与放开搞活间的关系，正确处理国营、集体与个体间的关系，推动了我国矿产资源发展进入有法可循的新时期。

法律建立了矿产资源勘查和开发利用统一管理体制。 1986年《矿产资源法》明确规定了各级人民政府和矿产主管部门的对矿产资源勘查、开采的监管职责分工（第九条）[2]，体现了国家在矿产资源管理中实行所有权和使用权适当分离原则以及实行政企分开原则[3]；法律还规定

---

[1] 江平主编：《中国矿业权法律制度研究》，中国政法大学出版社1991年版，第111页。
[2] 1986年《矿产资源法》第九条规定："国务院地质矿产主管部门主管全国矿产资源勘查、开采的监督管理工作。国务院有关主管部门协助国务院地质矿产主管部门进行矿产资源勘查、开采的监督管理工作。省、自治区、直辖市人民政府地质矿产主管部门主管本行政区域内的矿产资源勘查、开采的监督管理工作。省、自治区、直辖市人民政府有关主管部门协助同级地质矿产主管部门进行矿产资源勘查、开采的监督管理工作。"
[3] 李显冬、孟磊主编：《新中国自然资源法治创新70年》，中国法制出版社2019年版，第128页。

了对矿产资源勘查实行统一登记制度（第十条），对矿产储量实行统一审批制度（第十一条），对矿产资源开采实行统一复核和颁发采矿许可证制度（第十三条），等等，这些规定符合世界各国通行做法。1986 年《矿产资源法》加强了对全国地矿工作实行集中协调管理，为当时革除矿业工作中的弊端打开了局面。

法律明确了多种经济成分勘查开发国有矿产资源的法律地位。法律规定矿产资源属于国家所有（第三条），对国营、集体、个体矿山的地位及作用以法律形式予以确定，规定"国家保障国营矿山企业的巩固和发展。国家鼓励、指导和帮助乡镇集体矿山企业的发展。国家通过行政管理，指导、帮助和监督个人依法采矿"（第四条）。同时，法律强调加强矿产开发的统一管理，加重了各级政府的管理责任，保障了矿业发展的"放开、搞活"，又杜绝了其放任自流发展。1986 年《矿产资源法》进一步理顺了国营矿山企业与乡镇矿山企业、个体采矿者之间的关系，打破了长期以来传统矿业生产主要为国有企业"一枝独秀"的局面，明确国营矿山企业、乡镇集体矿山企业和个体采矿者相应的地位，做到了既明确国营矿山企业的主体地位，又积极扶持、合理规划、正确引导、加强管理乡镇集体矿山企业和个体采矿者，为多种经济形式依法进行采矿活动提供了法律保障，有利于矿业生产显现百花齐放的发展局面。

法律明确了国家对矿产资源的勘查、开采实行统一规划、合理布局、综合勘查、合理开采和综合利用的方针。1986 年《矿产资源法》明确了我国矿产资源合理利用和保护矿产资源的重要方针（第六条），也明确了综合利用方案复核（第十三条）、综合评价开展（第二十一条）、综合开采要求（第二十八条）等法律规定。同时，还鼓励和支持建立矿产资源有偿使用制度，明确规定对矿产资源实行有偿开发（第五条），对矿床勘探报告及其他有价值的勘查资料实行有偿使用（第二十五条）等立法要求，为地质工作改革奠定基础。长期以来，我国计划经济体制下实行的矿产勘查成果无偿使用和矿产资源无偿开采的政策，已不适应当时有计划的商品经济发展需要。两个"有偿"的逐步实行，是矿业经济体制改革的探索，有利于矿产资源勘查开发主体运用经济规律，促进矿产资源的节约集约利用，为地质工作"三化"改革奠定基础。

这些重要规定都是从我国地质勘查和矿业开采的实际情况出发，认真研究了我国地质工作体制、地质勘查工作特点、矿产资源开发利用和保护中的新情况、新问题，并在吸收国外矿业法中的先进内容的基础上提出来的，具有自己的鲜明特色。[1]

三、主要成效

1986 年《矿产资源法》在中国矿业发展的初期占据着举足轻重的地位，该法的颁布从根本上结束了中华人民共和国成立以来矿业无法可依的历史，扭转了矿业整个行业的发展秩序，使整个行业在根本上有序发展，提高了人们对保护矿产资源的重视程度，矿产资源法律体系得到初步建立，探矿权、采矿权在较大程度上实现了有偿取得和可依法转让，矿业对外开放力度逐步加大。该法的实施彻底改变了我国矿产资源勘查、开采和保护等矿业活动缺乏法律依据的历史。因此，1986 年《矿产资源法》是一个划时代的法律文本[2]，其颁布是新中国矿业立法的里程碑[3]，

---

[1] 徐大铨：《认真贯彻矿产资源法　促进冶金地质矿业的发展》，《中国地质》1986 年第 5 期。
[2] 李健：《铸剑卫矿业——写在〈中华人民共和国矿产资源法〉颁布实施 20 周年之际》，《国土资源》2006 年第 10 期。
[3] 李显冬、孟磊主编：《新中国自然资源法治创新 70 年》，中国法制出版社 2019 年版，第 128 页。

标志着我国依法治矿的新起点①。历史实践证明，1986年《矿产资源法》的施行在许多方面都发挥了重要作用。

一是促进了矿业开发规模明显增长。1986年《矿产资源法》颁布后，我国矿产勘查开发工作进入法制轨道，有利于我国矿产资源依法开发和综合利用，矿业开发规模不断提高，为国民经济社会全面发展提供了坚实的物质保障和重要支撑。据统计，1985—1996年，我国地质找矿取得了一些重大突破，发现矿产由137种增加到168种，新发现重要矿产地2000多处。②同时，矿山规模不断提高，矿石产量明显增长。1995年国有矿山总量1万多个，比1985年增加4000多个，年均增长7%；集体矿山和个体矿山达28万个，比1985年增加16万个，年均增长13%；矿业总产值为3100亿元，比1985年增加了2500多亿元，年均增长41%；矿石产量58亿吨，十年间年均增长超过29%。③中国矿业开发的总规模已位居世界第三。

二是初步树立了资源忧患意识和依法办矿意识。1986年《矿产资源法》颁布以来，从中央到地方各级党委、政府和各部门开展了相关宣传教育活动，促使人民群众进一步了解国家矿产资源不可再生性和总量丰富人均较少的现状，节约意识得到进一步加强，并确立了"十分珍惜、合理利用和有效保护矿产资源"的指导思想。在矿业发展中，坚持开源与节流并重的方针，坚持以大矿为骨干、大中小矿并举的方针，坚持对共生矿和伴生矿实行综合勘查、综合开发、综合利用的方针，坚持立足国内为主、国外为辅，利用国内外两种资源的方针，并且使这些方

---

① 李显冬主编：《中国矿业立法研究》，中国人民公安大学出版社2006年版，第11页。
② 朱训：《地质科学与地矿产业——中国地矿工作的过去和未来》，云南科技出版社1997年版，第249页。
③ 地矿部矿产开发管理局：《依法管理是矿产资源开发管理的根本——纪念〈矿产资源法〉颁布十周年》，《中国地质》1996年第3期。

针在实际工作中逐步得到贯彻落实。

三是基本建立了矿产资源法规体系框架。1986年《矿产资源法》颁布实施后,国务院和相关部门进行了一系列配套法规建设,推动了矿产资源税费、资料汇交、矿产储量、矿山监督等多项管理制度的建立,为矿产资源的开发利用和保护奠定了法律基础。1987年4月29日,国务院发布了《矿产资源勘查登记管理暂行办法》《全民所有制矿山企业采矿登记管理暂行办法》《矿产资源监督管理暂行办法》共三个行政法规(以下简称"三个暂行办法"),这对于贯彻执行1986年《矿产资源法》,明确对矿产资源勘查单位的探矿权、全民所有制矿山企业的采矿权,以及加强对矿山企业的监督管理作出了具体规定,对进一步理顺矿业关系,加强矿产资源开发管理发挥了重要作用。同时,国务院又陆续批准发布其他有关规定,如1993年国务院发布了《中华人民共和国资源税暂行条例》,1994年国务院发布实施了《矿产资源补偿费征收管理规定》,具体贯彻落实1986年《矿产资源法》中有偿开采的原则。1994年3月26日,国务院发布了《中华人民共和国矿产资源法实施细则》,大大增强了矿产资源法律条款的操作性。此外,全国大部分省、自治区、直辖市的人大和政府制定了矿产资源管理和保护的地方性法规和规章。由此,我国初步建立起了矿产资源管理的法律体系[1],进一步细化了矿产资源法所确立的基本法律原则,有效增强了矿产资源法的可操作性(见表2.2)。

---

[1] 改革开放以来,特别是1986年《矿产资源法》颁布以后,我国矿业领域立法进程大大加快,截至1995年底,共有全国人大常委会公布法律1部,国务院发布行政法规和规范性文件28件,地质矿产部和有关主管部门颁布部门规章和规范性文件84件,法律、法规的适用解释和有关问题函复77件,各省、自治区、直辖市人大常委会和人民政府颁布的地方性法规、政府规章和规范性文件137件。资料来源:朱训、陈洲其主编:《中华人民共和国地质矿产史(1949—2000)》,地质出版社2003年版,第155页。

表 2.2　1987—1995 年我国部分矿业法规政策

时间	法规政策	颁布部门
1987 年	《矿产资源勘查登记管理暂行办法》	国务院
	《全民所有制矿山企业采矿登记管理暂行办法》	
	《矿产资源监督管理暂行办法》	
	《矿产资源勘查、采矿登记收费标准及其使用范围的暂行规定》	地矿部、财政部
	《矿产勘查工作阶段划分的暂行规定》	全国矿产储委、国家计委、国家经委
	《矿产和地下水勘探报告审批办法（试行）》	
	《矿产勘查各阶段矿床技术经济评价的暂行规定》	
	《放射性矿产资源监督管理暂行办法》	核工业部
	《放射性矿产资源勘查登记管理暂行办法》	
	《放射性矿山企业采矿登记管理暂行办法》	
	《石油及天然气勘查、开采登记管理暂行办法》	石油工业部
1988 年	《国务院关于对黄金矿产实行保护性开采的通知》	国务院
	《全国地质资料汇交管理办法》	地质矿产部
	《全民所有制建材及非金属矿山企业采矿登记实施办法》	国家建材局、地质矿产部
1989 年	《全国地质资料汇交管理办法实施细则》	地质矿产部
	《矿产督察员工作暂行办法》	
1990 年	《国务院关于修改〈全民所有制矿山企业采矿登记管理暂行办法〉的决定》	国务院
	《社会公益性地质调查成果资料提供使用办法》	地质矿产部
	《石油及天然气勘查、开采登记管理暂行办法实施细则》	能源部
	《中华人民共和国海洋石油勘探开发环境保护管理条例实施办法》	国家海洋局
1991 年	《国务院关于将钨、锡、锑、离子型稀土矿产列为国家实行保护性开采特定矿种的通知》	国务院
	《地质勘查市场管理暂行办法》	地质矿产部
	《地质勘查单位资格管理办法》	

续表

时间	法规政策	颁布部门
1992 年	《地质矿产部行政复议与行政应诉规定》	地质矿产部
1993 年	《中华人民共和国对外合作开采陆上石油资源条例》	国务院
	《中华人民共和国资源税暂行条例》	
	《违反矿产资源法规行政处罚办法》	地质矿产部
1994 年	《矿产资源补偿费征收管理规定》	国务院
	《中华人民共和国矿产资源法实施细则》	
	《乡镇煤矿管理条例》	
	《煤炭生产许可证管理办法》	
	《矿产资源勘查成果登记管理办法》	地质矿产部
	《矿产资源勘查成果有偿使用管理试行办法》	
1995 年	《矿产储量登记统计管理暂行办法》	地质矿产部
	《地质遗迹保护管理规定》	
	《煤炭生产许可证管理办法实施细则》	煤炭工业部

"三个暂行办法"值得一提，尤其是前两个办法。《矿产资源勘查登记管理暂行办法》是对 1986 年《矿产资源法》第十条"国家对矿产资源勘查实行统一的登记制度"的细化，进一步强化了国家对矿产资源勘查工作法制化管理，确立了矿产资源勘查登记管理制度。通过明确国家授权地矿主管部门对矿产资源勘查项目进行复核并颁发许可证，有利于加强国家对矿产资源勘查工作的宏观管理，减少勘查过程中不必要的重复和浪费，为制定矿产资源的开发利用的科学方针政策提供可靠的依据。《全民所有制矿山企业采矿登记管理暂行办法》赋予了地质矿产主管部门核定或者划定矿区范围、复核综合利用方案、颁发采矿许可证等监督职责，规定了全民所有制矿山企业进行采矿申请登记、领取采矿许可证等活动的法律要求和具体程序，为保障全民所有制矿山企业正常生产秩序及矿产资源合理开发利用发挥了重要作用。《矿产资源勘查登记

管理暂行办法》明确了"加强对矿产资源勘查的管理,提高勘查效果和勘查工作的社会经济效益"的立法目的,是强化监管矿山企业资源开发利用过程的重要行政法规。

四是推进了矿产勘查开发秩序的整顿治理。1986年《矿产资源法》颁布后,促进了我国矿产勘查开发秩序的有效治理。在矿产资源勘查方面,有效遏制了分散管理体制引起的争抢矿点、同水平重复勘查等现象。在采矿领域,要求所有矿山企业开展采矿补登记工作,截至1995年底,99%以上的国有矿山企业、88%的乡镇集体矿山企业和个体获得合法采矿权,基本实现持证开采,初步确立矿产资源的合理分配和优化配置。同时通过治理整顿,一批矿权纠纷得以解决,矿业秩序明显好转,合法采矿权益得到有效保护。

五是促进了当时地质部门体制改革的深入开展。1986年《矿产资源法》颁布后,确立了调整矿产资源勘查和开发利用的各个方面之间的关系,进一步加强了地质行业管理,加快推动地质行业的改革。1986年《矿产资源法》授权地质矿产部主管全国矿产资源勘查、开采的监管职能,代表国家行使探矿权和采矿权。1988年国务院开展机构改革,第一次明确赋予地质矿产部4项管理职能,即地质勘查行业管理职能、矿产资源综合管理职能、矿产资源开发监督管理职能和地质环境监督管理职能。全国各省、自治区、直辖市人大或政府相继授权本省、自治区、直辖市的地质矿产主管部门履行政府职责,在矿业活动较多的市、县人民政府也依法建立矿产资源管理机构,由此,全国自上而下逐步建立起矿产资源管理体系。1994年,国务院以国办发〔1994〕48号文正式批准了新一轮地质矿产部机构改革的职能配置、内设机构和人员编制方案,在进一步明确地质矿产部4项管理职能和10项任务职责的基础上,改革了地矿行政管理机构的领导体制。各省、自治区、直辖市地矿主管部门机构由以部为主垂直管理,改为省、自治区、直辖市政府直接管理,进入地方政府行政序列，市、县级地矿行政组织体制也相应进行改革，四级地矿行政管理体制逐步建立起来。由此，经过政府机构改革，地质矿产部作为一个部门代表国家行使行政管理的政府职能不断得到强化。

总之，贯彻实施1986年《矿产资源法》取得了实质性进展，虽然局部地区仍存在着滥采乱挖与争抢资源的现象，还存在几十处采矿纠纷"热点"矿区，部分采矿权属纠纷亦时有反复，但从整体上来看，全国矿产勘查开发秩序有了明显好转，部分省、自治区、直辖市矿产勘查开发秩序开始全面好转。贯彻实施1986年《矿产资源法》，有力地促进了矿业生产健康稳步发展。

第二节 1996年《矿产资源法》的修订

一、修订背景

1986年《矿产资源法》的公布施行，对矿产资源的勘查、开发利用和振兴矿业，曾经起到了至关重要的作用。该部《矿产资源法》在当时具有矿业立法的基础性作用，但随着国际国内矿业发展环境的变化，其历史局限性日益明显，亟须修订完善。

在国际环境上，20世纪末以来，世界经济全球化趋势迅猛发展。尤其是1995年世界贸易组织（WTO）顺势成立并运行，极大地促进了世界经济一体化发展。此时，国际矿产品市场持续低迷，发展中国家在全球范围内竞争勘查和采矿的资本，发达国家国内的资源勘查开发受到越来越大的压力。[①] 在此背景下，全球范围内出现新一轮国际矿业法律

---

① 张新安：《国际上矿业立法革命的世纪演变》，《国土资源》2002年第4期。

修订浪潮，推动了诸多国家修改或者现代化矿产资源法。据统计，20 世纪 80 年代至 90 年代期间，世界范围内共有 100 多个国家修改完善矿产资源法，调整了国家矿业政策，注重矿业的运营与国际标准对接，促进了矿产资源立法现代化。

在国内环境上，随着 1994 年党的十四大的召开和社会主义市场经济体制的确立，1986 年《矿产资源法》内容的局限性很快在实践中暴露出来，该部法律的某些条款已明显不适应新形势的发展需要。主要表现在：

一是《宪法》和《矿产资源法》所规定的矿产资源归国家所有的法律原则没有得到理想的贯彻。《矿产资源法》实施以来，各级政府采取多种形式开展宣传工作，矿产资源归国家所有的观念得到一定程度的普及，但尚未真正深入人心，还存在模糊认识，部分人甚至还存在"哪里发现的资源就归哪里所有，谁占住一块资源就归谁所有"的错误观念，损害矿产资源国家所有权的行为屡禁不止。

同时，管理上的条块分割，尤其是部分地方政府和部分企业存在资源开采的短视行为，不能正确处理中央与地方利益关系、全局与局部利益关系、长远与眼前利益关系，加剧了矿产资源权属纠纷，损害了国家矿产资源的合理开发和有效利用。例如，在矿区从事采、选、冶作业的企业，分别属于中央企业、地方国营企业和集体企业。由于所有制不同、隶属关系不同，因而造成产品和税收上交渠道的不同。从产品使用来看，中央企业的产品由国家调用，地方获得指令性计划内 3% 的产品；地方企业的产品全部由地方支配。从税收分配来看，中央企业 70% 的产品税收收入上交中央财政，30% 的产品税收收入交给地方财政；地方企业（包括集体企业）的产品税收全部交给地方财政。[①] 如此利益分配格局，

[①] 孙廉、夏军、牟军等：《〈矿产资源法〉贯彻实施中某些法律问题的研究》，云南省矿产资源管理委员会课题研究项目，1991 年。

加剧了中央企业与地方企业的矛盾,造成双方各自为政、重复建设等问题,一定程度上破坏了矿产资源国家所有权行使的统一性和完整性。

二是矿产资源管理体制难以与社会主义市场经济体制相适应、相衔接。这是 1996 年《矿产资源法》修订所要重点解决的问题。随着市场经济的发展,原有规定中关于矿产资源勘查、开发管理方面的规定,难以与深化地矿改革相协调,难以实现矿业运行标准与国际通行规则相衔接,最根本的不适应性体现在原规定是在计划经济的大背景之下产生的,关于矿业权的管理规定明显地束缚了矿业生产力进步和行业发展,难以适应社会主义市场经济体制改革的新形势。这种情况主要体现在以下方面:经济体制改革中的矿业权有偿出让由于缺乏法律依据而受阻,商品经济条件下的矿政管理规范却欠缺产权市场管理的内容,不同所有制的不平等保护反而造成了国有资源性财产的流失,新旧经济体制的冲突阻碍了我国矿业经济的进一步向前发展。[①] 例如,1986 年《矿产资源法》是在计划经济体制下制定的,沿袭资源依靠行政手段分配、矿山企业无偿占有和使用资源的传统管理模式,致使各类企业地位不平等。1994 年 4 月 1 日,国家开征矿产资源补偿费,但征收费率较低,不足以体现资源国家所有的实际利益,也难以制止企业超量占有资源的行为。还有,1986 年《矿产资源法》规定对探矿权和采矿权采取许可登记制度,但是在探矿权、采矿权仍然实行由国家无偿授予并不得流转的制度下,这种计划经济体制的延续已经难以完全适应社会主义市场经济体制改革的新形势。显然,1986 年《矿产资源法》中许多法律规范与后颁布的其他法律法规产生了矛盾,如不加快废止或者修订,滞后的矿业立法必然阻碍我国矿业经济的进一步发展。[②]

---

① 江平主编:《中国矿业权法律制度研究》,中国政法大学出版社 1991 年版,第 113 页。
② 江平主编:《中国矿业权法律制度研究》,中国政法大学出版社 1991 年版,第 113 页。

三是我国矿业秩序亟须治理和整顿，这个现实的需求衍生了修改法律的迫切要求。我国矿业秩序经多次整顿后，某些地区仍然存在无证擅自开采、滥采乱挖矿产资源、出卖矿产资源或者采矿权等行为，破坏了矿产资源，侵害了国家权益，扰乱了矿业秩序，危害了社会安定。赣南钨矿、云南个旧锡矿、广西大新锰矿、豫陕交界的小秦岭金矿、大同煤矿、迁安铁矿等矿区矿业纠纷"热点"较多，无证开采、越界开采等现象较为突出。尤其是 1995 年 8 月，豫陕交界的小秦岭金矿区乱象被中央电视台曝光后，引起了领导高度重视和社会广泛关注。据报道，随着黄金开发带来经济利益的增长，小秦岭金矿区非法采矿现象难以有效遏制，矿业秩序出现混乱状况。短短几年间，该地区非法采金点就发展到 300 多个，从业人员近万人，对国有矿山资源造成严重破坏，仅文峪金矿、秦岭金矿几年间就损失储量几十吨，严重影响国有矿山的正常生产和资源接替，在政治上和经济上都给国家造成了无法挽回的损失。同时，法律对矿产资源开发利用的监督管理规定也不完善。各级地质矿产主管部门往往侧重对矿产资源勘查、开采进行业务上、技术上的指导和管理，对矿产资源实行全面监督管理不够，缺乏对必要的监管地位的明确和对监管手段的支持。因此，强化执法力度和管理力度、规范行业发展和开采勘探行为的法律规定必须尽快出台。为了适应建立社会主义市场经济体制的需要，进一步调整矿产资源勘查、开采过程中的各种社会经济关系，加强对矿产资源勘探、开采等活动的监督管理，规范矿业秩序，亟须对其中不太适用的条款加以修改。

二、修订内容

1992 年，全国人大对 1986 年《矿产资源法》执行情况进行检查后决定对该法进行修改。之后，经过 4 年的努力，于 1996 年 8 月 29 日第八届全国人大常委会第二十一次会议审议通过了《关于修改〈中华人民共和国矿产资源法〉的决定》(以下简称1996年《矿产资源法》)。这次修法活动是在社会主义市场经济体制的背景和要求下开始和推进的,并不断明确修订的指导思想和主要原则。修订的主要指导思想是:充分考虑与原《矿产资源法》立法指导思想的合理继承性,包括立法原则和建立的基本制度的延续性;从国情出发,认真总结10年来正反两方面的经验,坚持发展与治乱相结合;借鉴国际通行做法,建立符合社会主义市场经济体制要求并与国际惯例接轨的竞争机制,使矿产资源勘查、开发在法律和制度的范围内公平开展,按照经济规律管好、用好矿产资源;促进法律更好地适应经济基础的变化,通过健全、完善法律制度,促进矿业生产力发展。修法遵循以下基本原则:第一,矿产资源属于国家所有,这是立法的基本原则;第二,国家对矿产资源勘查、开发的基本方针,即"统一规划、合理布局、综合勘查、合理开采和综合利用",加强国家对矿产资源规划统筹协调,促进资源节约和综合开发利用;第三,不同经济类型的投资主体公平竞争的原则;第四,加强矿业权管理和保护的原则。这些主要思想和原则在《矿产资源法》修订过程中均有所体现。

1996年《矿产资源法》主要内容包括总则、矿产资源勘查的登记和开采的审批、矿产资源的勘查、矿产资源的开采、集体矿山企业和个体采矿、法律责任、附则共7章53条。1996年《矿产资源法》并非对1986年《矿产资源法》个别条款的简单修改,而是在矿产资源管理方式及利用方式上的重大变革。此次修订主要对1986年《矿产资源法》中的法律条款增改了18条,其中修改15条,即第三条、第四条、第五条、第十条、第十三条、第十四条、第十六条、第二十六条、第三十四条、第三十六条、第三十九条、第四十二条、第四十四条、第四十五条、第四十六条;新增3条,即新法的第四十七条、第四十八条、第五十条；并将第三十三条调整位置，放到新法的总则部分；对个别词语作出修改①。

这次修改主要突出两方面的内容：一是建立适应社会主义市场经济体制要求的矿业权管理制度，即解决矿业发展问题；二是从立法上明确执法责任，促进矿业秩序治理整顿，即解决矿业治乱问题。

第一方面，符合社会主义市场经济体制要求的矿业权管理法律制度体系得以建立。

一是在法律中强化了矿产资源国家所有权制度，明确国务院代表国家行使矿产资源的所有权。1986年《矿产资源法》规定矿产资源属于国家所有，其立法目的是为了保证国民经济全局对矿产资源的需求，使有限的矿产资源不仅为当代人也能为子孙后代造福。但是，该部法律没有明确矿产资源国家所有权的行使主体，造成法律理解偏差，部分地方存在随意批准采矿、乱挖滥采、争抢资源、矿业秩序混乱等现象。因此，1996年《矿产资源法》第三条第一款明确规定"由国务院行使国家对矿产资源的所有权"。该条款在法律规定中确认了国家是矿产资源的所有权者，只有国家拥有所有权主体资格，明确我国矿产资源国家所有的行使模式，有利于维护矿产资源国家所有权，促进宏观调控、统筹规划的权力集中在中央。该条款还进一步规定各级人民政府可以根据法律、法规的授权和中央政府的委托授权，依照授权内容和法律规定进行对矿产资源的管理和保护工作，确立了分级管理模式。同时，该条款的修改促进了《矿产资源法实施细则》规定②与法律相衔接，强化国家对矿产资源的统一管理。

---

① 1996年《矿产资源法》将1986年《矿产资源法》中的"国营矿山企业"修改为"国有矿山企业"，将"乡镇集体矿山企业"修改为"集体矿山企业"。

② 《矿产资源法实施细则》第三条第二款规定："国务院代表国家行使矿产资源的所有权。国务院授权国务院地质矿产主管部门对全国矿产资源分配实施统一管理。"

二是确立了探矿权、采矿权的有偿取得制度和依法转让制度。这是市场经济条件下矿产法律制度的一项主要特征,这一主要内容的修改,真正启动了我国矿产资源开发利用的市场化进程。[①] 这也是修改该法的重点,是促进矿业改革发展形势的需要,也是从我国的实际情况出发,适应社会主义市场经济体制,借鉴国际通行做法作出的重要修改。1986 年《矿产资源法》所规定的规则是采矿权绝对不可转让[②],这种在计划经济体制下形成的行政授权、无偿取得、不得流转的制度,已经不能适应社会主义市场经济体制的新形势。其所引发的问题之一是导致矿产资源国家所有权不能充分体现,如有的探矿权人长期占有较大的工作区而投入不足,找矿效益差;部分采矿权属纠纷难以解决,其深层次的原因是矿业权人无偿取得矿业权,无偿使用国家资源。问题之二是没有将矿业权作为一种财产权加入市场流转,极大地阻碍了矿业经济的发展,恶化了我国的矿业投资环境。

在矿业经济生活中,确有探矿权人在勘查过程中,由于资金不足等原因,需要转让部分探矿权以吸收资金;有的探矿权人找到了矿,自己无力继续勘探或开采,需要转让探矿权以获取一定回报;有的采矿权人由于各种原因,或无力经营,或将自己的资金投向更有利可图的领域而需要转让采矿权;有的采矿权人在矿山企业进行改组、联合、分立或者破产时,需要将采矿权与其他财产一并转移;等等。鉴于这些情况,从法律上确立矿业权有偿取得和依法转让制度是十分必要的。因此,1996 年《矿产资源法》明确了在某些特定情形下矿业权依法转让的法律制度。[③] 同

---

① 李晓燕:《矿产资源法律制度的物权化构建》,中国社会科学出版社 2014 年版,第 84 页。
② 1986 年《矿产资源法》第三条第四款规定:"采矿权不得买卖、出租,不得用作抵押。"
③ 1996 年《矿产资源法》第五条第一款规定,"国家实行探矿权、采矿权有偿取得的制度";第六条规定,"探矿权人在完成规定的最低勘查投入后,经依法批准,可以将探矿权转让他人","已取得采矿权的矿山企业,因企业合并、分立,与他人合资、合作经营,或者因企业资产出售以及有其他变更企业资产产权的情形而需要变更采矿权主体的,经依法批准可以将采矿权转让他人采矿"。

时还用"禁止将探矿权、采矿权倒卖牟利"的条款来约束有偿转让行为。此外,此次修订还注重加强对生态环境的保护,在设立矿山企业、开采矿山资源等方面均作了严格的环境保护要求,这体现了我国矿产资源法治思想在资源利用方式上和管理方式上的根本性转变。①

三是企业合法开采矿产资源的权益将得到国家保障。1986年《矿产资源法》第四条规定了国营矿山企业、乡镇集体矿山企业和个体采矿者不同的法律地位。改革开放以来,外商投资勘查、开采石油、天然气和其他矿产资源的越来越多,各种形式的联营及私营矿山企业业已存在。为保障包括外商投资企业在内的各种经济类型的采矿者公平竞争、合法经营,我国对1986年《矿产资源法》进行了调整和修改。1996年《矿产资源法》第四条规定:"国家保障依法设立的矿山企业开采矿产资源的合法权益。国有矿山企业是开采矿产资源的主体。国家保障国有矿业经济的巩固和发展。"②这就是说,只要是依法设立的矿山企业,其开采矿产资源的合法权益均受到法律保护。但是,由于矿业是关系国计民生的基础性产业,国家必须强化国有矿山企业的主体地位。

鉴于个体采矿的诸多弊端,国家对个体采矿行为给予限制。1996年《矿产资源法》第三十五条第二款规定:"矿产储量规模适宜由矿山企业开采的矿产资源、国家规定实行保护性开采的特定矿种和国家规定禁止个人开采的其他矿产资源,个人不得开采。"③这些规定有利于矿业由分散向集约转变,推动矿业向规模经济发展。

四是改革勘查登记管理制度,保障探矿权人的合法权益。1996年《矿产资源法》第六条规定:"探矿权人有权在划定的勘查作业区内进行

---

① 李显冬、孟磊、殷晓喆:《法治先行,护航生态文明建设——矿业领域法治建设四十年回顾与思考》,《中国自然资源报》2018年12月19日第5版。
② 1996年《矿产资源法》关于开采矿产资源的主体和权益的规定。
③ 1996年《矿产资源法》关于开采矿产资源的限制性规定。

规定的勘查作业，有权优先取得勘查作业区内矿产资源的采矿权。"[1] 该法强调了探矿权人的主要权利，有利于改善探矿投资环境，吸引资金形成投资主体多元化。但是，优先取得采矿权并不是一项独立的权利。在探矿权保留期内或勘查许可证的期限内，探矿权人才可以优先取得勘查作业区内矿产资源的采矿权。

1996年《矿产资源法》增加了勘查矿产资源要按照区块进行登记的管理制度[2]，勘查登记工作由国务院地质矿产主管部门负责。这是地矿行政管理的一项十分重要的改革，也是国际通用的管理办法。实行区块登记管理制度，依法开展勘查工作规范化管理，从宏观上明确划定勘查区范围，对探矿权排他性原则作出严格规定，有利于维护勘查作业区的生产秩序，保障探矿权人的合法权益。

五是改革采矿登记管理制度，保障采矿权人的合法权益。 1986年《矿产资源法》第十三条、第十四条规定按照采矿者的所有制成分、行政隶属关系划分办矿审批权限。实践证明，这种制度存在明显弊端，主要表现在各类不同经济成分的企业在法律面前没有平等的法律地位，不利于实施公平、公正、公开行政管理的原则。为此，1996年《矿产资源法》第十五条、第十六条对矿山企业设立的资质条件提出了原则要求；将采矿权的审批管理体制由多部门管理改为地矿主管部门一个部门负责；将按矿山企业所有制成分、行政隶属关系审批管辖，改为按矿产资源的储量规模、重要程度以及赋存空间来划分不同级别的审批权限。

1996年《矿产资源法》在保障国家所有权的规定方面，还设置了由省级人民政府地质矿产主管部门汇总向国务院地质矿产主管部门备

---

[1] 1996年《矿产资源法》关于勘查矿产资源制度的规定。
[2] 1996年《矿产资源法》第十二条规定："国家对矿产资源勘查实行统一的区块登记管理制度。"

案，省级以下颁发的采矿许可证的后置审批条件。这样，可以确保中央政府对矿产资源的统一管理，维护矿产资源国家所有权益，有利于正确处理中央与地方的利益关系，提升审批效率，减少矿业纠纷，维护矿业秩序，形成矿产资源管理全国一盘棋的局面，更好地体现国家作为矿产资源所有者的意志。①

第二方面，从立法上完善法律责任制度，加强矿业秩序治理整顿，促进矿产资源法律制度系统化、具体化。

在《矿产资源法》修改时，矿业秩序虽然在总体上有所好转，但是一些单位和个人违法进入国有矿山企业和他人矿山企业乱挖滥采，破坏资源的现象仍时有发生，有的争端因矛盾尖锐、久治不愈而成为热点；有的行政主管机关和执法人员不依法履行职责，违法审批采矿，对违法行为执法不力，这些都极大地影响了矿业的健康发展。因此，1996年《矿产资源法》增加了多条加强执法力度的条款。主要规定有：

一是进一步强调各级人民政府维护矿业秩序的责任。比如1996年《矿产资源法》第三条规定："各级人民政府必须加强矿产资源的保护工作。"第十九条规定："地方各级人民政府应当采取措施，维护本行政区域内的国有矿山企业和其他矿山企业矿区范围内的正常秩序。"第三十八条规定："县级以上人民政府应当指导、帮助集体矿山企业和个体采矿进行技术改造，改善经营管理，加强安全生产。"第四十九条规定："矿山企业之间的矿区范围的争议，由当事人协商解决，协商不成的，由有关县级以上地方人民政府根据依法核定的矿区范围处理。"②上述条款要求各级人民政府在国家授权的范围内依法对矿业秩序加强监督管理和保护。

---

① 傅英：《中国矿业法制史》，中国大地出版社2001年版，第65页。
② 1996年《矿产资源法》关于加强矿业秩序管理的规定。

二是确定了县级人民政府中负责地质矿产管理工作的部门的行政执法主体地位。1996年《矿产资源法》第四十五条规定:"本法第三十九条、第四十条、第四十二条规定的行政处罚,由县级以上人民政府负责地质矿产管理工作的部门按照国务院地质矿产主管部门规定的权限决定。"① 这里有两点对原法作了修改:一是由政府处罚改为负责地质矿产管理工作的部门处罚;二是各级的处罚权限由国务院地质矿产主管部门决定,规范执法主体的行为。随着《中华人民共和国国家赔偿法》(1994年5月12日)和《中华人民共和国行政处罚法》(1996年3月17日)的公布,将行政处罚权赋予市、县人民政府地质矿产管理部门,进一步明确其行政执法地位,实现执法主体权责统一,有利于加大执法力度,促进矿业秩序整治和规范。

三是规定了上级行政机关的行政监督权限和行政主体违法或不适当行政的法律责任。1996年《矿产资源法》第四十五条第二款规定:"依照第三十九条、第四十条、第四十二条、第四十四条规定应当给予行政处罚而不给予行政处罚的,上级人民政府地质矿产主管部门有权责令改正或者直接给予行政处罚。"② 该条增设了上级行政主管部门的行政监督权,有利于上级地矿主管部门及时纠正下级地矿主管部门的违法或者不适当的行政行为,促进依法行政。

四是新增行为主体资质条件的规定。比如第三条第四款规定:"从事矿产资源勘查和开采的,必须符合规定的资质条件。"③ 这是规范探矿、采矿行为人条件,加强监督管理的重要条款。地矿主管部门在出让探矿权、采矿权,履行登记发证手续时,要对相对人的资质条件严格审查,

---

① 1996年《矿产资源法》关于执法主体的权限的规定。
② 1996年《矿产资源法》关于上级行政部门的监督权的规定。
③ 1996年《矿产资源法》关于主体资质要求的规定。

不符合条件的不能发证；在探矿权人、采矿权人申请转让矿业权时，地矿主管部门也要对转让人应履行的义务和受让人的资质条件进行审查，不合格者不允许转让。

五是强调了采矿区范围的排他性原则。1996 年《矿产资源法》将 1986 年《矿产资源法》第十六条第三款和第三十六条合并，作为第十九条，该条规定："禁止任何单位和个人进入他人依法设立的国有矿山企业和其他矿山企业矿区范围内采矿。"① 该条款保证了采矿权的排他性，使混乱的采矿秩序得以治理。

六是强化了对严重破坏矿产资源的采矿行为的行政处罚和刑事处罚的力度。1986 年《矿产资源法》第四十四条对采取破坏性的开采方法开采矿产资源的行为，只规定了行政处罚，1996 年《矿产资源法》从保护资源的角度出发，增加了刑事处罚的规定，依照《中华人民共和国刑法》(以下简称《刑法》) 第一百五十六条的规定对直接责任人员追究刑事责任，从而体现了法律的严肃性和威慑力。1997 年全国人大常委会修改后的《刑法》，明确增加了破坏资源保护罪条款。

七是对阻碍行政执法的行为规定了处罚条款。1996 年《矿产资源法》第四十八条规定："以暴力、威胁方法阻碍从事矿产资源勘查、开采监督管理工作的国家工作人员依法执行职务的，依照刑法第一百五十七条的规定追究刑事责任；拒绝、阻碍从事矿产资源勘查、开采监督管理工作的国家工作人员依法执行职务未使用暴力、威胁方法的，由公安机关依照治安管理处罚条例的规定处罚。"② 该规定的增加，增强了执法的规范性和严谨性，有力地保障了执法人员依法行政。

---

① 1996 年《矿产资源法》关于采矿区范围排他性的规定。
② 1996 年《矿产资源法》关于保障执法人员依法行政的规定。

表 2.3　1996 年《矿产资源法》修改前后条款对照表

1986 年《矿产资源法》	1996 年《矿产资源法》
第三条　矿产资源属于国家所有，地表或者地下的矿产资源的国家所有权，不因其所依附的土地的所有权或者使用权的不同而改变。 国家保障矿产资源的合理开发利用。禁止任何组织或者个人用任何手段侵占或者破坏矿产资源。各级人民政府必须加强矿产资源的保护工作。 勘查矿产资源，必须依法登记。 开采矿产资源，必须依法申请取得采矿权。国家保护探矿权和采矿权不受侵犯，保障矿区和勘查作业区的生产秩序、工作秩序不受影响和破坏。	第三条　矿产资源属于国家所有，**由国务院行使国家对矿产资源的所有权**。地表或者地下的矿产资源的国家所有权，不因其所依附的土地的所有权或者使用权的不同而改变。 国家保障矿产资源的合理开发利用。禁止任何组织或者个人用任何手段侵占或者破坏矿产资源。各级人民政府必须加强矿产资源的保护工作。 勘查、开采矿产资源，必须依法分别申请、经批准取得探矿权、采矿权，并办理登记；但是，已经依法申请取得采矿权的矿山企业在划定的矿区范围内为本企业的生产而进行的勘查除外。国家保护探矿权和采矿权不受侵犯，保障矿区和勘查作业区的生产秩序、工作秩序不受影响和破坏。 从事矿产资源勘查和开采的，必须符合规定的资质条件。
第四条　国营矿山企业是开采矿产资源的主体。国家保障国营矿山企业的巩固和发展。 国家鼓励、指导和帮助乡镇集体矿山企业的发展。 国家通过行政管理，指导、帮助和监督个人依法采矿。	第四条　国家保障依法设立的矿山企业开采矿产资源的合法权益。 国有矿山企业是开采矿产资源的主体。国家保障国有矿业经济的巩固和发展。
第五条　国家对矿产资源实行有偿开采。开采矿产资源，必须按照国家有关规定缴纳资源税和资源补偿费。	第五条　国家实行探矿权、采矿权有偿取得的制度；但是，国家对探矿权、采矿权有偿取得的费用，可以根据不同情况规定予以减缴、免缴。具体办法和实施步骤由国务院规定。 开采矿产资源，必须按照国家有关规定缴纳资源税和资源补偿费。
第三条第四款　采矿权不得买卖、出租，不得用作抵押。	第六条　除按下列规定可以转让外，探矿权、采矿权不得转让： （一）探矿权人有权在划定的勘查作业区内进行规定的勘查作业，有权优先取得勘查作业区内矿产资源的采矿权。探矿权人在完成规定的最低勘查投入后，经依法批准，可以将探矿权转让他人。 （二）已取得采矿权的矿山企业，因企业合并、分立，与他人合资、合作经营，或者因企业资产出售以及有其他变更企业资产产权的情形而需要变更采矿权主体的，经依法批准可以将采矿权转让他人采矿。 前款规定的具体办法和实施步骤由国务院规定。 禁止将探矿权、采矿权倒卖牟利。

续表

1986年《矿产资源法》	1996年《矿产资源法》
第十条　国家对矿产资源勘查实行统一的登记制度。矿产资源勘查登记工作，由国务院地质矿产主管部门负责；特定矿种的矿产资源勘查登记工作，可以由国务院授权有关主管部门负责。矿产资源勘查登记的范围和办法由国务院制定。	**第十二条**　国家对矿产资源勘查实行统一的区块登记管理制度。矿产资源勘查登记工作，由国务院地质矿产主管部门负责；特定矿种的矿产资源勘查登记工作，可以由国务院授权有关主管部门负责。矿产资源勘查区块登记管理办法由国务院制定。
第十三条第一款　开办国营矿山企业，分别由国务院、国务院有关主管部门和省、自治区、直辖市人民政府审查批准。 第二十六条　开办矿山企业，由审批机关对其矿区范围、矿山设计或者开采方案、生产技术条件、安全措施和环境保护措施等，依照法律和国家有关规定进行审查；审查合格的，方予批准。	**第十五条**　设立矿山企业，必须符合国家规定的资质条件，并依照法律和国家有关规定，由审批机关对其矿区范围、矿山设计或者开采方案、生产技术条件、安全措施和环境保护措施等进行审查；审查合格的，方予批准。
第十三条第二款　国务院和国务院有关主管部门批准开办的国营矿山企业，由国务院地质矿产主管部门在批准前对开采范围、综合利用方案进行复核并签署意见，在批准后根据批准文件颁发采矿许可证；特定矿种的采矿许可证，由国务院授权的有关主管部门颁发。省、自治区、直辖市人民政府批准开办的国营矿山企业，省、自治区、直辖市人民政府地质矿产主管部门在批准前对开采范围、综合利用方案进行复核并签署意见，在批准后根据批准文件颁发采矿许可证。 第十四条　开办乡镇集体矿山企业的审查批准、颁发采矿许可证的办法，个体采矿的管理办法，由省、自治区、直辖市人民代表大会常务委员会制定。	**第十六条**　开采下列矿产资源的，由国务院地质矿产主管部门审批，并颁发采矿许可证： （一）国家规划矿区和对国民经济具有重要价值的矿区内的矿产资源； （二）前项规定区域以外可供开采的矿产储量规模在大型以上的矿产资源； （三）国家规定实行保护性开采的特定矿种； （四）领海及中国管辖的其他海域的矿产资源； （五）国务院规定的其他矿产资源。 开采石油、天然气、放射性矿产等特定矿种的，可以由国务院授权的有关主管部门审批，并颁发采矿许可证。 开采第一款、第二款规定以外的矿产资源，其可供开采的矿产的储量规模为中型的，由省、自治区、直辖市人民政府地质矿产主管部门审批和颁发采矿许可证。 开采第一款、第二款和第三款规定以外的矿产资源的管理办法，由省、自治区、直辖市人民代表大会常务委员会依法制定。 依照第三款、第四款的规定审批和颁发采矿许可证的，由省、自治区、直辖市人民政府地质矿产主管部门汇总向国务院地质矿产主管部门备案。 矿产储量规模的大型、中型的划分标准，由国务院矿产储量审批机构规定。

续表

1986年《矿产资源法》	1996年《矿产资源法》
第十六条第三款 任何单位或个人不得进入他人已取得采矿权的矿山企业矿区范围内采矿。	第十九条 地方各级人民政府应当采取措施，维护本行政区域内的国有矿山企业和其他矿山企业矿区范围内的正常秩序。 禁止任何单位和个人进入他人依法设立的国有矿山企业和其他矿山企业矿区范围内采矿。
第三十六条 在国营矿山企业的统筹安排下，经国营矿山企业上级主管部门批准，乡镇集体矿山企业可以开采该国营矿山企业矿区范围内的边缘零星矿产，但是必须按照规定申请办理采矿许可证。	
第三十四条 国家对乡镇集体矿山企业和个体采矿实行积极扶持、合理规划、正确引导、加强管理的方针，鼓励乡镇集体矿山企业开采国家指定范围内的矿产资源，允许个人采挖零星分散资源和只能用作普通建筑材料的砂、石、粘土以及为生活自用采挖少量矿产。 国家指导、帮助乡镇集体矿山企业和个体采矿不断提高技术水平、资源利用率和经济效益。 地质矿产主管部门、地质工作单位和国营矿山企业应当按照积极支持、有偿互惠的原则向乡镇集体矿山企业和个体采矿提供地质资料和技术服务。	第三十五条 国家对集体矿山企业和个体采矿实行积极扶持、合理规划、正确引导、加强管理的方针，鼓励集体矿山企业开采国家指定范围内的矿产资源，允许个人采挖零星分散资源和只能用作普通建筑材料的砂、石、粘土以及为生活自用采挖少量矿产。 矿产储量规模适宜由矿山企业开采的矿产资源、国家规定实行保护性开采的特定矿种和国家规定禁止个人开采的其他矿产资源，个人不得开采。 国家指导、帮助集体矿山企业和个体采矿不断提高技术水平、资源利用率和经济效益。 地质矿产主管部门、地质工作单位和国有矿山企业应当按照积极支持、有偿互惠的原则向集体矿山企业和个体采矿提供地质资料和技术服务。
第三十九条 违反本法规定，未取得采矿许可证擅自采矿的，擅自进入国家规划矿区、对国民经济具有重要价值的矿区和他人矿区范围采矿的，擅自开采国家规定实行保护性开采的特定矿种的，责令停止开采、赔偿损失，没收采出的矿产品和违法所得，可以并处罚款；拒不停止开采，造成矿产资源破坏的，依照《刑法》第一百五十六条的规定对直接责任人员追究刑事责任。	第三十九条 违反本法规定，未取得采矿许可证擅自采矿，擅自进入国家规划矿区、对国民经济具有重要价值的矿区范围采矿的，擅自开采国家规定实行保护性开采的特定矿种的，责令停止开采、赔偿损失，没收采出的矿产品和违法所得，可以并处罚款；拒不停止开采，造成矿产资源破坏的，依照《刑法》第一百五十六条的规定对直接责任人员追究刑事责任。 单位和个人进入他人依法设立的国有矿山企业和其他矿山企业矿区范围内采矿的，依照前款规定处罚。
第四十二条第二款 买卖、出租采矿权或者将采矿权用作抵押的，没收违法所得，处以罚款，吊销采矿许可证。	第四十二条第二款 违反本法第六条的规定将探矿权、采矿权倒卖牟利的，吊销勘查许可证、采矿许可证，没收违法所得，处以罚款。

续表

1986年《矿产资源法》	1996年《矿产资源法》
第四十四条 违反本法规定，采取破坏性的开采方法开采矿产资源，造成矿产资源严重破坏的，责令赔偿损失，处以罚款；情节严重的，可以吊销采矿许可证。	第四十四条 违反本法规定，采取破坏性的开采方法开采矿产资源的，处以罚款；造成矿产资源严重破坏的，依照《刑法》第一百五十六条的规定对直接责任人员追究刑事责任。
第四十五条 本法第三十九条、第四十条、第四十二条规定的行政处罚，由市、县人民政府决定。第四十三条规定的行政处罚，由工商行政管理部门决定。第四十四条规定的行政处罚，由省、自治区、直辖市人民政府地质矿产主管部门决定；对国务院和国务院有关主管部门批准开办的矿山企业给予吊销采矿许可证处罚的，须报省、自治区、直辖市人民政府批准。	第四十五条 本法第三十九条、第四十条、第四十二条规定的行政处罚，由县级以上人民政府负责地质矿产管理工作的部门按照国务院地质矿产主管部门规定的权限决定。第四十三条规定的行政处罚，由县级以上人民政府工商行政管理部门决定。第四十四条规定的行政处罚，由省、自治区、直辖市人民政府地质矿产主管部门决定。给予吊销勘查许可证或者采矿许可证处罚的，须由原发证机关决定。依照第三十九条、第四十条、第四十二条、第四十四条规定应当给予行政处罚而不给予行政处罚的，上级人民政府地质矿产主管部门有权责令改正或者直接给予行政处罚。
第四十六条 当事人对行政处罚决定不服的，可以在收到处罚通知之日起十五日内，向人民法院起诉。对罚款和没收违法所得的行政处罚决定期满不起诉又不履行的，由作出处罚决定的机关申请人民法院强制执行。	第四十六条 当事人对行政处罚决定不服的，可以依法申请复议，也可以依法直接向人民法院起诉。当事人逾期不申请复议也不向人民法院起诉，又不履行处罚决定的，由作出处罚决定的机关申请人民法院强制执行。
	第四十七条 负责矿产资源勘查、开采监督管理工作的国家工作人员和其他有关国家工作人员徇私舞弊、滥用职权或者玩忽职守，违反本法规定批准勘查、开采矿产资源和颁发勘查许可证、采矿许可证，或者对违法采矿行为不依法予以制止、处罚，构成犯罪的，依法追究刑事责任；不构成犯罪的，给予行政处分。违法颁发的勘查许可证、采矿许可证，上级人民政府地质矿产主管部门有权予以撤销。
	第四十八条 以暴力、威胁方法阻碍从事矿产资源勘查、开采监督管理工作的国家工作人员依法执行职务的，依照《刑法》第一百五十七条的规定追究刑事责任；拒绝、阻碍从事矿产资源勘查、开采监督管理工作的国家工作人员依法执行职务未使用暴力、威胁方法的，由公安机关依照《治安管理处罚条例》的规定处罚。
	第五十条 外商投资勘查、开采矿产资源，法律、行政法规另有规定的，从其规定。

三、修订成效

1996年《矿产资源法》是根据国内外发展形势变化,对《矿产资源法》的第一次重要的修改完善,基于我国建立社会主义市场经济体制的总体目标,总结了我国矿业开发在过去10年里地质采矿施工过程中的正反两方面的实践经验,借鉴了国外的成功经验,是矿业经济体制改革的重大步骤,是建立矿业新秩序的重要举措,促进了地质矿产行政管理进入新阶段。

(一)不断完善矿产资源法配套法规体系

在1996年《矿产资源法》颁布实施的推动下,我国加快完善矿政管理行政法规体系。1998年2月12日,国务院出台了《矿产资源开采登记管理办法》《矿产资源勘查区块登记管理办法》《探矿权采矿权转让管理办法》三个行政法规,进一步确立了矿产资源有偿开采和市场配置的机制,打破了过去矿业权单纯依靠行政授予、禁止流转的封闭格局。其中,《探矿权采矿权转让管理办法》是对《矿产资源法》中探矿权、采矿权有偿取得和依法转让制度的细化,对转让情形、审批主体、转让申请人和受让人的条件、转让程序、违法转让的法律责任等内容作出了详细规定。探矿权、采矿权转让制度的规定,是修改后《矿产资源法》所确立的一项新的重要制度,从此开启了矿权转让历史,是中国矿管历史上又一划时代事件。[①]《矿产资源开采登记管理办法》明确凡在我国领域及管辖的其他海域开采矿产资源,必须履行开采登记;明确将采矿企业审批和矿产资源审批实行分开审批原则,并且规定划分采矿权审批权限。《矿产资源勘查区块登记管理办法》明确规定了区块登记制度、最大面积限制制度、探矿权有

---

① 李显冬、孟磊主编:《新中国自然资源法治创新70年》,中国法制出版社2019年版,第130页。

偿取得制度、最低勘查投入制度、探矿权保留制度等新的制度。

国务院还以国务院令形式发布了矿产资源相关行政法规，譬如2001年，为了适应加入世界贸易组织需要，国务院修订了《中华人民共和国对外合作开采陆上石油资源条例》和《中华人民共和国对外合作开采海洋石油资源条例》；2002年，国务院制定了《指导外商投资方向规定》，规定"从事国家规定实行保护性开采的特定矿种勘探、开采的"列为限制类外商投资项目；2002年，为了加强地质资料管理和服务，保障地质资料汇交人的合法权益，国务院制定了《地质资料管理条例》。同时，根据国土资源部矿产开发管理司编制的《矿产资源开发管理常用法律法规文件选编（第三版）》，1998—2016年，国土资源部先后出台了涉及矿产资源的规范性文件将近90项。此外，我国各省、自治区、直辖市人大、政府也高度重视涉及矿产资源法的相关配套法规规章建设，云南、海南、陕西、广东、江苏等大部分省份根据1996年修订的《矿产资源法》颁布或修订了本区域的矿产资源管理条例（见表2.4）。这些法规规章和政策性文件的实施，进一步完善了我国的矿产资源法律法规体系，适应改革开放新形势的需要，促进了矿业经济的健康发展。

表2.4　1996年后各省、自治区、直辖市颁布矿产资源条例情况

时间	条例
1997年	《河北省矿产资源管理条例（修正）》
	《辽宁省矿产资源管理条例》
	《福建省矿产资源条例》
	《湖北省矿产资源开采管理条例》
	《四川省矿产资源管理条例》
	《海南省矿产资源管理条例》
	《云南省矿产资源管理条例》
	《甘肃省矿产资源管理条例》
	《新疆维吾尔自治区矿产资源管理条例（修正）》

续表

时间	条例
1998年	《山西省矿产资源管理条例》
	《黑龙江省矿产资源管理条例》
	《安徽省矿产资源管理办法》
	《河南省实施〈矿产资源法〉办法》
	《北京市矿产资源管理条例》
	《重庆市矿产资源管理条例》
1999年	《江苏省矿产资源管理条例》
	《湖南省矿产资源管理条例》
	《广东省矿产资源管理条例》
	《陕西省矿产资源管理条例》
	《青海省矿产资源管理条例》
	《内蒙古自治区矿产资源管理条例》
	《西藏自治区矿产资源管理条例》
	《宁夏回族自治区矿产资源管理条例（修正）》
2000年	《浙江省矿产资源管理条例》
	《贵州省矿产资源管理条例》
	《广西壮族自治区矿产资源管理条例》
2001年	《天津市矿产资源管理条例》
2015年	《江西省矿产资源管理条例》

（二）进一步规范了矿产资源管理秩序

1996年《矿产资源法》赋予了地矿主管部门更多的权力和职责，其核心是在维护矿产资源国家所有的原则下，建立规范矿业权市场并加强监督管理。同时，法律还增加了多条加大执法力度的条款，为维护矿产资源国家所有权和治理整顿矿业秩序，提供了法律保障。矿产资源法制建设的发展，有力推动了我国矿产资源管理方式的较大转变。1998

年,根据《关于国务院机构改革方案的决定》,由地质矿产部、国家土地管理局、国家海洋局和国家测绘局共同组建了国土资源部。国土资源部的成立是我国国土资源管理体制的重大变革,体现了国家对国土资源进行有效整合、突出效能的宏观调控方针,进一步促进了自然资源管理从分散走向相对集中,标志着我国矿产资源管理从此进入一个新时期[①]。执行《矿产资源法》、整顿矿业秩序、整合大矿小矿布局、淘汰落后产能、杜绝乱采滥挖等成为矿产资源治理的重要内容。

为推动《矿产资源法》的执行,全国人大和地方各级人大组织了多次执法检查。全国各地广泛开展了《矿产资源法》的宣传贯彻活动,尤其是 2002 年,针对反复出现的违法现象,全国集中进行了矿产资源管理秩序的治理整顿。2002 年 5—7 月,全国人大常委会组织了执法检查组,分别对云南、江西、辽宁和内蒙古 4 省、自治区《矿产资源法》的执行情况进行检查。其他各省、自治区、直辖市也纷纷根据全国人大常委会要求,对本区域内的《矿产资源法》执行情况进行了检查。通过持续不断的治理整顿,全国各地的采矿权数量减少,但同期矿业产值不断增长。例如,云南全省采矿权数量由 1995 年底的 1.2 万多个下降到 2001 年底的 6000 多个,矿山数量减少一半以上,但同期产能产值却增加了一倍;内蒙古全区采矿权数量由 1995 年的 7900 多个减少到 2001 年的 4500 多个,但同期矿产产值却增长了 117.1%。[②] 可见,通过治理整顿,全社会矿产资源国家所有的意识得到增强,全国各地的矿管秩序已经基本实现由乱到治,国家对矿产资源的所有权益日益得到体现。

---

① 周进生、牛建英、史中华:《我国小矿发展问题研究》,地质出版社 2009 年版,第 40 页。
② 邹家华:《全国人大常委会执法检查组关于检查〈中华人民共和国矿产资源法〉实施情况的报告——2002 年 10 月 26 日在第九届全国人民代表大会常务委员会第三十次会议上》,《全国人民代表大会常务委员会公报》2002 年第 6 期。

（三）有效培育了探矿权采矿权市场

1986年《矿产资源法》规定探矿权和采矿权为行政审批授予，不允许转让。1996年《矿产资源法》的修订，明确了所有权和使用权分离的原则，规定探矿权和采矿权实行有限制的转让，促使我国矿业权的产权管理制度实现了历史性突破，为建立矿业权法律制度奠定了基础。随后，为加快推进探矿权采矿权市场建设，相关管理部门出台了《探矿权采矿权转让审批有关问题的规定》《探矿权采矿权评估管理暂行办法》《探矿权采矿权使用费和价款管理办法》《探矿权采矿权评估资格管理暂行办法》《矿业权出让转让管理暂行规定》《探矿权采矿权招标拍卖挂牌管理办法（试行）》《探矿权采矿权价款转增国家资本管理办法》等规范性文件。

根据矿产资源法规的基本精神，全国各省、自治区、直辖市国土资源部门推行实施探矿权采矿权有偿出让制度。各地秉承先易后难原则，从建材矿产开始向有色金属矿产延伸，逐步实施从单一的行政审批向以招标、拍卖、挂牌等市场竞争方式有偿出让探矿权和采矿权的转让。[①]浙江省国土资源厅于1998年率先进行采矿权招标出让，于2000年率先进行采矿权拍卖出让，在市、县两级通过开展以竞争方式取得或者出让采矿权试点。全国各地根据本地的实际情况，积极采取点带面方式探索。1998—2002年上半年，全国设置探矿权1.89万个，收缴探矿权有偿使用费2.43亿元；有偿出让国家出资已探明矿产地的探矿权48个，收缴探矿权价款2.57亿元；批准转让的探矿权369个，实现探矿权转让交易额9.2亿元。有偿出让采矿权5787个，收缴采矿权价款10.2亿

---

① 探矿权采矿权市场建设调研组：《探矿权采矿权市场建设基本情况》，《矿产保护与利用》2003年第2期。

元；批准转让采矿权 978 个，评估确认价款达 105 亿元[①]。这一系列的措施推进了探矿权采矿权市场的建设和发展。

第三节 2009 年《矿产资源法》的修订

一、修订背景

2002 年 5—7 月，全国人大常委会对江西、云南、辽宁、内蒙古 4 省、自治区《矿产资源法》的执行情况进行了重点检查，并形成执法检查报告。报告提出，尽管各级政府在贯彻实施《矿产资源法》方面取得了较好的成效，但是仍存在不少突出问题，要尽快修订《矿产资源法》。[②]

一是体制不顺，致使矿业管理出现混乱现象。1986 年《矿产资源法》立法之初，我国矿业管理按矿种分属 10 多个部门，尚未形成独立统一的矿业行政管理部门，部门管理色彩较浓，在法律条文中明显体现出资源分割管理的痕迹。随着几轮机构改革的推进，国家自然资源管理体制在一定程度上有所理顺。2001 年 3 月，撤销国家煤炭工业局，有关行政职能并入国家经贸委。2003 年 3 月，国家经贸委撤销，在国家发改委下设能源局，负责管理我国煤炭、电力等产业发展。2008 年，国家能源局成立，整合煤炭、电力、石油、天然气等部分管理职能。在此基础上，政府管理资源的职能得到强化，矿产资源管理体制实现了由分散分割和交叉重复的部门管理到由少数几个主管部门进行相对集中管理

[①] 曾绍金主编：《探矿权采矿权市场建设理论与实践》，中国大地出版社 2003 年版，第 8 页。
[②] 邹家华：《全国人大常委会执法检查组关于检查〈中华人民共和国矿产资源法〉实施情况的报告——2002 年 10 月 26 日在第九届全国人民代表大会常务委员会第三十次会议上》，《中华人民共和国全国人民代表大会常务委员会公报》2002 年第 6 期。

的转变。尽管如此,在矿产资源管理中,管理部门之间的职能仍然存在环节多、协调难等不适应经济发展要求的问题。在法律条文中也体现着矿产资源分割管理的痕迹。例如,根据我国《水法》规定,关于河道采砂不仅水利主管部门有权管理,国土部门、交通部门依法也有权对采砂实行管理。采砂涉及多部门管理,部门之间协调配合问题就成为多头管理,导致体制不顺的突出情形。由于部门利益等因素影响,致使法律和政策的规范性不足,也造成了矿业关系不顺,矿业纠纷不断的现象时有发生。

二是粗放经营,造成矿产资源浪费严重。随着我国工业化进程加快,矿产品需求迅猛增加,矿产资源供需形势日趋严峻,部分大宗矿产资源保证程度呈下降趋势,难以满足国民经济持续发展对矿产品的需求。改革开放以来,尤其是1995年之后,我国经济增长方式以粗放型经济增长为主,经济发展总体素质不高。在矿产资源方面,我国采矿业粗放经营,在开发利用中浪费严重,矿产资源开发、综合回报、利用水平偏低。据统计分析,2003年,我国煤炭综合回收率平均尚未达到40%,金属和非金属矿产开发利用的综合回收率仅仅在30%左右水平,与世界发达国家综合回收率50%以上的水平存在较大差距。[①] 而且我国主要矿产品消耗加大与产量下降或增速减缓并存,部分重要矿产品对外依存度不断攀升。譬如,随着中国钢铁产量的持续高增长,铁矿石对外依存度不断提高。2003年,中国超过日本成为世界最大铁矿石进口国,40%以上铁矿石依靠进口。在国际矿产品价格回暖,尤其是铁矿石价格不断上涨的背景下,中国矿产品进口成本大幅上升。因此,主要矿产品的短缺一定程度影响了国家经济安全。

---

① 《全国政协十一届一次会议提案第0409号》,中国政协网,http://www.cppcc.gov.cn/2011/09/19/ARTI1316434127046151.shtml,2021-02-15。

三是机制缺失，致使产业发展后继乏力。长期以来，我国对矿产资源的勘查开发主要依赖政府财政投入，很少引入社会资本。改革开放后，矿产资源勘查难以适应社会经济快速发展需要。由于受到诸多因素制约，矿产资源在管理政策和制度设计上未能充分考虑其自身产业的特殊性和产业发展趋势，在储量管理制度、油气勘查开采管理制度、矿业权出让制度等方面改革尚未开展，也未能较好地与市场经济接轨。同时，部分企业，尤其是国有矿山企业存在机构臃肿、负担过重、活力不足、效率不高、经济实力差等问题，企业自我发展乏力。

四是无序开采，致使矿山环境破坏污染严重。多年来，矿业开发普遍存在着"重开发、轻保护"的现象。由于监管手段的缺乏和责任制度的缺失，矿业企业往往重视开采矿产资源，对加强矿山生态环境保护意识淡薄；管理机构也没有将矿山生态环境保护和恢复治理作为企业的重要要求予以明确，造成环境污染并诱发多种地质灾害，采区自然生态遭到破坏严重。其中，矿产资源开发秩序中煤矿、非金属和建筑材料的无序开采问题严重，矿山环境问题以废弃煤矿的比较突出，私营企业造成的矿山环境破坏比国有企业造成的破坏严重，等等。据调查分析，2002年，我国采矿企业排放的废水占工业废水总量10%，企业采矿产生的固体废弃物占工业固体废弃物总量的80%，企业采矿占用及毁损土地近6万平方千米，但是土地复垦率仅为12%，一批老矿山的地质生态环境治理问题亟待解决。[①]

二、修订过程及内容

2002年底，全国人大常委会矿产资源法执法检查报告提出，要尽

---

① 李秋元、郑敏、王永生：《我国矿产资源开发对环境的影响》，《中国矿业》2002年第2期。

快修订《矿产资源法》。2003年6月,国土资源部"两法"修改工作领导小组正式成立,下设"两法"办公室,负责《中华人民共和国土地管理法》和《矿产资源法》修改的日常工作。此次《矿产资源法》的修订总体设想为"适应我国完善社会主义市场经济体制要求,顺应世界矿业立法改革潮流,将我国《矿产资源法》修订成一部鼓励勘探的法律、发展矿业的法律、保护环境的法律、规范管理的法律,从而实现我国《矿产资源法》的现代化"①。为加快《矿产资源法》修订完善,"两法"办公室广泛听取各方意见和建议。据统计,仅2003年下半年到2004年底,"两法"办公室共召开各类座谈论证会80多场次,听取了2000多人次的意见,收到各方面书面修改意见建议100多份,形成了8份调研报告,其中包括2004年底向国务院办公厅提交的综合性材料《矿产资源法修改研究报告》。②但是由于一些关键问题上的分歧,社会各方没有达成一致意见,因此,多年来修改工作也仅仅停滞在讨论、起草阶段,难以有实质性的进展。③

2009年8月27日,第十一届全国人民代表大会常务委员会第十次会议通过了《全国人民代表大会常务委员会关于修改部分法律的决定》,对《矿产资源法》的部分条款涉及刑事责任和治安管理处罚的规定进行了文字规范的修改,即法律中的"依照刑法第×条的规定""比照刑法第×条的规定"修改为"依照刑法有关规定",将法律中引用的"治安管理处罚条例"修改为"治安管理处罚法"。由此可见,2009年《矿产资源法》修订并没有进行实质内容的修改,部分条款带有明显滞后性,作为矿产资源根本大法的《矿产资源法》难以适应经济社会发展需求。

---

① 赵腊平:《聚焦中国矿业》,中国大地出版社2007年版,第138页。
② 赵腊平:《东风渐近:期待瓜熟蒂落》,《中国矿业报》2006年11月28日第1版。
③ 王宏峰:《修改〈矿产资源法〉势所必然——访国土资源部法律中心实验室副主任郑美珍》,《中国矿业报》2013年10月15日第1版。

矿业立法的滞后性影响了矿业市场资源的有效配置、不同主体权利人的平等保护、矿山环境的保护和治理、矿业秩序的规范有序等，也给人民法院审理和裁判矿业纠纷带来挑战，不利于促进矿业经济持续快速健康发展。

第四节　2019年《矿产资源法（修订草案）》（征求意见稿）

一、修订背景

我国现行《矿产资源法》于1986年颁布实施，并于1996年和2009年分别作了部分修改。《矿产资源法》的颁布实施与修订完善，将矿产资源规划、保护、勘查、开采、监督管理以及矿区生态修复等活动纳入了法治化轨道，促进了矿业快速与可持续发展，为国家经济社会发展提供了强有力的资源和能源保障。但是随着社会主义市场经济体制的不断完善和生态文明建设的深入推进，矿产资源的规划与保护、开发与利用和监督与管理等活动面临新的形势。近年来，党中央、国务院对矿产资源管理改革作出了一系列部署，亟须通过借鉴国外立法经验，吸纳各省、自治区、直辖市《矿产资源管理条例》中的务实管用条款，吸收相关司法解析的合理内容，对《矿产资源法》进行全面修订。

（一）适应新形势、新变化的要求

1. 我国执政理念的转变

执政理念是执政党的灵魂所在，它体现着执政党的性质，明确党的执政目的，规范党的执政行为，引领党的执政方式。中国共产党执政70多年来，我国经济社会发生了巨大变化，尤其是进入新时期以来，党的

执政理念随着改革开放的深入推进不断深化发展。执政理念的转变是党坚持实事求是思想路线的客观结果，是党顺应时代变化不断推进执政实践的必然选择。① 但是不管执政理念如何转变，执政为民一直贯穿始终，永远是共产党执政的最终价值取向。中华人民共和国成立后，基于传统社会主义建设的执政主题，确立起"平等"的核心理念，进行"三大改造"，创办人民公社，推行计划经济；改革开放以后，基于中国特色社会主义建设的执政主题，确立起"发展"的核心理念，建立社会主义市场经济，切实解决人民的温饱问题，推动经济社会快速发展；党的十八大以后，基于国家现代化建设和转型的执政主题，确立起"公正"的核心理念，推进"四个全面"战略布局，提出五大发展理念，坚持推进高质量发展。② 党的十八届五中全会提出的五大发展理念，将绿色发展作为"十三五"乃至更长时期经济社会发展的一个重要理念，将生态文明建设摆在了更加突出的位置，要求将生态文明建设融入经济社会发展的全过程和各环节。党的十九大对生态文明建设提出了更高要求，将"加快生态文明体制改革，建设美丽中国"作为单独内容予以突出和强调。2018年3月，十三届全国人大一次会议通过了国务院机构改革方案。根据方案，整合国土资源部、国家海洋局、国家测绘地理信息局的职责，还有国家发展和改革委员会、住房和城乡建设部、水利部、农业部和国家林业局的相关职责，组建自然资源部，对自然资源实行统一化管理，同时加快推进《矿产资源法》的修订（见表 2.5）。《中华人民共和国国民经济和社会发展第十四个五年规划和 2035 年远景目标纲要》提出加快绿色转型发展，提高矿产资源开发保护水平，发展绿色矿业，建设绿色矿山，这指明了未来完善矿产资源法律体系的发展方向。

---

① 王清涛、梁飞：《中国共产党核心执政理念研究》，济南出版社 2019 年版，第 93—94 页。
② 王清涛、梁飞：《中国共产党核心执政理念研究》，济南出版社 2019 年版，第 98—116 页。

表 2.5 改革开放以来矿产资源开发行政管理模式演变情况

阶段	管理体制	管理机制	管理制度
第一阶段：1978—1985年	地质部改名为地质矿产部，其职能不仅是地质找矿，还承担了保护矿产资源的工作。除地质矿产部外，煤炭工业部、石油工业部、核工业部、冶金工业部、化学工业部、轻工业部、国家黄金局、国家建材局等政府机构分别负责管理各自地质勘查队伍和矿山企业。	国家积极进行矿产资源管理改革的立法探索，酝酿出台《矿产资源法》。	1982年《宪法》对矿产资源的权利归属和开发利用作了基本的制度性规定。
第二阶段：1986—1997年	1988年政府机构改革，明确地质矿产部四项职能；1993年改革，进一步明确和强化地质矿产部职能；1996年，在原全国矿产储量委员会的基础上，成立全国矿产资源委员会，加强对矿业的宏观管理。	开始实施对除了石油、天然气之外的各类矿产资源及其勘探开发进行统一管理，维护国家矿产资源所有权，强化资源开发监督管理，如矿产部门按法定程序发放采矿许可证，监督矿山企业采用合理的开采方法和选矿工艺流程，监督矿山企业开采回采率。	1986年颁布《矿产资源法》，1996年对《矿产资源法》进行第一次修订。
第三阶段：1998—2017年	1998年，组建国土资源部，将土地、矿产、海洋资源都纳入国土资源部管理。	对自然资源实现相对统一集中的管理。	1998年出台了《矿产资源勘查区块登记管理办法》《矿产资源开采登记管理办法》《探矿权采矿权转让管理办法》等一系列配套法规，2009年对《矿产资源法》进行细微修改。
第四阶段：2018年至今	2018年，组建自然资源部，整合原国土资源部、原国家海洋局、原国家测绘地理信息局，还有国家发展和改革委员会、住房和城乡建设部、水利部、农业部和国家林业局的相关职责。	对自然资源实行统一化管理。	2019年底，公布《矿产资源法（修订草案）》（征求意见稿），加快《矿产资源法》修订。

资料来源：夏云娇：《基于生态文明的矿产资源开发政府管理研究》，中国地质大学出版社2014年版，第57页。

2. 矿业主要矛盾的变化 ①

主要矛盾和次要矛盾，是唯物辩证法的一对重要范畴。1937年，毛泽东在《矛盾论》中把主要矛盾和非主要矛盾的问题作为矛盾特殊性中必须特别地提出来加以分析的问题作了系统阐发。该书指出，在复杂事物中存在着许多矛盾，处于主导地位和起决定作用的矛盾是主要矛盾，主要矛盾的存在和发展规定和影响其他矛盾的存在和发展。② 改革开放40多年来，我国经济社会发生了翻天覆地的变化，社会主要矛盾已发生转化，由"人民群众日益增长的物质文化需要同落后的社会生产之间的矛盾"转化为"人民日益增长的美好生活需要和不平衡不充分的发展之间的矛盾"③，体现在矿业发展领域上，矿业发展矛盾无处不在，但总结起来，主要为五大矛盾：供需矛盾、生产秩序矛盾、生态环境矛盾、安全生产矛盾、矿业社区矛盾。矿业发展是不断变化的，因此矿业发展的矛盾也是一个博弈和演化的过程，主要经历了三个阶段：20世纪80年代（1986年《矿产资源法》颁布），矿业发展的主要矛盾是供需矛盾，主要是矿业开发供给与经济增长对矿产品需求之间的矛盾；20世纪90年代（1996年《矿产资源法》修订），矿业发展的主要矛盾是供需矛盾和生产秩序矛盾并存，既要解决矿业发展问题，也要解决矿业治乱问题；党的十八大以来，矿业发展的主要矛盾是矿产资源开发与生态环境保护的矛盾。随着"两山"理念日益深入人心，矿产资源开发与生态环境保护的矛盾日益上升到重要地位，矿产开发规模需要与环境承载力

---

① 朱清、陈达先：《基于实践论和矛盾论视角的矿产资源管理研究思考》，《中国矿业》2018年第4期。
② 徐光春主编：《马克思主义大辞典》，崇文书局2018年版，第727页。
③ 习近平：《决胜全面建成小康社会 夺取新时代中国特色社会主义伟大胜利——在中国共产党第十九次全国代表大会上的报告（2017年10月18日）》，求是网，http://www.qstheory.cn/dukan/qs/2017-11/01/c_1121886256.htm，2017-11-01。

相适应，矿产资源监管面临的形势发生根本性转变。具体而言，一段时间以来，随着矿产资源价格的攀升，推动勘查开发利用力度加大，矿产资源开发历史遗留生态环境问题逐渐突显，亟须推动矿产资源开发利用方式向绿色发展方式转变。作为矿产资源部门法的《矿产资源法》应顺应矿业发展新形势，基于矿业发展主要矛盾变化，在立法宗旨、立法原则、具体条款上进行修订完善。

（二）适应新实践、新探索的要求

近年来，党中央、国务院加强对矿产资源管理改革决策部署，继续深化"放管服"改革。矿产资源管理部门针对矿业权出让制度、油气勘查开采管理和储量管理等出台了一系列改革政策措施，并选取试点，总结经验，形成了一批可复制、易推广、可借鉴的改革经验。例如，在矿业权出让制度改革方面，2017年2月中共中央办公厅、国务院办公厅印发《矿业权出让制度改革方案》，选取山西、福建、江西、湖北、贵州、新疆等6省、自治区开展矿业权改革试点。山西省创新矿业权经济调节机制，调整探矿权占用费收取标准，建立累进动态调整机制，利用经济手段遏制"圈而不探"等现象。福建省通过"福建省矿业权出让系统"办理矿业权出让业务，保障出让的公开公平；利用高新技术构建"探、储、采、查、治"一体的矿政综合管理系统，实现管理的互联互动和高效灵活；率先实行矿产资源储量评审备案制度改革，持续深化"三合一"改革，不断激活矿业市场活力。江西省制定《矿业权出让收益征收管理实施办法》，细化转让矿业权出让收益征收规定，科学划分各级政府收益分成比例，规范矿业权出让收益征收管理；出台矿业权出让市场基准价，制定空白地基准价和矿业权出让基准收益率，建立基准价和基准率制度。湖北省突出生态开发绿色发展，强化矿产生态开发准入管理；突出"多规合一"原则，加强矿产资源与土地、生态等相关规划衔接;突出科技管矿,建设"互联网+矿业权政务服务"体系。贵州省出台"1+5+8"配套改革政策,即1个《贵州实施方案》,5个改革支撑性文件,8个改革配套文件,为推进矿业权出让制度改革试点提供政策支撑。新疆运用技术手段,加强矿业权精细化高效化管理;取消矿业权年检,建立矿业权信息公示制度;改革矿业权出让收益管理方式,有效减轻企业负担。通过关键制度先行先试,为《矿产资源法》的修改积累重要实践经验。

(三)与相关法律政策相衔接的要求

近年来,我国加快矿产资源法律体系建设,基本上形成了以《宪法》《民法典》《刑法》《中华人民共和国行政许可法》(以下简称《行政许可法》)等法律为基础,以《矿产资源法》为核心,包括《矿产资源法实施细则》等行政法规,《地质资料管理条例实施办法》等部门规章,以及诸多地方性法规、地方政府规章等共同组成的不同层级法律法规体系。但是,目前我国法制环境和矿业形势发生了重大的变化,作为部门法的《矿产资源法》未能及时对现实情况作出回应和调整,暴露出其局限性和滞后性。2018年,全国人大修改了《宪法》,明确将"贯彻新发展理念"写入其中。2021年实施的《民法典》,第九条规定要节约资源和保护生态环境,第三百二十五条规定"国家实行自然资源有偿使用制度",第三百二十九条规定探矿权、采矿权的用益物权性质等,亟须加强《矿产资源法》修订,并与《民法典》有效衔接。同时,《矿产资源法》作为矿产资源法律体系的核心法,其规定过于原则化,在实践中出现需要利用规范文件调整矿产资源开发利用的行为,甚至一些基本的、重要的法律制度散见于较低层级的规范中,导致出现矿产资源法律体系效力层级结构不合理、法律体系结构失衡的现象。法律体系内部结构的协调性、关联性不强。体系内一般法与特别法、下位法与上位法、中央层次与地方层次的法律规范之间的协调性欠缺，造成执法效力的降低和法律适用的不规范等问题。因此，构建科学合理的矿产资源法律法规体系建设，亟须修订《矿产资源法》，使之真正发挥核心法作用。

二、修订内容

2019年12月至2020年1月，自然资源部将起草的《中华人民共和国矿产资源法（修订草案）》（征求意见稿）（以下简称《修订草案》）向社会广泛征求意见。《修订草案》充分尊重了原《矿产资源法》的框架，共7章53条。在结构上，《修订草案》保留了"总则""法律责任""附则"三章，将原《矿产资源法》的"矿产资源的勘查""矿产资源的开采"两章合并修改为"矿产资源的保护、勘查和开采"一章，新增"矿业权""矿区生态修复""监督管理"三章，删除原《矿产资源法》的"矿产资源勘查的登记和开采的审批""集体矿山企业和个体采矿"两章。

一是全面实行矿业权竞争出让制度。 2013年，党的十八届三中全会对我国全面深化改革作出总体部署，进一步明确"经济体制改革仍然是全面深化改革的重点，经济体制改革的核心问题仍然是处理好政府和市场关系"[①]，因此，此次全会提出了"使市场在资源配置中起决定性作用和更好发挥政府作用"这一重大理论观点，成为处理好政府和市场关系的全新定位。近年来，国家高度重视矿业权改革，尤其是围绕竞争性出让制度等出台了一系列政策文件。2017年4月，国务院印发《矿产资源权益金制度改革方案》，规定矿业权人需要交纳出让收益、占用费及

---

① 《关于〈中共中央关于全面深化改革若干重大问题的决定〉的说明》，《人民日报》2013年11月16日第1版。

资源税等。2017年5月，中共中央、国务院印发《关于深化石油天然气体制改革的若干意见》，提出建立油气矿业权出让制度和完善区块退出机制。2017年6月，中共中央办公厅、国务院办公厅印发《矿业权出让制度改革方案》，明确了试点先行，以点带面，全面推进矿业权竞争性出让。随后，在山西省开展煤层气矿业权公开竞争出让试点工作，成功出让了10个煤层气勘查区未来3年探矿权，有效吸引了多元化资本进入煤层气产业。① 因此，在试点的成功经验的基础上，《修订草案》通过明确前期工作、出让权限、出让方式等方面，从法律层面全面推进矿业权竞争出让制度。在前期工作上，明确由县级以上人民政府自然资源主管部门会同有关部门共同开展（《修订草案》第二十一条）；在出让权限上，明确了自然资源部和地方自然资源主管部门之间矿业权出让权限，自然资源部负责国务院确定的重要矿产资源和我国管辖的领海以外的其他海域范围的矿产资源，除此之外矿产资源出让权，则由省、自治区、直辖市人民政府规定（《修订草案》第二十二条）。在出让方式上，除国务院规定可以采取协议方式出让的，矿业权依法应当采取招标、拍卖、挂牌等方式公开出让（《修订草案》第二十三条）。

二是明确矿区生态修复机制。 党的十八大以来，党中央高度重视生态文明建设，新发展理念成为时代的主旋律。2014年4月，全国人大修订的《中华人民共和国环境保护法》（以下简称《环境保护法》）强调保护环境是国家的基本国策，并明确将生态补偿制度纳入法治化轨道。2015年5月，中共中央、国务院印发《关于加快推进生态文明建设的意见》，提出发展绿色矿业，加快推进绿色矿山建设，健全生态保护补偿机制。此外，近年来国务院及其管理部门陆续出台了《关于加强矿山地质环境恢复和综合治理的指导意见》《关于划定并严守生态保护

---

① 王佳丽：《我省煤层气矿业权市场化"破冰"》，《山西经济日报》2017年8月31日第2版。

红线的若干意见》《关于加快建设绿色矿山的实施意见》等相关政策文件，践行"两山"理论，有效保护环境，推动矿产资源开发利用方式和方向的转变。在此背景下，《修订草案》增设了"矿区生态修复"章节共4条，规定了生态保护要求、生态修复要求、生态修复资金及验收等具体内容，将矿区生态修复从制度层面提升到法律层面。规定建立矿区生态修复机制，明确矿业权人生态修复义务，并不因矿业权的灭失而免除（《修订草案》第三十四条）。同时，明确生态修复资金的来源，秉承"谁污染谁治理""谁破坏谁恢复"等原则，要求矿业权人按照销售收入的一定比例提取修复资金，专门用于矿区的生态修复，并计入企业成本（《修订草案》第三十五条）。

三是加强矿产资源管理体系现代化建设。 2019年，党的十九届四中全会对推进国家治理体系和治理能力现代化作出重大战略部署，也为矿业治理领域指明了方向，提供了遵循。在《修订草案》中，对矿产资源管理改革提出的新要求均有所体现。一方面，继续深化"放管服"改革。明确平等对待各类市场主体，删除"集体矿山企业和个体采矿"章节，淡化对不同采矿权主体的不同规定，强调"依法取得的矿业权受法律保护，任何单位和个人不得侵犯"（《修订草案》第四条），激发各类矿业市场主体活力。深化行政审批制度改革，删除"矿产资源勘查的登记和开采的审批"章节，体现了多年以来矿产资源管理部门通过简化审批流程、压减审批事项等方式推进"放管服"改革的成果。另一方面，强化矿产资源监管法律制度。改变以往"重审批、轻监督"的矿业行政管理方式，专门设立"监督管理"章节，突出监督在矿业权管理中的重要地位。在事前，明确矿业权人编制勘查（开采）方案，细化矿业权出让合同中的相关要求（《修订草案》第三十七条）；在事中事后，要求矿业权人严格执行国家有关标准和规范（《修订草案》第三十九条），及时向社会公开相关信息，接受社会各界监督（《修订草案》第四十条）。

同时，明确规定信用惩戒条款，要求政府管理部门建立勘查开采信用记录制度，并纳入全国信用信息平台和企业信用信息公示系统（《修订草案》第四十二条）。

四是建立符合矿产资源开发利用特点的管理制度。（1）鼓励矿产资源综合勘查开采。在地质条件上，我国伴生矿、共生矿较多，单一矿床较少。单一矿种勘探开采难以有效利用矿产资源，极易造成环境污染和资源浪费。在管理体制上，长期以来我国实行多头分散管理体制，各部门缺乏沟通协调，造成矿业权交叉重叠。据相关数据统计，我国矿业权交叉重叠总数超过1万个，占问题矿业权总数的9%以上[1]，其中煤炭与油气、煤炭之间、煤炭与煤层气之间的矿业权重叠居多[2]。2007年，国土资源部发布《关于加强煤炭和煤层气资源综合勘查开采管理的通知》，明确支持和鼓励煤炭矿业权人综合勘查开采煤层气资源，促进煤炭和煤层气资源综合开发利用。根据矿产资源勘查开发的特点和实际，法律提出"矿业权人有权依法有偿取得登记的勘查、开采范围内新发现其他矿产资源的矿业权"（《修订草案》第二十条）。（2）实行油气探采合一制度。探矿权和采矿权统称矿业权，均属用益物权，相互间联系密切，权益关系相互延伸，产权关系难以分割清楚。根据这些属性特征，实行油气探采合一制度，在勘探到一定程度后，直接进入资源开采阶段，有利于减少探矿权转采矿权所需层层审批，有效提高从勘探到生产的速度。因此，法律明确实行油气探采合一制度，要求"石油、天然气等矿产资源的探矿权人发现可供开采的石油、天然气等矿产资源的，有权在报告国务院自然资源主管部门后即可进行开采"（《修订草案》第三十二

---

[1] 苏继成：《〈矿产资源法〉修改应规制矿业权重叠》，《中国国土资源经济》2014年第7期。
[2] 罗世兴、沙景华、吕古贤：《鄂尔多斯盆地矿权重叠问题探析》，《中国矿业》2012年第S1期。

条）。（3）完善矿业权有效期制度。根据《矿产资源勘查区块登记管理办法》《矿产资源开采登记管理办法》等法规，以及《国土资源部关于进一步规范探矿权管理有关问题的通知》《国土资源部关于进一步规范采矿许可证有效期的通知》等政策文件，对探矿权和采矿权有效期限作出了规定。《修订草案》在此基础上，更加合理地确定了矿业权期限及续期：探矿权期限为5年，期满仍可续期2次，每次期限也为5年。采矿权期限根据矿山建设规模和储量规模相适应的原则确定，原则上不能超过30年；采矿权期满，如在登记的开采范围内仍有可供开采的矿产资源的，则可以续期（《修订草案》第二十六条）。这些规定更贴近矿产资源勘探开发的实际，有利于矿业权人更有效地开展工作。

五是明确矿产资源税费制度。随着我国矿产资源有偿出让制度的实施，部分地方政府重视矿产受益而忽视矿产资源的特性，产生矿产开发费用和税费不断提高、税费重复交叉的情况日益突出等问题，造成了矿产资源有偿使用制度结构失衡。针对这些问题，2017年4月，国务院出台了《矿产资源权益金制度改革方案》：在矿业权出让阶段，将探矿权、采矿权价款调整为矿业权出让收益；在矿业权占有阶段，将探矿权采矿权使用费调整为矿业权占用费；在矿产开采阶段，开展实施资源税改革；在矿山环境治理恢复阶段，将矿山环境治理恢复的保证金调整为基金。① 在《矿产资源权益金制度改革方案》的深入实施过程中，我国矿产资源有偿使用制度进一步规范化。在此实践背景下，在《修订草案》中明确矿产资源税费制度，规定矿业权人应当依照合同约定缴纳体现国家所有者权益的探矿权（采矿权）出让金；明确矿业权人应当按照国家标准缴纳探矿权（采矿权）占用费，防范矿业权市场"跑马圈地"行为；

---

① 《探矿权采矿权价款调整为矿业权出让收益》，法制网，http://www.legaldaily.com.cn/index/content/2017-04/20/content_7116799.htm?node=20908，2017-04-20。

同时加强与 2020 年 9 月实施的《中华人民共和国资源税法》相衔接，规定开采矿产资源应当依法缴纳资源税（《修订草案》第二十四条）。

三、《修订草案》存在完善空间

（一）修法的前瞻性有待进一步加强

随着我国经济不断发展，能源需求日益增长，矿产资源战略地位不断凸显，矿产资源法律制度的设计直接关系着国家经济可持续发展，关系着国家政治稳定乃至国家安全。目前对于《矿产资源法》修订的必要性和紧迫性，无论是政府、学者还是社会大众均达成普遍共识。鉴于《矿产资源法》的重要地位，这部法律需要系统的修订而非简单的修正，需要作大修而非小改。因此，《矿产资源法》的前瞻性显得尤为重要。

目前，海洋资源开发已经上升为国家战略。实施海洋资源开发利用是世界经济大国发展的成功经验，也是 21 世纪的地缘战略选择。习近平总书记在中共中央政治局第八次集体学习时指出，"要提高海洋开发能力，扩大海洋开发领域，让海洋经济成为新的增长点"。党的十九大报告也提出要"坚持陆海统筹，加快建设海洋强国"。海洋资源对我国经济发展具有极其重要的战略意义。经过几十年发展，我国在深海矿产资源开发领域有了长足的发展，其中科技创新发展发挥了极大的促进作用。目前，我国先后成功研制了水下机器人、中深孔岩心钻机、多功能深拖系统等一系列深海调查装备，以"蛟龙""潜龙""海龙"等为代表的一批深海运载平台逐步投入使用。2018 年底，自然资源部制定了《自然资源科技创新发展规划纲要》，成为自然资源科技创新发展的顶层设计，对自然资源领域科技创新活动起支撑引领作用。《自然资源科技创新发展规划纲要》的总体目标对深地探测、深海探测作出了明确要求，其中在深海探测上，提出创新深海矿产资源成矿理论和勘探方法，建立深海矿产资源勘探开发技术体系，为国民经济和社会可持续发展提供后备和替代资源。在此背景下，此次《矿产资源法》的修订应体现法律前瞻性，为矿产资源开发利用的科技创新留下法律空间。建议在《修订草案》第六条的科技创新内容中，增加鼓励开展深海矿产资源勘查、开采及其环境保护的技术创新，鼓励地下采矿与地下空间布局和地下空间开发利用相结合的技术创新等内容，如规定特定地区禁止地表开采石灰石等矿产资源，而且地下开采要与地下空间布局和地下空间开发利用相结合。

（二）政府与市场的关系仍需进一步理顺

习近平总书记在《关于〈中共中央关于全面深化改革若干重大问题的决定〉的说明》中指出："市场决定资源配置是市场经济的一般规律，市场经济本质上就是市场决定资源配置的经济。健全社会主义市场经济体制必须遵循这条规律，着力解决市场体系不完善、政府干预过多和监管不到位问题。"[①] 以习近平同志为核心的党中央基于经济发展进入新常态的重大判断，提出使要素市场在资源配置中起决定性作用和更好发挥政府作用，这是我们党在理论和实践中的又一重大推进，为全面推进矿产法治的发展指明了方向，提供了遵循。[②]

现行《矿产资源法》是在市场经济体制初步建立前制定的，行政化色彩依然浓厚，影响了矿业市场化进程。因此，去行政化是《矿产资源法》修改的核心问题之一。在计划经济时期，政府扮演的是促进矿业发展"组织者"的角色，矿业发展的一切事物均在政府事无巨细安排下进行，矿产品供需关系由国家计划部门规定，市场价值规律无法有效发挥

---

① 王克群：《进一步处理好政府和市场关系——学习党的十八届三中全会精神》，《广东经济》2013年第12期。

② 王建平、李发鹏等：《两手发力——要充分发挥好市场配置资源的作用和更好发挥政府作用》，《水利发展研究》2018年第9期。

作用。社会主义市场经济体制建立以后，矿业部门转变职能，应当扮演矿业发展"监督者"和"服务者"的角色，将重点放在经济运行的宏观把握和微观经济运行的监督上来。[①] 政府职能的转变，成为处理好市场自律与市场监管之间关系的关键。矿业市场中存在的问题可以通过市场机制和市场主体解决的，矿产资源管理部门应减少干预，如在矿业市场主体的微观领域，在符合国家政策前提下，通过市场化方式实现资源配置；矿业市场中存在的问题难以通过市场机制和市场主体解决的，矿产资源管理部门应当行使公权力进行监管，如规定矿业权出让方式，制定矿业主体准入门槛等。

党的十八大以来，在新发展理念指引下，我国深入推进"放管服"改革，加快政府职能转变，在矿业领域不断取得突破发展。但在矿产资源监管中仍存在一些问题：矿产资源保护及利用的相关技术标准有待健全；矿产资源全面节约和高效利用激励约束机制亟须建立；地质资料社会化服务的广度和深度存在不足；等等。因此，《矿产资源法》修订过程中应继续理顺政府与市场的关系，切实让市场起决定性作用，打造中国矿业发展新动能。

（三）矿产资源储备制度亟须进一步健全

在全球矿产资源安全形势日趋复杂的背景下，矿产安全作为国防安全的重要保障，在国家安全体系中的地位日益重要。当前，我国矿产资源安全形势不容乐观：战略性新兴产业矿业需求快速增长，钴、钽、锆等矿产对外依存度依然持续保持高位；国内资源开发强度过大，在一定程度上威胁着矿产资源代际安全；多种矿产资源来源于稳定性不高的国

---

① 张洪涛、唐金荣、齐亚彬等：《矿产资源资产资本理论与实践》，地质出版社 2014 年版，第 206 页。

家,海外矿产资源供应安全面临威胁;等等。同时,我国目前矿产资源储备品种数量和规模与我国资源安全形势不相匹配。与发达国家相比,我国油气、铜等大宗矿产储备规模明显不足,而战略性新兴产业所需的矿产储备品种和规模也亟须大幅提高。公开数据显示,截至2020年初,中国国家石油储备能力提升到8500万吨,相当于90天的石油净进口量①,石油储备尚处于初期阶段;而2013年美国石油储备可满足国内消费190天、日本可达175天②,与之相比,要提升石油储备能力,中国还有很长的路要走。据预测,到2035年,我国主要矿产品消费对外依存度高的局面难以改变③,矿产安全供应保障任务仍然艰巨,矿产资源储备问题应摆在重要位置。

完善的法律体系是矿产资源战略储备有效实施的重要保障。目前,我国矿产资源储备缺乏法律保障,没有国家层面的法律法规对其进行明确规定。虽然,《找矿突破战略行动纲要(2011—2020年)》中提出了要"建立重要矿产资源储备体系","十四五"规划提出了要"加强战略性矿产资源规划管控,提升储备安全保障能力,实施新一轮找矿突破战略行动",但是这些规划的法律刚性不足。因此,明确矿产资源储备的法律地位,将矿产资源储备的相关主要问题,用法律形式严格界定下来,确保实施矿产资源储备的有效性。根据储备方式的不同,矿产资源储备方式分为矿产品储备和矿产地储备。目前,《修订草案》第十五条只规定矿产地储备,矿产品储备尚未作制度安排。建议将《修订草案》第十五条"矿产地储备"修改为"矿产资源储备",扩大矿产资源储备,建立以矿

---

① 《中国石油储备能力达8500万吨!最新消息:一艘美国油轮正开往中国》,新浪财经,https://baijiahao.baidu.com/s?id=1665279137596159600&wfr=spider&for=pc,2020-04-29。
② 王文、张润丽主编:《地质工作战略研究参考》,地质出版社2016年版,第25页。
③ 《鞠建华:全面开创矿产资源保护监督新局面》,绿色矿山推进委员会官网,http://greenmines.org.cn/index.php?m=content&c=index&a=show&catid=18&id=1122,2018-12-18。

产地储备为主、矿产品储备为辅的储备体系，完善矿产资源储备制度。

（四）矿产资源有偿使用制度有待进一步改革

党的十八届三中全会提出的全面深化改革具有划时代的意义，推动了中国特色社会主义进入新时代。矿产资源有偿使用制度改革、矿产资源产权制度改革等矿产资源领域的深改措施，为实现科学合理、公平共享的矿产资源利益分配机制奠定了基础。2015年，中共中央、国务院发布《关于加快推进生态文明建设的意见》，提出"进一步深化矿产资源有偿使用制度改革，调整矿业权使用费征收标准"。2017年，国务院发布了《关于全民所有自然资源资产有偿使用制度改革的指导意见》，明确要求"改革完善矿产资源有偿使用制度，明确矿产资源国家所有者权益的具体实现形式"，并且在出让制度、占有制度、税费制度等环节深化改革。2019年4月，中共中央办公厅、国务院办公厅印发了《关于统筹推进自然资源资产产权制度改革的指导意见》，规定"依法明确采矿权抵押权能，完善探矿权、采矿权与土地使用权、海域使用权衔接机制"，"探索开展全民所有自然资源资产所有权委托代理机制试点，明确委托代理行使所有权的资源清单、管理制度和收益分配机制"。2019年10月，党的十九届四中全会通过了《中共中央关于坚持和完善中国特色社会主义制度 推进国家治理体系和治理能力现代化若干重大问题的决定》，提出"健全自然资源产权制度，落实资源有偿使用制度"。这些意见从矿产资源利益的价值取向、权利体系冲突与协调、矿产资源收益后国家与政府之间的分配调整、利益再分配机制及发展方向与趋势等不同层面对矿产资源利益分配进行构建与完善，对于推进新时代中国特色社会主义矿产资源利益分配具有重要的指导作用。①

---

① 王中庆：《中国矿产资源利益分配研究》，山西人民出版社2020年版，第106—107页。

中国特色社会主义进入新时代，是矿产资源利益分配继续深化改革的重要时期，对内（生态环境和社会发展利益）、对外（战略安全）的价值因素成为矿产资源发展和利益分配机制改革的重要考量因素。《矿产资源法》的修订应充分考虑这些历史发展阶段和未来发展趋势，修改的法律才更具有现实性和前瞻性。但目前法律修订中对矿业权有偿使用制度规定不充分，未能与时俱进进行修改完善。虽然《修订草案》的第二十四条（费用）和第三十五条（生态修复资金）作出了相应规定，这与此前国务院权益金改革制度的具体内容相呼应，但在第二十四条中，将矿业权出让权益、矿业权占用费、资源税的缴纳简单规定在"费用"条文中，这在立法技术层面上的合理性有待商榷，而且这些规定能否科学体现矿产资源税和费之间的关系也值得思考。

（五）矿山环境保护及生态修复制度有待进一步完善

目前，现行《矿产资源法》没有设置专门保护矿区生态的章节，仅在第四章"矿产资源的开采"第三十二条[①]中规定开采矿产资源过程中应保护环境，且在现实工作中有关矿产资源环境保护的法律规定难以有效实施。尽管《修订草案》将矿山生态环境保护列为《矿产资源法》的修订内容，专门设置第四章为"矿区生态修复"，但该章仅有4条条款，涉及生态保护要求、生态修复要求、生态修复资金、验收等方面，内容过于简单，对环境影响评价制度、恢复治理保证金制度等矿山生态环境保护和治理重要制度未作明确法律规定。

党的十八大以来，以习近平同志为核心的党中央将生态文明建设

---

① 《矿产资源法》第三十二条规定："开采矿产资源，必须遵守有关环境保护的法律规定，防止污染环境。开采矿产资源，应当节约用地。耕地、草原、林地因采矿受到破坏的，矿山企业应当因地制宜地采取复垦利用、植树种草或者其他利用措施。开采矿产资源给他人生产、生活造成损失的，应当负责赔偿，并采取必要的补救措施。"

摆在改革发展和现代化建设全局的重要位置,对矿产资源管理提出了一系列新的部署和新的要求。应充分利用《矿产资源法》修订的契机,完善矿山地质环境生态恢复法律制度,设立矿山企业保护生态环境法律义务,明确矿产资源开发利用损害生态环境的行为底线、识别标准要件、处罚程序和程度,为追究损害矿山环境行为的直接责任和监管责任提供法律依据。建议在新发展理念指导下修改《矿产资源法》,加快推进生态文明建设,确保矿产资源国家所有权益不受损害,适当增加矿山生态环境保护和治理章节内容。将《修订草案》第四章"矿区生态修复"修改为"矿山环境保护与恢复治理",并与《环境保护法》对接,强化环境责任终身追究和矿山环境损害赔偿等内容,落实防治主体责任和监管主体责任。

1. 明确环境影响评价制度

矿山环境影响评价制度是矿产资源开采规划和项目实施对环境可能造成的影响进行分析、预测和评估的法律制度。[①]2016年,国土资源部联合工业和信息化部等五部门共同发布的《关于加强矿山地质环境恢复和综合治理的指导意见》中提出要完善矿山地质环境调查、评价、监测、治理技术标准体系,随后全国各地纷纷制定《矿山地质环境保护与治理规划(2018—2025年)》,将开展矿山地质环境调查与评价作为主要任务和重点工作来推进,可见环境影响评价制度对矿山环境保护和恢复治理发挥重要作用。目前,发达国家在此方面走在我国前面,制定了严格的矿山开发管理规定,明确在矿山环境影响评价中应有生态恢复内容,在项目实施过程中应合理吸收专门生态恢复研究机构的意见和建议,以此保障矿山边开采、边修复措施得到落实,促进矿山生态环境保

---

① 黄霞、齐冉:《矿山环境影响评价法律制度评析》,《中国国土资源经济》2011年第1期。

持良好状态。① 建议在《修订草案》中增加重要矿区开发环境影响评价制度，明确对国务院或省级人民政府认定的重要矿区的勘查、开采，应实行环境影响评价制度，对重要矿区的勘查、开采活动实施后可能造成的环境影响进行分析、预测和评估，提出预防或者减轻不良环境影响的对策和措施，并进行跟踪监测。

2. 明确环境治理恢复基金管理制度

多年来，为了确保采矿权人在采矿过程中切实履行矿山地质生态环境治理恢复义务，我国逐步建立起了矿山环境治理恢复保证金制度。2000年，国土资源部在政府工作会议上首次提及矿山环境治理恢复保证金制度；2003年，《中国的矿产资源政策》白皮书将表述改为"矿山环境保护和土地复垦履约保证金制度"；2009年，国土资源部审议通过的《矿山地质环境保护规定》将矿山环境治理恢复保证金以制度形式确定下来。但据调研发现，我国部分地区在执行保证金制度过程中出现实质与形式不一现象，保证金制度有形无实，难以有效改善矿山生态环境②，反而增加了企业的负担和政府的监管难度。2017年4月，国务院印发了《矿产资源权益金制度改革方案》，明确规定"在矿山环境治理恢复环节，将矿山环境治理恢复保证金调整为矿山环境治理恢复基金"，根据矿山企业销售收入比例提取，基金计入企业成本，专项用于矿山生

---

① 在澳大利亚，矿业权申请人向州矿业能源部提交矿山环境影响评价报告，矿业能源部将该项目在报纸上公告，广泛听取社会各方面意见，召开听证会，有关部门参与审查批准，最后矿业能源部慎重作出授权决定。

② 据全国矿山地质环境调查和遥感监测结果统计，截至2014年底，因矿产资源开发引起地面塌陷等矿山地质灾害26365处，土地资源毁损面积约303万公顷，采矿产生的固体废弃物累计积存量约450亿吨，成为矿区及其周边区域水土环境的重要污染源。采矿活动平均每年抽排地下水约60亿吨，对区域地下水系统产生不同程度的影响和破坏。资料来源：《我国用于矿山地质环境治理的资金已超900亿元》，中国矿业网，http://www.chinamining.org.cn/index.php?m=content&c=index&a=show&catid=6&id=14398，2015-10-22。

态修复工作；同时加强管理部门监管职责，督促企业落实矿山环境治理恢复责任。2017年11月，财政部、国土资源部、环境保护部联合下发《关于取消矿山地质环境治理恢复保证金　建立矿山地质环境治理恢复基金的指导意见》，明确了建立矿山地质环境治理恢复基金，并且提出了指导性意见。环境治理恢复基金管理制度的确立，有利于转变政府职能，规范市场化运作，拓宽融资渠道，建立政府为主导、企业为主体、社会组织和公众共同参与的矿山环境治理体系，促进矿区生态环境保护高质量发展。

3. 明确公众参与法律制度

矿区生态修复是一个系统工程，离不开社会公众的广泛参与。目前，《修订草案》中关于矿产资源公众参与的法律规定较为薄弱，仅在第四十条中对信息公示进行了规定，要求矿业权人依照国家规定，将矿区生态修复等矿产资源开发利用的相关信息向社会进行公示，以保障公众知情权，但是对相关参与途径、激励措施等方面的规定缺失。党的十九大报告提出"构建政府为主导、企业为主体、社会组织和公众共同参与的环境治理体系"，建议《矿产资源法》修订条款在这方面能够有所体现，进一步完善公众参与内容。一是明确公众参与的具体途径，可以通过听证会、论证会、问卷调查、专家咨询等形式，广泛听取公众的具体建议。二是扩大公众监督权，对矿产资源违法开采等行为以及违法行政行为，鼓励公众举报、检举。三是完善公益诉讼制度，完善公众参与救济权。

第三章 国外矿产资源法立法考察

第一节 矿产资源所有权与矿业权立法

一、矿产资源所有权立法

土地所有权和矿产资源所有权之间的关系可以用地表权与地下权来说明。典型模式有以下三种：一是以英国和美国为代表的地表权和地下权相结合的制度。其中，美国对土地所有权和矿产资源所有权实行矿地一体化的规制，即谁拥有土地，谁就拥有了地下矿产资源，同时可以自由支配地下矿产资源。二是以法国和德国为代表的地表权和地下权相分离的制度。《法国民法典》第 4 条明确规定，所有人不得绝对使用和分发国家法律法规所禁止的物种。《德国民法典》第 903 条明确规定在不与任何第三人合法权利和相关法律发生直接抵触的前提下，物的合法所有权人不仅能够任意自由处理该物，并且有权不受任何第三人的随意干涉。三是以南非为代表的地表权和地下权相对有限结合的制度。南非法律只对部分地区和部分矿种规定其地表土地所有权者可以同时拥有地下矿产资源所有权。这种地表权和地下权的统一是限定的。

矿产资源所有权和土地所有权的结合状态在不同的国家是截然不同的。不同的法律制度决定了地面权利与地下权利之间关系的不同立法模式,即使在具有相同法律制度的国家中,有关矿产资源所有权制度的规定也不一致。当然,在大多数法律制度中,矿产资源的所有权通常属于政府,地表权和地下权是分开的。

(一)美国

因为矿产资源开发领域具有特殊的重要性,所以即使是像美国和英国这样的以判例法为主要特点的英美法系国家,也在该领域规定了众多制定法。其重要性主要体现在:首先,除了效率因素的考虑,矿产资源开发的行业特殊性决定了政府需要通过制定法的形式实现国家环境安全与保护等重要价值目标;其次,美国对于矿产资源开发的立法意图侧重于公平准入与鼓励开发,而且美国联邦政府对其统治下的众多待开发的矿产资源以制定法的方式加以统一规范。

需要说明的是,美国法律中并不存在单独的矿产资源所有权。美国的采矿法离不开美国的法律体系约束,美国法律体系由许多等级的联邦、州和地方法律组成。政府在各级的监管权力来源于宪法、法规、行政法规或法令以及司法普通法。美国宪法和联邦法律是该国的最高法律,通常优先于相互冲突的州法律和地方法律。在许多法律领域,不同的主管机构具有共同管辖权,要求受监管实体遵守多个级别的监管。例如,在联邦土地上进行开采通常要遵守联邦、州和地方的法规和行政法规的多层并行规定。联邦政府的行政部门越来越多地利用总统行政命令来影响采矿政策和程序。在美国的立法中,矿产资源综合开发的初始阶段权利规制配置模式是独具特色的"矿地一体化"模式,也就是"矿随地走"的权利规制管理模式,即矿产资源是土地的附属品,矿产资源所有权从属于土地所有权。在矿地一体化模式制度的预设下,美国对矿业资源及其开发形成了一整套特有的私权实现机制。此外,就矿产资源开发而言,美国法还通过行政的部分有限介入来确保实现经济价值的最大化。由此，美国形成了以私法为主导的规范私权的配置和运行并辅以公法对私权进行规范和限制的矿产资源及其开发的法律机制。

为了有效帮助土地主体所有权人更好地保护和实现与其国土相对应的国有矿产资源所有权益，美国法中还明确设置了土地采矿权与土地权利金。该采矿权利的合法授予可能意味着一个采矿权保护人可以享有任何其他附属于该采矿权利的必要性和权益。另外，联邦和州政府一般都制定了全面的采矿监管计划。尽管美国是普通法国家，但还是有详细的法规对此进行规定，因此，在美国实行采矿法通常类似于在大陆法系国家实施采矿法。但是，这些采矿法的司法解释必须由法院根据普通法原则进行。美国采矿法可能源自联邦、州和地方法律，包括宪法、法规、行政法规或法令以及司法和行政机构的普通法。

至于哪个级别的政府对采矿活动拥有管辖权，在很大程度上这取决于地表和矿物所有权。在美国，大量采矿发生在由联邦政府所拥有的联邦土地上。联邦法律主要管辖矿产所有权、运营和环境合规性，州和地方政府在联邦土地开采项目的某些方面（比如许可、水权和使用授权）具有共同管辖或独立管辖的权力。如果资源归属于私有土地，则财产所有权是州合同法的问题，但是运营和环境合规性仍受适用的联邦和州法律的约束。国有土地上的房地产所有权受州法律监管，运营和环境合规性受联邦和州法律监管，在某些情况下还受地方分区条例约束。

作为财产权，采矿权独立于地表权，可以像其他财产一样被占有、使用、获益和处分。在处分采矿权时虽然会受特定矿种和特定的岩层深度限制，其交易本质上还是属于平等主体的民事的领域内的活动，双方当事人可以通过合意达成一致并由此签订合同。

（二）加拿大

加拿大是一个联邦制国家，由10个省和3个地区组成。联邦和省区政府分别拥有独立的立法权，分工明确，互相协作，依各自的立法管理权限履行职责。加拿大联邦政府不负责制定全国境内统一的矿业法或矿产资源法，矿产资源分别归属联邦政府和省区政府所有。省级立法机关主要规范全省矿产资源的勘查和开采。它们通过对公共土地和矿产的所有权、管理和控制以及对自然资源的立法管辖权来做到这一点。然而，任何采矿项目也可能受适用的联邦法律（包括有关环境、进出口和土著人民的法律）的约束。省对矿产资源勘探和开采的管辖权已导致所有 10 个省的综合采矿制度基本一致。这些制度反映在涉及矿产勘探和矿权所有权、矿山开发和经营、环境保护和开垦的法规中。各省还颁布了有关矿物税和省内矿产运输的法律。

加拿大联邦政府 2014 年修订后的《领土土地法》（Territorial Lands Act）规定，加拿大联邦政府只对全国范围内的铀矿和努纳武特地区、育空地区、西北地区以及领海的矿产资源进行立法。其主要通过《领土土地法》和《加拿大采矿条例》对努纳武特、育空和西北三个地区国有土地的矿产勘探开发活动进行监管，关于矿业方面的其他立法还有《加拿大石油和天然气土地规范》《铀矿矿山和企业规范》和《西北地区和努纳武特区矿业规范》等。这就意味着，加拿大联邦政府管理的资源仅限于上述范围，其他地区和种类的矿产资源勘探和开发管理则由各省区自行组织立法，实施监管。

这 10 个省、3 个地区和联邦政府各有各自的监管机构来管理和监督采矿活动。在每个此类司法管辖区内，采矿活动受各种立法和条例的约束，涉及矿权、环境标准、工作场所标准和其他事项的不同方面。例如，在不列颠哥伦比亚省，能源、矿业和石油资源部主要负责采矿部门；环境和气候变化战略部、环境评估办公室和森林、土地、自然资源业务和农村发展部规定，按照各自的任务对采矿业务进行额外监督。不列颠哥伦比亚省的适用立法和法规包括《矿物保有权法》、《土地法》、

《矿产土地税法》、《矿物税法》、《环境评估法》、《环境管理法》。

加拿大其他各省区关于矿产资源所有权的立法在此不作一一列举，仅以安大略省矿产资源所有权制度规定为例。加拿大境内的国有矿产资源大都是归国家主体或者其他私人企业所有。在安大略省，北方发展和矿业部主要负责采矿部门，环境部负责环境监管。安大略省的相关适用立法包括《采矿法》（以及随附的《矿山恢复法》）、《公共土地法》、《环境保护法》、《环境评估法》、《水资源法》。

《领土土地法》第 15 条明确规定，除了对领土上的土地另有法律许可外，领土上的土地（包括地下和地表上的矿产资源）的所有权均应属于国家所有。这里的"另有法律许可"主要是指加拿大政府对权利人进行公共土地授权的法律。安大略省政府在新制定的《土地权利法》和《公共土地法》中分别规定：1913 年 5 月 6 日以前，加拿大政府以土地专有权的其他形式依法授予其他土地权利者个人拥有土地使用所有权的，土地使用所有权人依法拥有地上和地下的其他矿产资源；1913 年 5 月 6 日以后，加拿大政府以土地专有权的其他形式依法授予其他土地权利者个人拥有土地使用所有权的，国家机关有权停止保留其他矿产资源的土地所有权。综上所述，加拿大（包括安大略省在内）的所有矿产资源全部归国家或者其他私人企业所有。具体来说，国有土地的主要矿产资源的基本属性是国家所有，私有土地的矿产资源视情况列入国家所有，而除此之外的矿产资源所有权归私人所有。事实上，私人拥有土地所用权同时也拥有矿产资源所有权的情况是十分罕见的。

在加拿大，在大多数情况下，位于一个省的土地和矿物的所有权属于该省（一些私人拥有的土地和联邦土地除外）。省政府通过省级立法对大多数采矿权、土地的所有权和处置权实行管理和控制。

一般来说，目前安大略省和不列颠哥伦比亚省立法授权发行的采矿权被称为"非专利"采矿权。"非专利"一词用于将此类权利与"专利"

采矿权区分开来，后者是政府授予的私人所有权或采矿权中的租赁权益。专利权利在历史上是以简单费用（所有权）的形式授予的，并在加拿大的一些司法管辖区持续存在，通常被称为"官方授权"。目前，政府补助只通过政府采矿租约发放，应仔细审查政府的实际授予，以确定实际授予了哪些权利和矿产，因为它们可能差异很大。非专利采矿权类似于许可证，只授予有限的矿产勘探权。

在加拿大（与大多数司法管辖区一样），采矿权涉及地表和地表下的矿物，与地表有关的权利（地表权）涉及地表和地表下的土地（矿物除外）。采矿权和地表权（地表权的法定、所有权或合同）通常必须以矿产勘探和开发为目的而获得，立法通常让采矿权所有者和地表权所有者协商，而采矿立法通常提供解决争端的机制。

加拿大原住民土地权利和土地所有权的状况很复杂，在加拿大获得采矿权时必须予以考虑。《印第安人法案》下的"印第安人保留区"土地受独特的联邦监管程序管辖。加拿大最高法院认为，采矿可能是对原住民土地权利的"正当侵犯"。然而，这种正当的侵权行为有重要的先决条件和障碍。在过去的几十年里，加拿大政府与部分土著民族群体签订了现代条约，明确规定经过土著民族群体的同意，取得土地的采矿权。

（三）澳大利亚

澳大利亚的主要矿物包括铁矿石（主要产自西澳大利亚州）、煤炭（主要产自昆士兰州、新南威尔士州和维多利亚州，由南向北煤炭质量普遍上升）、铝／氧化铝／铝土矿（主要来自北领地、西澳大利亚州和昆士兰州）、黄金（在澳大利亚所有州和地区都可开采，在西澳大利亚州拥有大型黄金省份）、镍（西澳大利亚州的主要矿床）、铜、锂。

澳大利亚法律明确规定土地资源所有权同矿产资源所有权分开，土地所有权归属于土地所有人，土地所有的矿产资源归属于国家。私人公司需要通过申请获得许可执照后，方可进行矿产资源的勘查与开发，并且缴纳开采和销售矿产资源的特许开发使用费。虽然澳大利亚联邦政府一般不参与矿产资源的商业勘查和开发，但是在这一过程中仍然发挥着不可替代的宏观政策调控和监督管理的重要作用。

澳大利亚的矿业主要是由联邦政府和州或者领地政府两级政府分工管理。二者职责明确，相互协作。

联邦政府的职责是制定联邦立法，立法内容关于采矿业政策协调和发展、海上石油、环境保护等；实施与《公司法》和《原住民权利法》有关事务；开展开发许可证的审核批准工作以及处理矿山复垦和其他与公众利益或州或领地挂钩的有关事宜等。澳大利亚联邦政府对采矿监管的参与并不广泛，涉及的多为间接的政策参与，如税收、《外国投资法》、竞争政策、贸易和海关、《公司法》、国际协定、《国家环境法》。澳大利亚联邦政府的关键作用是对于外国投资进行审查批准（通过外国投资审查委员会）的事项。

州或自治领地地方政府则主要负责各种与州各自区域相关的天然矿产资源的地质勘探及其开采以及相关的法律立法。州或领地地方政府的矿产管理业务范围可能还包括本州或领土（可能包括距离该国海岸线三海里之内的其他海域）所有矿产资源的调查勘探；开发和利用环境资源保护的日常财务管理；监督审批所有矿业财产权并监督监管所有土地的矿产权；管理矿山安全、环境影响评价；等等。一般情况下，州或领地政府在进行比较重大项目的审批时，上下级政府或者是区域规划不会对其进行限制或采取约束措施，但是涉及重大环保项目的，仍需同时符合两级政府的要求才能获批。根据宪法，州/地区政府负有土地管理、授予矿产勘探和采矿职称、规范矿山作业（包括环境、职业健康和安全）、收集矿物的特许权使用费等主要责任。

（四）法国

法国矿产资源的权利由采矿权持有人（不一定是财产的所有者）持有，采矿权和产权是可分离的，因为采矿权产生的产权不同于地表产权。并且法国无须登记矿权，只需要通过在《官方公报》（特许权和独家勘探许可证）上发表或收集《许可证》（经营许可证）的行政行为来保障权利的存在。在法国，目前所有的采矿职称（和产权申请）都由私营公司持有。

独家勘探许可证和采矿特许权赋予所有者在许可证和特许权范围内勘探或开采矿物并处置矿物的专属权利。这些权利可由其持有人转让或租赁，但是无论是转让或租赁，均要事先由经济部长授权。独家勘探许可证的初始期限最长为5年，可以延长2次，每次可延长5年。采矿特许权的初始期限最长为50年，可以延长几次，每次最多25年。经济部长审查延期申请，不受竞争程序或公众询问的约束。在15个月内（独家勘探许可证）或24个月内（采矿特许权）没有答复的情况下，表示申请被拒绝。

《碳氢化合物法》对煤炭、液态或气态碳氢化合物的独家勘探许可证和采矿特许权的交付和更新作出了一些规定（除法国《采矿法》第111-5条所界定的矿用气体外）：第一，除特定情况外，不能再颁发独家勘探许可证和新的采矿特许权；第二，对于这些材料，采矿特许权不能延长到2040年以后。

二、矿业权立法

矿业权是包括了探矿权、采矿权及矿山经营等相关权利在内的权利的总称。不同于国内的矿业权划分，国外的矿业权的划分依据一般为申请和授予矿业权相关权利的方式。各个国家矿业权涵盖范围的规定不同，自然在其取得方式和转让的立法规定上有着不同的方案。世界上大多数国家将矿业权二分为探矿权和采矿权，并且需要分别申请和授予。

矿业权的流转按照主体不同可以分为国家对矿业权的出让和矿业权人对其所拥有的矿业权的转让。矿业权作为一种财产权，受大多数国家保护，并且矿业权人以出租、抵押、转让以及继承矿业权等方式所获取的收益和处分也为大多数国家通过立法在法律范围内所保护。矿业权的转让遵循自愿原则，双方当事人协商达成合意即可，政府一般不会进行干预。

（一）美国

1. 矿业权取得方式的法律规定

美国法律对矿产资源秉承"矿随地走"的原则，明确土地所有人也是矿产资源的权益人，相应的，矿业权也受土地所有权的决定性影响。如前所述，美国的土地所有权分别由联邦、州和私人所有，因此，矿业权对应地分属于各个不同主体。针对不同性质的矿业开发活动，美国法有相对应的权力配置模式。政府对采矿权的控制权取决于财产基础矿物的所有权。实际上，美国的所有矿产（或矿权）最初都是归联邦政府所有。在过去的150多年中，许多地方（尤其是在美国东半部）的矿产权已通过无数联邦土地赠款和其他机制转移给了州和私人团体。关于联邦拥有的矿产权利［与可出租矿产（如煤和油页岩）或可售矿产（如沙子和砾石）有关的矿产权利除外］，《通用采矿法》提供了一种制度，通过该制度，美国私人公民（包括美国公司）可以"定位"采矿声明。在该过程中，权利人没有转让矿产资源的所有权，而是赋予其他权利人开采矿产资源的权利。在州一级，还存在其他系统，使私人当事方可以获得国有矿产的采矿权。这些系统因州而异，但通常涉及某种形式的租赁。对于私有矿产，采矿权（甚至矿产权本身）可以像其他私有财产权一样获得，并根据合同法和财产法进行租赁、买卖。

（1）私人所有土地下的矿产资源开发采取自由保有模式

自由保有模式在"矿随地走"的制度预设里孕育而生，私人土地所有权人可以亲自行使采矿权，但是因为开发矿产资源所耗费的资金巨大，矿产资源技术门槛较高，鲜有权利人自行开发。更多的情况是，土地所有权人通过与矿业公司签订租赁协议来进行矿产资源的开发。

（2）联邦所有土地下的矿产资源开发采取出租持有的方式

出租持有包括但不限于此种情况：在美国，政府拥有不少的蕴藏了丰富矿产资源的土地，此时，政府多数情况会将矿业用地租借给矿业权人开发并使用。当联邦政府既是土地所有权人又是矿业权人时，就不仅要考虑经济效益确保矿产资源的价值得以实现，更要兼顾促进矿业开发和保持平等准入等方面。因此，对于采取出租持有的方式开发矿产资源的立法更具有程序化、固定化的特色。

2. 矿业权转让的法律规定

虽然美国是一个传统的判例法国家，但在矿产资源方面采取了积极的立法策略。联邦政府所拥有的矿产资源的勘探和开采权由国会颁布的特别采矿法，即1872年的《通用采矿法》、1920年的《矿地租赁法》和1947年的《建材矿产法》三部著名的矿产资源法律加以规定。美国通过上述矿产资源的三部法律，将矿产资源分为标定矿产、租赁矿产和销售矿产三种类型。

（1）1920年《矿地租赁法》的核心为采矿的申请与竞价

该法适用于被租地勘查或开采，是一种变通的采矿申请与竞价选择。

投标机制针对联邦土地下的特定矿物资源利用。签署费（奖金）仅为权利人获取此竞争机会的对价。

（2）1947年《建材矿产法》的内容为采矿合同与采矿许可

《建材矿产法》专门规定了美国矿产资源的单独立法规制模式与管

理。从法律的角度来看,《建材矿产法》根据不同情况,遵照地产法和采矿规则,指定合同,颁发开采许可证。

采矿合同的签订遵循等价补偿原则,司法机构有相当大的谈判空间。针对这一事实很容易计算采矿量的建筑材料,不存在签字费、权利金及土地租金等,开采方不允许买卖建筑材料,仅限于自己使用。

(二)加拿大

1. 矿业权取得方式的法律规定

以安大略省为例,就探矿权而言,安大略省实行强制性评分制度,对探矿权区块进行评分和登记就是探矿权的确立。商业性地质勘探是勘探的唯一形式。政府从未开展过矿产项目,也从未拥有过采矿权。持有勘查资质证书的人员有权对任何开放的开采用地进行地质勘查,根据勘查结果划定勘探区块,采用标桩方式进行勘界。以前完成标桩的人,有权向主管部门优先登记勘探区块。一旦勘探区块被登记,勘探区块的持有者就成为勘探所有人,并享有开采矿产资源的权利。在矿业权方面,签订矿业权租赁合同是建立矿业权的途径。在安大略省,为保障探矿权人获得采矿的权利,推行从探矿权到采矿权的自然过渡,这适用于连续5年完成年度勘探和评估要求,并在支付第一年租金(根据采矿租约)后获得主管部门批准的探矿权持有人,即在满足法定条件的前提下,探矿权人可以直接转变为勘探区块内的采矿权人。

2. 矿业权转让的法律规定

矿业权转让是指取得探矿权或采矿权的主体在满足一定条件后将探矿权或采矿权转让给他人,使探矿权或采矿权主体发生变更的行为。

根据有关法律规定,若探矿权范围内没有其他代表权利人,转让不受任何限制;探矿权人可以向地表权利人发出勘探区划定通知,或者申请免除义务后,再进行探矿权转让;鉴于矿业权管理实行探矿权与采矿权自然过渡，已向勘查区域申请采矿权的探矿权人可以将探矿权与采矿权一并转让，但需主管当局事先书面同意。

无论是探矿权转让还是采矿权转让，在原则上矿业权转让是没有实质限制的，但应按照程序要求取得主管当局的书面同意。

（三）澳大利亚

1. 矿业权取得方式的法律规定

联邦与州、领地之间关于矿权的设置各不相同，州与州、州与领地之间也不尽相同，油气矿产与非油气矿产之间也不统一，但它们在矿业权管理的制度设计上是具有一定共性的：申请矿业权必须走程序；发现了资源必须报告；矿业权转让需要审批和登记。[①]

只有国家或地区政府才能授予勘探、保留和采矿所有权（包括私人拥有的土地），这是因为在澳大利亚几乎所有潜在的土地所有权都将所有矿物的所有权留给州或地区政府，后者有权进入该土地进行勘探或开采。通常，勘探或保留所有权的持有人必须在进入前事先向任何底层土地所有者发出书面通知。勘探或保留所有权人不能在建筑物和其他建筑物附近进行勘探活动，而且必须尽量减少对土地所有者的干扰。

2. 矿业权转让的法律规定

澳大利亚的矿业权主要实行采矿权转让特许申请制度，以防止非法矿业权转让。[②] 另外，关于采矿租赁，虽然每个州或地区采矿租赁的申请流程和条件各不相同，但一般常见条件包括：采矿租赁的申请人必须是基础勘探或保留所有权的持有人；采矿租赁申请必须附有环境审批申请；原住民产权问题必须在授予采矿租赁权之前得到解决；公开通知；

---

① 何金祥编著：《澳大利亚国土资源与产业管理》，地质出版社2009年版，第98页。
② 国土资源部地质勘查司编：《各国矿业法选编》，中国大地出版社2005年版，第1120页。

社区咨询；公开听取反对意见；私人土地的所有者或占用者在采矿前或未征得同意的情况下，必须通过协议或法院裁定向底层土地所有者支付采矿租赁期内土地使用损失赔偿金；支付年租金；要有住宿生产/政府版税报告。采矿租赁权的持有人通常必须向相关政府部门交存符合采矿和环境条件的担保，这通常与维护矿场广泛的修复条件有关。

第二节 矿产资源使用立法

在实践中，关于矿产资源的有偿使用，存在着两种不同的使用模式：一种是通过签订合同；另一种是通过租税。在合同制下，矿产资源的所有权是归属于政府的，在政府与相关企业之间类似于劳动雇佣关系、资金使用关系和技术使用关系，其基础是债权、股权和知识产权[①]；而在租税制下，政府和相关企业之间是权利出让关系，其基础是不同于债权的物权制度。美国、澳大利亚和加拿大三国的矿产资源有偿使用就是采用的租税制。在租税制下，政府将矿产资源勘查开发权授予矿业企业，企业名义上拥有开采的矿产品收益，而政府主要通过矿产资源税费取得财政收入。[②]

从以往在实践中总结出的经验来说，矿产资源的有偿使用具体说来主要可能体现在三个阶段，分别是矿产资源的取得、占有以及开采。一般说来，一个企业想要取得一个区域的矿产资源开采权，需要取得当地主管政府部门的许可，在这个过程中往往需要缴纳一定的费用，作为申

---

① 李刚：《基于产权视角的国外矿产资源税费制度及启示》，《中国国土资源经济》2017年第3期。

② 李刚：《基于产权视角的国外矿产资源税费制度及启示》，《中国国土资源经济》2017年第3期。

请费用；企业在占有和使用矿产资源的同时可能需要缴纳相应的租金；企业在开采矿产资源的同时可能要缴纳其他费用，如修复金、保证金和权益金等。总的来说，澳大利亚、美国、加拿大等发达国家的矿产业的财税体制以租税制为主。[①]

一、美国有偿使用制度

美国的矿产资源产权制度可以追溯到 1872 年的《通用采矿法》，其为美国的矿业产权制度奠定了基石。时至今日，在美国，矿产资源管理体制和矿产所附着的土地的所有权息息相关，因为美国法律规定，土地之下的矿产资源的所有权属于该土地的所有者。联邦、州、印第安部落和私人分别拥有 283 万、141 万、36 万和 470 万平方公里的土地，由此矿产资源也就分别归属于上述不同的土地所有者。[②]

美国将矿产资源分为租赁矿产、标定矿产和销售矿产，并且政府在此分类的基础上对这三者实行差别化的有偿使用制度。

首先是租赁矿产，其包括能源矿产和非能源矿产。对租赁矿产进行管理的主要法律依据是美国 1920 年《矿地租赁法》等一系列法律法规。对于租赁矿产，有关企业可以通过竞标或者申请等方式获得租约并拥有对矿产资源的所有权，以及使用地表和地下深土层的地役权。承租人获得租约后，每年需按占有土地面积缴纳租金。倘若无人投标或竞标费低于标底，则通过申请在先的方式取得租约，承租人只需缴纳一年土地租金和管理费。承租人进行矿产资源开采后，除了需要按占有土地面积缴

[①] 李刚：《基于产权视角的国外矿产资源税费制度及启示》，《中国国土资源经济》2017 年第 3 期。

[②] 财政部国际财金合作司：《美国矿业资源税费情况介绍》，http://gjs.mof.gov.cn/pindaoliebiao/cjgj/201304/t20130409_813509.html。

纳租金最小权益金,还需缴纳权益金。①

表 3.1 美国联邦土地租约类型及相关税费

租约类型	土地类型	土地租金	权益金率
油气租约	联邦陆上土地	1—5 年,约 371 美元/平方千米;5 年以后,约 494 美元/平方千米	竞争性或非竞争性租约 12.5%
	联邦海上区域	在墨西哥湾,1—5 年,约 1730—2718 美元/平方千米;5 年以后逐步增加	墨西哥湾 18.75%;阿拉斯加及其他区域为 12.5%;海洋能源管理局按其他标准征收,但不能低于 12.5%
	印第安土地	至少 494 美元/平方千米,具体根据租约而定	大多数情况下不低于 16.67%
煤炭租约	联邦土地	约 741 美元/平方千米,不能抵扣权益金	地下开采 8%,露天开采 12.5%
	印第安土地	至少 494 美元/平方千米,具体根据租约而定	地下开采不少于 8%,露天开采不少于 12.5%
地热租约	联邦土地	竞争性租约:第 1 年 494 美元/平方千米,第 2—10 年 741 美元/平方千米,10 年以后 12364 美元/平方千米 非竞争性租约:第 1—10 年 247 美元/平方千米,10 年以后 12364 美元/平方千米	对于电力生产,第 1—10 年 1%—2.5%,10 年以后 2%—5%
铅、锌、铜等租约	联邦土地	247 美元/平方千米	没有具体规定,一般不少于 5%

表 3.2 州或私人所有土地权益金率

地区	权益金率
加利福尼亚州	谈判协商,一般不低于 16.67%
科罗拉多州	16.67%
蒙大拿州	16.67%

---

① 李刚:《美国矿产资源税费制度及启示》,《财会研究》2017 年第 2 期。

续表

地区	权益金率
新墨西哥州	18.75%
北达科他州	16.67% 或 18.75%
德克萨斯州	20%—25%
犹他州	12.5% 或 16.67%
怀俄明州	16.67%（未收到企业投标的情况下为 12.5%）
私人所有土地	谈判协商，一般为 12.5%—25%

然后是标定矿产，包括非铁的金属矿产和非金属矿产。对其进行管理的法律依据主要是 1872 年《通用采矿法》。根据这部法律，对于所谓的标定矿产，当个人发现有价值的矿产资源并通过法定程序标桩申请要求权后，联邦政府实际将矿产资源所有权转变为私人所有。联邦政府通常不收取权益金或租金，矿山生产者只需按规定缴纳申请费和年费。但是，州政府会收取采矿税、主权税等地方税费。[①]

最后是销售矿产，包括建筑材料砂、石、粘土、砾等。对其进行管理的法律依据主要是 1947 年《建材矿产法》。对于销售矿产，联邦政府主要通过采矿合同或免费许可来授予矿业权。[②]

美国矿产资源有偿使用制度总的来说包括红利、矿地租金、权利金、废弃矿物土地收费和超级基金。

（1）红利。红利又称为现金红利，指按约定的标准和要求付给对应出租人的特定矿产租约报酬。

（2）矿地租金。矿地租金指的是为取得对特定矿产的延期勘探和生产等活动的权利，需要保持合同的有效性，因而支付给出租人的相

---

① 李刚：《美国矿产资源税费制度及启示》，《财会研究》2017 年第 2 期。
② 李刚：《美国矿产资源税费制度及启示》，《财会研究》2017 年第 2 期。

关费用。

（3）权利金。权利金也被称为矿区使用费，这是美国矿产有偿使用的主要制度表现。它指的是特定矿区开始生产、产出后，相关的企业按照产出的矿产品销售收入的一定比例支付给出租者的部分销售收入。一般来说，在企业生产活动暂停时，企业仍需支付权利金，只不过这个时候企业只需要支付最低权利金。

（4）废弃矿物土地收费。这是具有美国特色的一项费用，指的是对于地下和地表矿产都按每 1 吨 0.315 美元的标准，对已经被废弃的矿山土地进行收费。

（5）超级基金。超级基金的主要适用途径是治理美国全国范围内所有被闲置或者被抛弃的废物处理场，比如加油站、废弃的工厂库房等。超级基金同时可以对自身拥有危险属性的物品的泄漏做出相应的紧急反应。[1]

美国矿业有偿使用制度并不是一成不变的，自从它产生以来，会随着不同时代经济发展的重点变化而产生相应的变化。在推动矿业发展的时期，政府会采取一系列的政策来刺激和鼓励企业进入矿产资源开发的领域。而随着经济发展阶段的变化和过度开放带来的生态环保压力，政府又会把重点转移到限制矿产资源使用的限入措施上面来。与此同时，有关利益集团也会对政府一直施加压力，以求得自己利益的最大化。

二、澳大利亚有偿使用制度

澳大利亚由于独特的地理位置和环境，使得其拥有丰富的矿产资

---

[1] 财政部国际财金合作司：《美国矿业资源税费情况介绍》，http://gjs.mof.gov.cn/pindaoliebiao/cjgj/201304/t20130409_813509.html。

源,被称为"坐在矿车上的国家"。和美国一样,澳大利亚也大多采取租税制,但是与美国不同的是,澳大利亚矿产资源的管理与使用主要是由各州政府处理。澳大利亚广泛收取矿产资源使用费,包括陆上矿产、三海里以内的离岸矿产以及由澳大利亚政府控制的在此区域以外的矿产。[1] 在澳大利亚,联邦政府和地方政府都拥有税收权,都可以自主决定辖区范围内的具体税收制度。联邦税主要包括所得税、出口关税和福利补贴税;州政府负责征收矿产资源使用税、矿权土地租金及权利金。[2]

澳大利亚的矿产资源有偿使用也分为三个阶段:在澳大利亚有关企业想要获得特定矿产的权利都需要申请,在向政府申请初步勘探权、保留权及采矿权许可证时需要支付一定的费用,但是这个费用并不高;企业在取得勘探权、采矿权后,如果要进行生产活动,也需要缴纳权利金;除此之外,企业还可能会支付其他费用,用来赔偿因为矿产资源的开采而造成的环境受损、土地上的物品被破坏以及给交通带来的不便等。[3]

澳大利亚矿产有偿使用的数额根据矿种、矿山所在地及矿产品等不同的情况而有不同的税率。值得注意的是,除了一般工业企业需要缴纳的税费,在澳大利亚从事矿产资源勘查和开发的相关企业还需要缴纳某些特殊租税。例如,申请和使用矿业权要缴纳相关费用和租金,开采矿产资源必须缴纳权利金。[4]

权利金是一种不同于所得税的费用,它是由于矿山企业开采导致矿

---

[1] 杨树琪、徐静冉:《澳大利亚矿产资源租赁税政策对中国的启示》,《昆明理工大学学报(社会科学版)》2012年第5期。

[2] 唐颖:《论矿产资源法的完善》,河北地质大学硕士学位论文,2019年10月。

[3] 李刚:《澳大利亚矿产资源租税制度探析——以西澳为例》,《地方财政研究》2013年第9期。

[4] 李刚:《澳大利亚矿产资源租税制度探析——以西澳为例》,《地方财政研究》2013年第9期。

产资源物质耗减而对矿产资源所有者（主要是国家）的经济补偿。[①] 至于它的征收部门，权利金在澳大利亚大多由当地州政府征收，因为各州都拥有征税的权利，所以各州的权利金制度各不相同，但是大致上可以分为四类：一是从量征收；二是从价征收；三是以利润为基础征收；四是从价和以利润征收相结合。具体而言：

（1）从量征收，即对于矿产品产量按一定标准征收；

（2）从价征收，即按矿产品生产价值的一定比例征收；

（3）以利润为基础征收，类似资源租金税；

（4）混合权利金制度，即从价和以利润计征相结合。[②]

澳大利亚的矿产资源有偿使用制度由于其分税制度使得体系内容十分丰富，富有变化。近年来由于环境保护及可持续采矿概念的提出，使得澳大利亚的矿产资源有偿使用政策开始有了新的变化。

三、加拿大有偿使用制度

加拿大是北半球的资源大国，其法律很有特色，为两大法系并存，因此梳理加拿大的矿产资源有偿使用制度是很有价值的。加拿大和美国、澳大利亚一样，矿产资源有偿使用采取的也是租税制。

根据加拿大的法律，矿产资源所有权在联邦和各省区政府，加拿大税收制度涉及矿产资源开发利用领域的税收体系有三个层次，即联邦方面的所得税、省区所得税及省区采矿税。[③]

---

① 李刚：《澳大利亚矿产资源租税制度探析——以西澳为例》，《地方财政研究》2013年第9期。

② 李刚：《澳大利亚矿产资源租税制度探析——以西澳为例》，《地方财政研究》2013年第9期。

③ 韩继秋：《中外矿产资源税费体系比较与设计研究》，中国矿业大学博士学位论文，2015年10月。

事实上，矿产资源的开发和使用一般来说是需要大量资金、大量人力物力的项目。因此，为了使得本国的营商环境在国际上更有竞争力，更能够吸引投资，加拿大政府提供了许多利好政策，比如资源补贴、勘查和产前开拓支出的 100% 划销、递进折旧、加工补贴、税收免除等。其目的是使得投资者在前期能够保持资金的流通，降低其经营成本，进而提升其防御和管控风险能力。①

与美国、澳大利亚一样，如果一个企业想要在加拿大进行矿产资源的开采和使用活动，可能需要缴纳两部分的税费：一部分是正常工业企业需要缴纳的税费；另一部分是专属于矿业公司的特殊租税。这些特殊租税具体说来有以下几类：一是竞标费；二是土地租金费；三是权益金或开采税；四是持有税或矿产资源土地税。具体而言：

（1）竞标费。竞标费指的是特定矿产资源被多人竞争，投资者为了取得该矿产资源的开采资格而支付给政府部门的费用。增加本国矿产资源整体市场化程度是加拿大政府竞标费设置的主要目的。

（2）土地租金费。土地租金费指的是相关行政部门为了调控该区域土地供需关系而收取的一种费用。其主要目的有两个：一个是为了控制"炒地行为"；另一个是补贴行政部门为了管理矿产而花费的成本。

（3）权益金或开采税。根据加拿大法律，所有省都有权力制定本省的权益金和采矿税制度。在加拿大全国境内，大多数省都采用混合的权益金制度，不过这之中不包括西北地区、育空地区和努纳武特地区（见表 3.3）。阿尔伯塔省采取的是从价计征与按利润计征中的较大值，不列颠哥伦比亚省采取的是混合权益金制度，曼尼托巴省采取的是按利润计征，纽芬兰及拉布拉多省采取的是区分的按利润计征，西北及努纳武特

---

① 韩继秋：《中外矿产资源税费体系比较与设计研究》，中国矿业大学博士学位论文，2015 年 10 月。

地区采取的是按利润计征，新布伦瑞克省采取的是混合的权益金制度，新斯科舍省采取的是从价计征与按利润计征中的较大值，安大略省采取的是按利润计征，魁北克省采取的是从价计征与按利润相结合，萨斯喀彻温省采取的是从价计征，育空特区采取的是按利润计征。①

表 3.3　加拿大各省和地区采矿业权益金、开采税及相似财政收入种类

省份或地区	主要矿产资源种类	名称	征收方式	税率
阿尔伯塔省	煤炭、金属矿产	权益金	从价计征与按利润计征中的较大值	从价计征：1% 按利润：12%—13%
不列颠哥伦比亚省	煤炭、铜	开采税、矿产资源土地税	1. 从价计征与按利润计征之和 2. 按面积计征	1. 从价计征：2% 按利润：13% 2. 每平方千米 125 加元—494 加元
曼尼托巴省	镍、铜	开采税	按利润计征	10%—17%
新布伦瑞克省	锌、银、铅	开采税	从价计征与按利润计征之和	从价计征：2% 按利润：16%
纽芬兰及拉布拉多省	铁、镍	开采税、矿业权税	1. 按利润的 80% 计征 2. 按利润的 20% 计征	1.15% 2.20%
西北及努纳武特地区	钻石、金	权益金	按利润计征	0—14%
新斯科舍省	水泥、石膏	开采税	从价计征与按利润计征中的较大值	从价计征：2% 按利润：15%
安大略省	金、铜、镍	开采税	按利润计征	10%
魁北克省	金、镍、砂石	开采税	从价计征与按利润相结合	从价计征：1%—4% 按利润：16%—28%
萨斯喀彻温省	钾盐、铀矿	权益金	从价计征	1. 铀矿，0—15% 2. 煤炭，7%—15%
育空特区	铜、金、银	权益金	按利润计征	0—12%

资料来源：Bill Tomes, Neil McIlveen. Revenues to the Canadian Mineral Sector 2002—2012[R]. Ottawa: ENTRANS Policy Reseasrch Group Inc, 2012。

---

① 李刚：《加拿大矿产资源税费制度及对我国权益金制度的启示》，《财会研究》2016 年第 8 期。

（4）矿业资源持有税或矿产资源土地税。在加拿大境内，矿产资源的所有权者是多元的，既包括政府也包括私人。因为所有权者性质的不同，所以征税也应该采取不同的形式，持有税和土地税就是针对私人所有的矿产资源征收的税种，其主要目的是为了弥补政府为开发矿地而付出的硬件投资和提供的管理服务。①

第三节　矿产资源储备立法

矿产资源对国民经济至关重要，其供需情况关系着社会的发展，国家政府必须对此予以高度重视。各个国家由于历史文化与地理位置等差异而对矿产资源的立法不尽相同，但是，越是资源贫乏的国家，对矿产资源储备越是看重。日本国土面积狭小，矿产资源匮乏，但因为经济发达，对矿产资源的需求巨大，故其陆续制定了许多与矿产资源相关的立法，如《石油储备法》《石油公团法》等。

美国关于矿产资源储备的立法有《战略物资储备法》(1946年)、《国防生产法》(1950年)和《能源政策和保护法》(1975年)，前两部法律不涉及石油，《能源政策和保护法》则涉及石油。在日本，《石油公团法》是国家石油储备的法律依据，《石油储备法》(1975年)是民间石油储备的法律依据，《金属矿业事业团法》是稀有金属储备的法律依据。其他还有德国的《石油储备法》、瑞士的《国家经济供给联邦法》、芬兰的《国家战略储备法》。

---

① 李刚：《加拿大矿产资源税费制度及对我国权益金制度的启示》，《财会研究》2016年第8期。

一、国外矿产资源储备立法体例分析

根据对上述国家储备立法的分析，矿产资源储备的立法大致可分为三种立法体例：

第一种，综合储备立法体例。美国的《国防生产法》和瑞士的《国家经济供给联邦法》就属于这种体例。该立法体例调整对象广泛，涉及重要的战略物资和关键物资，包括矿产资源。例如，美国的《战略物资储备法》（1946年）涉及25类矿产资源，共计80种，主要是关于金属，而非石油。

第二种，行业储备立法体例。这种立法体例的特征是矿产资源的相关法律分散在与矿产资源相关的行业、产业之中，储备与产业相结合，便于实施和操作。例如，日本的《石油公团法》《金属矿业事业团法》中就规定了稀有金属储备和石油储备的有关内容，韩国的《石油产业法》《煤产业法》分别规定了石油和煤炭的储备制度。

第三种，战略矿产单独立法体例。这种立法体例的特征是对重要的矿产资源单独立法，针对性强，如美国的《能源政策和保护法》、德国的《石油储备法》和日本民间的《石油储备法》。

有的国家仅使用其中一种立法体例，如德国《石油储备法》属于战略矿产单独立法体例，芬兰的《国家战略储备法》和瑞士的《国家经济供给联邦法》属于综合储备立法体例。但是，一些国家不会只用一种立法体例，而会三种立法体例综合运用，构成一个关于矿产资源的完整法律体系。例如，美国将综合储备立法体例、战略矿产单独立法体例综合运用；日本将行业储备立法体例与战略矿产单独立法体例综合运用。

二、石油储备制度立法规定

(一)美国的战略石油储备制度

1. 背景

美国一直非常重视矿产资源的储备,尤其是在第一次世界大战后,美国建立了战略性石油储备基地,标志着战略石油储备制度的诞生。在第二次世界大战以及来自全球性石油危机和政府压力下,美国矿产资源储备逐渐发展完备,尤其是对石油的储备制度,形成了矿产地储备、石油储备、矿产品储备为一体的全方位储备,同时其也是政府型储备的典型代表。

2. 具体立法制度

美国1946年通过了《战略物资储备法》,具体规定了战略性物资原料的购买、使用和储备等,1950年通过了《国防生产法》,1954年通过了《农产品贸易扩大资助法》,1956年通过了《农业法》等,这些法律的出台都是为了能够用法律的形式进一步规范各类战略物资的储备工作。到了20世纪70年代后期,为了应对国际战略形势的变化,尤其是为应对中东的石油危机,美国又进一步出台了《能源政策和储备法》《重要战略材料储备法》《国防工业储备法》和《战略物资储备条例》等法律,更加完善了其物资储备法律体系。

(1)美国石油储备法律保障

能源应急法律法规体系的完善对应对石油危机至关重要,也有利于应对新情况、新威胁。美国的《能源政策和保护法》详细规定了战略石油储备的目标、管理机构、管理体制、使用条件和程序等,推动建设战略石油储备体系有法可依。现代战略石油储备体系以《能源政策和保护法》为能源应急基本法,《能源政策与节约法》(1990年)和《美国应对石油供应中断政策》(1994年)以及《美国关于战略石油储备政策的国家声明》(1998年)为其配套法律。

（2）建立美国战略石油储备制度运行机制

依据《能源政策和保护法》及相关配套法律，建立战略石油储备运行体系和机制：一是加大经费支出；二是完善决策过程，经总统批示同意、国会审议通过后决策生效；三是战略石油的采购和投放以市场招标为关键；四是由能源部主管石油储备的相关事宜；五是只有总统才有权启动战略储备石油。

根据美国《能源政策和储备法》，联邦政府向市场投放战略储备的方式主要有三种：一是全面动用；二是有限动用；三是测试性动用。全面动用和有限动用均需要总统决定，测试性动用则由能源部部长决定。

3. 储备结构

美国的石油储备结构主要包括国家战略储备和企业商业储备两种。国家战略储备由政府决策，国家所有，主要目的是保障石油的稳定供给。企业商业储备完全由企业自主经营，自己所有，主要目的是保障企业生产和盈利。

（二）法国的战略石油储备制度

第一次世界大战旷日持久，石油作为战略物资，成了兵家必争之物，加之20世纪20年代石油供应的中断给法国工业发展造成了沉重打击，法国意识到了石油的重要性。1923年，法国政府发布政令，要求石油产品的相关企业必须有一定的石油储备，法国石油储备的概念以及石油储备制度由此产生。根据法国《采矿法》第111-1条，石油资源被视为一种采矿资源，因此石油资源属于国家，只能由私人经营者通过特许合同进行开采。

根据法国能源过渡部提供的数据，法国每年消耗约7700万吨石油。然而，法国的石油产量仅占其石油消费量的1%。法国的石油生产与2011年7月13日通过的第2011-835号法律、2017年12月30日通过的禁止勘探和生产非常规石油的2017-1839号法律有关（现在根据《采矿法》第111-13条编纂）。为了填补其有限的石油产量，法国在2018年进口了5450万吨原油，其原油的主要供应国为哈萨克斯坦、俄罗斯联邦、伊朗、沙特阿拉伯、挪威、阿尔及利亚、利比亚、阿塞拜疆、英国、安哥拉、伊拉克、墨西哥等国家。2018年，法国进口4283万吨，出口成品油2026万吨。根据《能源法》，法国对原油和成品油没有进出口限制。2019年11月8日通过的《能源过渡法》和2019-1147号法律旨在减少法国的整体石油消费。但是，由于石油产量有限，法国一直依赖进口，无法通过开发非常规石油来扭转这一趋势。

（三）德国的战略石油储备制度

1. 背景

德国2000年石油消费1.3亿吨，97.9%依靠进口，是世界石油主要消费国和进口国。同时，20世纪的几次国际石油危机也让德国看到了石油的价值意义。因此，德国长期以来高度重视石油储备，并逐步形成具有德国特色的储备制度，该制度被欧盟和国际能源署认定具有经济、高效等优点。2019年，德国进口了8600万吨原油，俄罗斯是迄今为止德国最重要的供应国（超过2500万吨），其次是英国和挪威。从国内市场结构来看，德国生产原油的成本比其他国家要高得多，这一方面是因为其国内储量相对较少，开采的复杂程度很高，而且逐渐枯竭；另一方面是因为劳工和环境保护方面的要求。德国的大部分石油需求都靠进口，目前其国内石油生产占其石油需求的2.5%至3%。与国际石油储备相比，德国的石油储量也微不足道。

德国政府的政策目标在于，经济部认为化石燃料对能源供应是不可或缺的。私人和商业道路交通、航运和航空交通、建筑供暖以及许多商品的生产都依赖石油。然而，德国能源部的目标是通过提高能源效率、节约能源和寻找其他替代能源，进一步减少德国经济对石油的依赖（正如过去成功实现的那样）。然而，考虑到德国对进口的高度依赖和全球市场的风险，德国相关部门迫切希望避免短期供应中断的风险。

2. 具体立法制度

德国石油储备制度经过几十年的发展，建立了一套经济又高效的石油战略和应急机制。《石油制品最低储量法》（1965年）规定所有从事石油及石油制品进口和生产的企业，必须拥有应对石油供应短期中断的储备。《能源安全法》（1974年）赋予政府在应对石油危机时，对石油的生产、运输、储备、贸易和配给采取行动的权力。另外，在1978年制定的《石油及石油制品储备法》是德国石油储备联盟开展石油储备的法律依据和指南，该法案决定成立具有法人地位的"石油储备联盟"，并责令其建立可满足德国65天成品油、消费的储备。

另外，对陆上或海上的石油和天然气的开采或加工，事前是需要进行环境影响评估的，原油和天然气是《联邦采矿法》所指的矿产资源，根据《环境影响评估法》（UVPG），符合运营计划批准要求的项目必须遵守《环境影响评估法》规定的环境影响评估条例（UVP-V Bergbau）。一般来说，环评的要求适用于日产量超过500吨或天然气量超过50万立方米的项目。在压裂和离岸生产中，无论产量水平如何，都存在环评义务。采矿当局负责环评，因为这是审批程序的一部分。

环评的第一步通常是确定环评报告的范围。为此，当局在报告的早期阶段通知和建议项目开发商注意：(1)内容（如地下水考虑）；(2)范围（例如为某些受保护货物设定优先级）；(3)细节深度；(4)方法（如计算自然物种）。

主管部门可以给予开发商讨论调查范围的机会。在某些情况下，例如，如果有关各方同意拟议的调查范围，可以以书面形式获得当局和协会的评估。然后，项目开发人员根据确定的调查范围编制环评报告。

内容以书面形式呈现，通常用插图和地图来说明。环境影响评估报告（EIA 报告）至少必须包含：调查地区环境描述（包括库存和评估）；项目描述（包括位置、类型、技术设计和尺寸）；合理替代方案的描述；说明项目的特点、地点和计划措施，以排除、减少、抵消或取代项目的任何重大环境不利影响；预期对环境产生重大影响的描述。

如果环评报告已经编写完毕，则由主管部门首先检查其完整性。为确保考虑到所有相关效果和必要措施，公众和负责任公共利益机构（特别是专门机构）也将参与审批程序。这些文件将向公众提供，这意味着它们以纸质形式提供给至少一个地点进行公开检查，而且通常在几个地点提供。文档还可通过 EIA 门户以电子方式访问。但是，所提供的文件始终具有决定性意义。受项目影响的公众可在参与的框架内对项目作出评论，如有必要，可参加讨论会议。该决定在程序完成后向公众公布。在主管部门作出项目批准决定之前，其将再次总结该项目对环境的影响。除了环评报告的结果外，有关当局和公众的意见、当局自己的调查结果也被列入简要陈述。据此，主管部门随后评估该项目对环境的影响。主管部门必须证明其评估是正当的，在批准决定中必须考虑到合理的评估。最后，由主管部门公布其是否批准项目的决定，并供公众参阅。

（四）日本的战略石油储备制度

1. 背景

日本是世界第三大石油消费国，但是因为地理环境等因素的限制，它又是石油生产小国，石油进口率达到了 99%。基于对矿产资源的重要性的深刻认识，日本建立了一个非常完整的石油储备立法制度。中东地区的石油资源非常丰富，日本进口的石油中 80% 来自中东地区，这样日本形成了"能源需求高度依赖石油，石油高度依赖进口，进口高度依赖中东"的畸形能源消费结构。因为日本国内基本上已经没有资源可直接利用，所以只能进行石油储备。中东局势的不确定性导致日本需要提高自身应对石油危机的能力。由此可以看出来，日本与美国不同，日本的储备更加重视经济安全，储备的方式为国家储备和企业储备相结合。美国则一部分是用于国家安全，另一部分用于维护国内经济，侧重点在国家储备战略上，石油储备的中心主要是政府。

2. 具体立法规定

日本于1968年制定了《石油工业法》，到1971年，日本的石油储备量已经可以达到本国45天的平均消费量。1972年，日本正式制定了以达到本国60天的平均消费量为目标的石油储备计划。即使如此，20世纪70年代中东地区发生的两次大动荡——1973年第四次中东战争爆发和1979年伊朗政变——依旧对日本经济造成了巨大影响，日本政府于1975年底颁布了《石油储备法》，从法律层面完善了日本的国家战略石油储备供应体系。

三、稀有金属储备制度立法规定

日本矿产资源极其匮乏，有储量的矿种仅12种，为了发展经济，日本是名副其实的有色金属消费大国，因此不得不高度依赖进口国外的稀有金属。因而，为了降低风险，日本制定了稀有金属资源储备制度。稀有金属在很多领域都发挥着重要且不可替代的功能，如在芯片制作、半导体等产业中的作用十分明显。因此，做好稀有金属的储备工作十分重要，具有战略意义。

（一）日本稀有金属储备历史

日本稀有金属储备始于1974年，确定镍、铬、钨为具有储备条件的首批储备矿种；民间储备始于1976年；1981年，讨论储备矿种的选择；1982年，发布《经济安全保障的确立》，明确表明需要对16种供给结构脆弱的金属中的7个矿种进行储备；1983年，确立国家储备和民间储备的协作制度；2005年，确定国家储备目标为42天，企业储备目标为18天，总储备目标60天；2009年，在国家储备矿种中加入了金属铟和金属镓。

(二) 日本稀有金属储备制度

数据表明，近年来，日本进口的稀有金属只有三分之一用于生产，三分之二用于储备，可见日本对稀有金属储备的重视，原因在于稀有金属常常和科技创新发展联系在一起。日本矿产资源储备制度分政府储备和民间储备。在政府储备中，负责实施的主体是金属矿业事业团，政府会对贷款利息给予补贴；负责协调有关企业稀有金属储备工作的是特种金属协会。

(三) 日本稀有金属战略储备现状

2004年，日本建立了国内60天消费量的稀有金属储备，到了2008年，已实现50年的稀土储备。近些年，一些稀土资源储量大的国家都纷纷开始出台限制保护措施，限制稀有金属出口，而日本对此并不紧张，在国际市场上稳步前进。

第四节 国外矿区环境保护制度

一、加拿大矿区环境保护制度

矿山生态环境问题一直受到国际社会的广泛关注，矿产资源开发与环境保护同步实施是当前国际矿业发展的一个重要趋势，大部分西方国家实行了比较严格的矿山环境保护和矿山环境评估制度，而加拿大、澳大利亚这两个国家矿业发达，因此更重视矿区生态环境的保护。

一项以1996—2008年为例的计算表明，加拿大矿产资源开发的环境代价约在矿产品价值的2%以上，政府规定编制采矿计划时必须提供《可行性研究》《环境影响声明》及《矿山恢复计划》三份文件[①]，不仅如此，加拿大还实施了环境绩效报告制度。

（一）加拿大矿山环境管理制度

1. 行政管理

加拿大矿业管理部门分为联邦和省两个层级，这两个层级之间的关系是分工合作。除涉及省与省之间的公共利益问题，它们都按照各自的立法管理权限来履行行政职责。在加拿大，采矿回收囊括矿山生产的所有阶段。在矿区勘查过程中，首先，通过勘测、钻探等确定矿产位置。在管理部门的正确引导下，尽可能减少对土地、水、植被和野生动物的影响。其次，在开采前，必须对当时的生态环境进行研究和采样，所得数据作为采矿和复垦的参考。

在采矿计划拟订阶段，一旦发现有价值的矿物，须提供三项详细分析：一是可行性的研究，确定采矿在技术和商业上是否可行；二是确定采矿活动是否对生态环境有影响；三是矿山恢复计划，通常包括采矿破坏的结构、矿山关闭、植被再生稳定性、水处理等。

2. 加拿大矿区环境保护的具体制度

（1）矿区环境评估制度。矿区环境评估是一项十分复杂的工作，一

---

① 郑娟尔、孙贵尚、余振国等：《加拿大矿山环境管理制度及矿产资源开发的环境代价研究》，《中国矿业》2012年第11期。

方面涉及内容广泛，包括气体、液体的排放与排放安全标准等，关于这些标准，联邦与省政府的规定又各不相同；另一方面联邦政府与13个省、地区管理的矿区环境有重叠的部分。

（2）矿区关闭及复垦制度。矿区关闭及复垦是加拿大推行矿业可持续发展战略的侧重点，是矿业设计中一个不可分割的组成部分。加拿大各省政府已经制定了有关的采矿法。其中，所有省份的矿业法律规定，在申请采矿权开采矿产资源时，申请人必须提交矿山关闭和复垦计划（评估和实施计划的关闭、回收和后续修复或监督成本）才可申请采矿权。复垦计划是矿业权审批的一个重要因素。计划需要对地下与地面设施、水资源、复垦（包括尾矿处理）等方面进行综合考虑。[1]

（3）植被恢复系统。为使植物恢复到最初形态，专门组织人员调查和分析当地植物的物种以及分布数量，做好收集和记录。通过使用种植处理和储藏技术，选择播种时间，开发休眠终止技术以及各种工程措施。

（4）土地复垦制度。表土是否富有生命力对植物恢复很重要。表土还原技术使表层土的堆积时间最小化，将适合植物生长的腐殖质土壤单独堆放，并把无用的树枝和树叶应切割成小块加快其腐化，保证植物的生长。

（5）矿山环境管理验收制度。遵循三大标准：环境恢复后地形地貌整理的科学性；生物的数量和生物的多样性；废弃石场和自然景观接近自然。如果矿业公司对矿山生态环境管理得好，可以通过减少抵押贷款来奖励矿业公司；如果矿业公司取得了巨大的成就，政府也会颁发奖章予以鼓励。

---

[1] 刘欣：《加拿大矿区环境保护法律制度分析》，《今日南国（理论创新版）》2010年第2期。

（二）加拿大矿区环境保护制度

在美国，大多数矿山环境标准是由环保局在联邦由 EPA 设定的。而在加拿大，采矿环境立法主要是由省级政府制定，由联邦政府制定的涉及矿区环境的法律法规主要有：《加拿大矿业法》、《金属矿液态废水规章》（MMLER）、现有矿区液体排放控制规则、《渔业法》等。其中《金属矿液态废水规章》于 1977 年根据《渔业法》颁布的，该规章严格规定了新开发或扩建矿区所产生的一系列有毒物质的排放标准，成为加拿大的国家水环境标准。加拿大关于采矿环境的立法见表 3.4。

表 3.4 加拿大关于采矿环境的立法情况表

法律名称	法律层次	实施年份	详细内容
《金属矿液态废水规章》（MMLER）	加拿大联邦	1977 年	矿山水污染处理方面的国家级环境规则（氰化物处理除外）
《环境质量法律》	加拿大魁北克省	1989 年	魁北克省的主要环境规则
《市政和工业减排战略》（MISA）	加拿大安大略湖	1986—1988 年	安大略湖废水处理的规则
《污染控制法》	加拿大不列颠哥伦比亚省	1979 年	矿山废水和废气的处理依据

为了确保矿业公司严格执行环境标准，加拿大政府采用了 ISO 14001 准则下的环境管理体系，包括管理准则、环境政策审查和人员培训。复垦和重建的同时确保减少最终清理过程的费用。

除上述做法外，许多省份还根据中央政府的相关政策制定了自己的污水排放准则，有的甚至比中央政府的政策更加严格和具体。

安大略省水陆交通便利，是加拿大重要的矿业省，许多工业都集中在五大湖区。科尔本位于尼亚加拉瀑布地区，自 1918 年开始进行镍精炼，长期以来大量的污染物对当地土壤造成了严重的破坏。为此，当地政府制定颁布了一系列法律法规，并对各种环境保护标准进行了详细的规定。例如，环境质量准则明确规定了空气质量标准、饮用水质量标准和休闲用水质量标准；水质准则草案涉及水生生物和农业水产品的保护；沉积物质量准则也涉及水生生物的保护。此外，还有保护环境和人类健康的土壤质量准则、水源地野生动物保护的纸浆排放条例等。

1994年7月，加拿大能源和环境保护部颁布了水资源管理政策、准则和省级水质目标，其中详细规定了地表水和地下水的质量要求。此外，安大略省还颁布了饮用水标准、水井标准和地下水供应标准。

《矿业法》是北安大略矿业发展部经过20多次修订后制定的一项与矿业环境保护密切相关的重要法案。该法案制定的目的是鼓励勘探矿产资源，以促进其开发和复垦，并尽量减少这些活动对公众健康和环境的影响。该法案第7章涉及安大略省的采矿和矿山复垦，其中明确指出：（1）所有新老矿山的所有人都要提交复垦计划，复垦计划必须明确财务保证以及复垦的方法、计划和费用。所有复垦计划必须符合环境部环境登记处公布的环境法。（2）审核复垦方案，确保满足要求。（3）满足以上要求后，矿山复垦协会将在45天内批准并签发复垦方案。

为了实现可持续发展的目标，加拿大政府于1995年1月19日颁布了《加拿大环境评估法案》。同时，安大略省还根据自身的特殊情况制定了一系列补充规定，对加拿大政府的规定进行补充，使其更适合当地的具体情况，涵盖更具体的内容。

除上述规定外，一些非政府组织还制定了"环境影响评估"等方法，以帮助客户和评估人员规划、实施和解释环境评估的结果。环境法、规章和准则几乎涉及所有有关领域，而且非常详细和具体，从地下水到空气质量,从实地评估到露天矿山复垦,几乎涵盖所有方面,例如环境质量准则、安全协会769号文件、环境治理评估、水质质量管理、安大略省饮用水标准、安大略水井和地下水供应、安大略省污染地区的采样和分析方法、《环境保护法》、《安大略省水资源法》、污染区应用环境准则等。

一般来说,矿业公司在采矿过程中都会进行土地复垦。在准备复垦时,他们必须使矿山条件符合《矿业法》第7章规定的有关标准。同时,复垦有几个优先原则:一是保护公众健康和安全;二是减少环境破坏;三是在环境可以恢复原状或者其变化能够被接受的情况下,合理有效地利用土地;四是考虑与周围环境的和谐统一。此外,加拿大还采取了若干支助制度,如环境绩效报告制度,以督促采矿企业改善环境。矿业的上市公司必须报告其环境管理业绩,这将间接影响公司股价和市场利润,迫使矿业企业改善采矿环境。

由此可见,加拿大的矿业项目受到联邦和省级环境法的双重约束,获批所需条件包括:第一,对拟议的矿山进行环境评估;第二,禁止向环境排放污水;第三,管理采矿活动的持续许可证制度;第四,对关闭矿山的承诺。要想在加拿大开发一个矿山可能需要根据联邦和省环境评估法规进行环境评估。环境评估将评价矿山的环境影响,并规定在某些条件下可以进行矿山的开发。矿业公司很可能受到联邦和省级法律关于禁止向环境排放污水的各种禁止,可获批准容许有限度或以其他方式监察排放。未获得这种授权并未将被禁止的排放通知监管机构的矿业公司可能面临罚款、处罚、命令和监禁。

另外,一个矿场要进行开发必须有许可证。许可程序通常需要政府与公众、利益相关者和原住民群体进行协商,并且也可能需要提供大量资料,说明拟议矿山的预期环境危害和开发者的改善战略。

二、澳大利亚矿区环境保护制度

澳大利亚一方面矿产资源极其丰富，另一方面由于其特殊的地理位置和脆弱的生态系统，使得澳大利亚政府历来重视对环境的保护，主观的重视和客观的实践经验积累使得澳大利亚环境保护的法律水平在世界上属于一流水平。澳大利亚有许多立法法规和监管机构来管理环境法规。

根据澳大利亚宪法，各州都拥有制定矿产资源适用的法律的权力，同时环境保护也被明确规定为各州的权力，因此在事实上澳大利亚联邦政府只负责比较有限范围内的关于环境保护的立法活动，其环境事项主要由州和地区一级进行监管。每个州和地区的政权各不相同，英联邦政府（澳大利亚最高级别的政府）除制定相关州或领地政府的法规，还在全国范围内规范特定事务。澳大利亚关于环境保护的最新发展包括减少不同级别政府之间的评估和审批流程重复及关于能源和气候变化政策。

每个州和地区都有自己的环境立法，通常要求对采矿活动给予环境批准或授权。每个州/地区环境立法都对矿物项目的所有阶段进行规范，包括勘探、开发、建造、运营以及关闭和修复。环境评估（Environmental Appraisal，简称EA）流程涉及识别环境影响并确定如何管理这些影响。国家/领土之间的流程各不相同，但有一些共同的特点：初步建议和环境管理计划；政府评估涉及与潜在受影响方协商；规定透明监督的政府批准；采矿作业过程中的逐步恢复要求。

联邦政府还通过1999年《环境保护和生物多样性保护法》（第12号）对采矿活动进行规范。根据《环境保护和生物多样性保护法》，可能影响国家环境事项的资源活动必须提交联邦政府环境部长批准。联邦和州/地区环境管理系统的共同之处是，在批准EA用于重大资源项目之前，需要进行环境影响研究。此过程可能需要18个月或更久的时间。

根据具体情况，立法可能要求进行环境影响研究（也可以自愿进行），以确保批准。环境影响研究流程涉及公开通知，任何人都可以就该通知提交意见。在环境影响研究流程完成之前，无法授予 EA。2013 年实行了一站式改革，以简化国家保护事项的环境审批程序。这涉及州和联邦政府之间的评估双边协定，该协定允许在单一的环境评估程序下评估合格项目，条件由州和联邦政府强加或批准。这有利于在执行环境标准的同时，不断优化澳大利亚的投资环境。

英联邦级别（即国家/联邦级别）的环境法规仅限于具有国家环境意义的事务以及涉及英联邦或英联邦机构的事务。联邦的主要环境立法是由环境和能源部（DOEE）管理的 1999 年《环境保护和生物多样性保护法》。

各个州和地区的主要环境法规如下：澳大利亚首都领地有《环境保护法》（1997 年），北方领土地区有《废物管理和污染控制法》（1998 年）和《环境评估法》（1982 年），新南威尔士州有《环境保护行动法》（1997 年），昆士兰州有《环境保护法》（1994 年），南澳大利亚州有《环境保护法》（1993 年），塔斯马尼亚州有《环境管理和污染控制法》（1994 年），维多利亚州有《环境保护法》（1970 年），西澳大利亚有《环境保护法》（1986 年）。

在澳大利亚境内，其所有司法管辖区都认为违反环境法是重大事件，其后果是严重的，包括在某些情况下会实施刑事制裁。大多数州和地区都设有环境保护局，昆士兰州设立的是环境与遗产保护部、西澳大利亚州除了环境保护局还设立了水与环境法规部，以此作为监管部门来保障法律的实施。

可持续发展理念贯穿澳大利亚矿产资源勘查开发的全过程，这可以从三个方面予以说明：首先，在企业获得采矿许可证的过程中，澳大利亚会进行严格的审查，要求企业对环境保护施以足够多的注意力，甚至有无环境影响说明书是该企业最后能否获得政府发放的采矿许可的重要参考依据之一。在获得采矿权之后，企业仍然需要每年度向有关部门提交年度环境影响报告，这是一个动态的监测评估程序。如果企业被两次催告仍旧不履行提交义务，矿业主管部门就将考虑告知矿业权授权部门收回企业的采矿业权。其次，澳大利亚对矿产资源地的环境保护和复垦统一实行终身负责制，即开采企业在其采矿之初就要对该矿产资源地的关闭及其周边环境的保护进行规划，并形成切实可行的计划书。最后，澳大利亚建立了完善的环境污染治理责任制度，坚持"谁污染，谁治理"原则，治理矿山环境污染的责任随着矿山的转让而转移。①

下面介绍澳大利亚具有代表性的两种环境保护制度：

第一种，矿产资源地的复垦抵押金制度。根据澳大利亚政府的规定，如果一个公司想要进行矿业开采工作，那么在这之前它需要交纳矿区复垦抵押金，而且这笔抵押金的金额必须达到一定的数量从而保证它能够保障该矿产资源地的复垦工作顺利完成。据澳大利亚政府解释，这么做的目的是为了促进和确保被开采地区的生态环境能够得到恢复或者尽力恢复原状。在实践中，如果开采矿产资源的公司对被开采地疏于治理，那么当地政府就可以动用这笔抵押金来聘请其他公司对该地区进行复垦。在实践中，如果该矿业公司社会责任感较强，环境保护工作做得相当出色，那么政府可以通过降低抵押金来作为对其的奖励；与此相反，如果政府发现当地环境保护工作未达到标准，情节严重的，当地政府可对该企业处以罚款甚至收回该企业的采矿权。

第二种，矿山环境监督检查制度。一方面，澳大利亚政府有关部门可能不定时地采取抽查、暗访等方式对不特定区域的不特定矿业公司进行调查。如果在政府部门执行任务的过程中发现了某企业存在着环境污

---

① 唐颖：《论矿产资源法的完善》，河北地质大学硕士论文，2019年10月。

染问题，那么工作人员有权要求该企业暂停对矿产的开采行为，甚至是要求该企业改变其开采计划、重新提交环境保护书，同时要求该企业采取切实措施，有效地改善该矿产资源地及其周边的环境。另一方面，澳大利亚政府还会定期派人前往矿产资源所在地进行例行检查或者派遣人员驻扎在某些矿产资源所在地。据统计，澳大利亚新南威尔士州有多达40个矿山环境监督人员，负责监测矿山环境，检查复垦计划，与企业一起研究发现的问题并探讨解决方案以促进矿山环境的治理。

三、美国矿区环境保护制度

美国非常重视对本国环境的保护，对矿产资源的开发与修复投入了相当多的注意力。事实上，美国是世界上最早对矿产资源地及其周边环境进行治理和修复的国家之一，如今已经具有了比较完善的矿区环境保护制度。

在美国，许多州都制定了自己的采矿监管法规，且通常比联邦法律更为严格。1872年的《通用采矿法》规定了从联邦土地上发现的矿藏中获取、维持开发和提取可定位矿物的权利的过程。1976年的《联邦土地政策和管理法》提供了法律框架，在该法律框架内必须行使根据《通用采矿法》获得的采矿权，以防止联邦土地的过度和不必要的退化。该法律框架的关键要素是遵守适用的环境法，首先是《国家环境政策法》，该法要求联邦机构评估主要联邦行动对环境的影响，包括允许在联邦土地上进行采矿活动。其他重要的联邦环境法规包括《联邦水污染控制法》(《清洁水法》)、《清洁空气法》、《濒危物种法》和《综合环境响应、赔偿与责任法》(均已修订)。在州一级，存在类似或相应的法律制度，用于在州和私有土地上进行采矿。对采矿作业施加的环境法规的第一层是对美国境内所有新的和正在进行的采矿作业(包括严格的探索性任务）强制其拥有政府批准的许可证。第一层的推动力是确保从采矿过程开始到结束都遵守所有环境法律。尽管最近权力遭到削弱，但《国家环境政策法》仍然是美国所有环境政策的基本框架。《国家环境政策法》定义了确定所有联邦命令和行动对环境的影响的所有过程，包括在联邦拥有土地上开发新矿山的许可。《综合环境响应、赔偿与责任法》赋予政府权力，以应对任何有害物质的排放，有害物质在该法中有广泛的定义，包括采矿、制粉和冶炼废品。《综合环境响应、赔偿与责任法》可作为治理释放到环境中的，没有被1976年《资源保护和回收法》所列举的任何有害物质的综合手段，该法明确列出了大多数采矿、研磨和冶炼产生的固体废物。另外有单独的法律来管理对环境不同部分的潜在损害。1970年的《清洁空气法》、1977年的《清洁水法》和1977年的《有毒物质控制法》都保护了至关重要的环境资源，采矿业必须将它们考虑在内。《清洁空气法》解决了危害人类或自然资源的空气传播污染。该法最早以其作为汽车排放法规和与全国各地城市的空气污染做斗争的努力而闻名，但其还涵盖了采矿作业产生的粉尘、重型采矿设备产生的废气排放、尾矿处理以及冶炼厂等设施的排放。与《清洁空气法》相似，《清洁水法》规范了影响供水和水道的污染。《清洁水法》建立了国家污染物排放消除系统，该系统允许矿山等作业获得地表水排放许可证。大多数水治理法规都与安全处理矿井水有关，但《清洁水法》也管理矿井水的适当抽运或排放回地面、控制雨水径流以及控制尾矿库的渗漏。

　　围绕矿山的所有这些环境法规都是有目的的。保持自然资源的可持续发展符合所有人的最大利益，包括矿业公司本身，因为这些公司依靠这些资源进行生产。环境保护局目前都帮助保护矿山周围的社区和美国各地的采矿业，确保所有人都能使用上清洁的水和呼吸上清新的空气。如果前往该地区的采矿经营者是有责任心的人士，并采取了一些预防措施，他们就不会违反这些联邦法规或其州相应法规。不过，在美国存在几种类别的受保护的州和联邦土地,即使它们未被完全禁止开采,但也会受到严格监管。还有一些在联邦土地上,根据国会的特殊法案、法规或根据公共土地秩序,采矿权不得延伸至禁止矿物进入的区域。这些区域包括但不限于国家公园、国家古迹、部落保留地、军事保留地、科学测试区、垦殖局的大部分垦殖项目区以及由美国鱼类和野生生物保护部门管理的大多数野生动植物保护区。同时也禁止在被国会指定为国家荒野保护系统的部分或野生与风景秀丽的河流的部分土地上进行采矿。必须根据州确定州保护土地的类别,可能包括如野生动植物管理区、州立公园、科学和自然区以及休闲区。

另外,在美国,关于采矿项目的环境审查和许可程序也是很复杂的。首先,它需要判断其发生的州以及该项目是在私人还是州或者联邦土地上。如果重大的联邦行动属于《国家环境政策法》中要求作出环境影响评价的情形,联邦机构则需要进行详细而耗时的环境分析,通过分析该项目是对个人环境还是对人类环境产生重大影响,这种情况下采矿项目的流程也可能会变得更加困难且耗时。其次,可能需要以环境评估和/或全面的环境影响分析的形式进行分析。如果是这样,那么任何采矿项目都将延迟,同时需要在环境评估或环境影响声明的背景下考虑环境影响和合理的替代方案。在《国家环境政策法》程序中具有主要权限的领导机构将与其他众多联邦和州机构进行协调,以监督该程序,协调意见并确保公众审查和反馈。该过程通常都是以年作为计数单位,并且在这个过程中可能遇到许多挑战,这些挑战可能会大大改变、延迟甚至终结采矿项目的运行。

在美国,矿区治理的整体思路是新旧分别治理,针对不同情况的矿区有不同的修复方案。与澳大利亚相类似,美国也早早建立了矿区治理修复基金及矿区环境治理修复保证金这两个制度,并且同时制定了非常严格的修复标准及开采许可审批制度,多管齐下,保障新旧矿区最后能够得到充分的生态修复。

以下是美国矿区环境保护具体的、有代表性的制度：

一是以矿区的新旧为标准划分了不同的矿区生态环境修复的责任人。在美国的《露天采矿管理与复垦法》出台之前，对于因为历史原因无法确定修复主体的，都由美国政府拨款对该地区的生态环境进行治理和修复。但是，在该法实施之后，就得遵循"谁破坏，谁恢复"的原则，对该矿产资源地及其周边的生态环境进行治理和修复。

二是建立了专门针对废弃矿区的生态环境治理的修复基金制度。根据美国相关法律的规定，美国以国库为资金来源设立了专门针对废弃矿区生态环境治理的修复基金，其主要目的在于修复在相关法律实施前就已经遭到损坏的矿产资源地的生态环境。

三是建立了专门针对矿区生态环境治理修复的保证金制度。根据美国法律规定，相关企业在提交开采申请但是还没正式取得许可之前，企业需要缴纳该矿产资源地的治理修复保证金，保证金的主要目的是在开采者没有履行其承诺的矿区治理修复计划书时，政府得以凭借此保证金聘请其他人员对该矿产资源地进行治理和修复工作。至于保证金的数额，一般由当地的环境保护局决定，多以5年破坏的土地面积的环境治理修复费用为标准，每公顷土地1500—4000美元不等。在确定具体矿产资源地的保证金数额时，一般来说会考虑矿产资源种类、开采面积和矿产资源地的地质情况。值得注意的是，无论开采地区面积的大小，保证金的最低数额为10000美元，而且保证金的数额可能会随着情况的变化而变化。即使企业停止了对该矿产资源地的开采活动，在其后的两年里企业仍然需要继续提供保证金，这样做的目的是为了确保该矿产资源地的生态环境得到恰当的治理和修复。

四是美国建立了十分严格的矿区治理验收标准：

（1）使该土地的特性在经采矿作业后发生的变化减到最小限度；

（2）治理修复受到影响的土地，使其生产力达到采矿前所能达到的程度或者比原来更好；

（3）确保焚毁或者掩埋所有的酸性物质、有毒物质或者可能引起火灾的物质，防止污染地表水或者地下水；

（4）在规定的地区或其他所受影响的土地上种草植树，植被应是多样化、有效和永久性的，植被覆盖率不低于该地区天然的植被覆盖率；

（5）采矿区植被应在 5 年内达到要求，当年降雨量小于 29 英寸时应在 10 年内达到；

（6）尽可能地减少采矿区治理修复对鱼类、野生生物以及有关环境价值造成的损害和不良影响；

（7）最大限度地减少对地表水、地下水的水质、水量的影响；

（8）保护受采煤影响的地表面，包括矿渣堆，回填治理修复应防止土壤侵蚀以及防止空气污染、水污染；

（9）除非另有规定，所有露天采煤用地，应进行回填、夯实、平整，以便大致达到该土地原有的轮廓，并与周围土地的利用在生态学意义上一致起来，治理修复好的土地应重新恢复植被。

五是美国规定了强制矿山企业履行对矿区生态环境的治理修复义务，以及细化了开采设立相关制度尤其是对于环境的保护与治理，这是被证明了的在美国行之有效的办法。

第五节　对我国立法的经验启示

他山之石，可以攻玉。美国、日本等发达国家经过长期的摸索已经形成了一套行之有效的矿产资源法律制度，这些制度在实践中被证明是基本适应市场经济体制的，而目前我国在推进矿业权市场化配置过程中，借鉴国外相关具体制度的先进理念，有助于提升《矿产资源法》修订的科学性。与此同时，在借鉴过程中，我们也应当清醒地看到国外的国家性质、基本经济制度、所处的发展阶段等与我国存在的差异，因此，需要对制度加以全面分析之后，有所取舍地制定出适合中国特色社会主义市场经济的矿产资源法律制度。

一、完善监管体系，注重信息公开与公众参与

矿产资源的开发利用，不仅关系到国家经济发展的物质基础，更关系到环境、生态、社会可持续发展等公众的公共福祉问题。作为国际惯例，矿产资源勘探开采的有关信息应当被公开，这也是公众参与矿产资源监管的有效路径。在美国，某处矿产资源能否进行开采，仅环境保护一项，就要进行全方位的调查和长期的公示与讨论，从制度上充分尊重相关公众对矿业开发的决定权和监督权，充分体现了民主参与和决策的原则。2017年，我国全面实施了《矿业权人勘查开采信息公示办法（试行）》，这是新形势下矿产资源开发利用监管方式的重大改革，也是我国建立公众参与机制的成功实践。历史经验和实践证明，注重实行信息公开，建立公众参与机制，依靠包括利益相关者在内的群众监督，成为矿政系统有效的"防腐剂"，也成为强化行政监管的"利器"。在不妨碍国家安全及不侵害矿业权人合法权益的前提下，扩大矿产资源开发利用环节中信息公开的范围，能够更有效地维护公众的知情权、参与权和监督权。

二、界定政府职能，注重厘清政府与市场边界

市场经济国家的矿产资源法律关系大多由两个层面组成：一是平等

民事主体之间矿产资源归属及利用的财产法律关系；二是矿业行政管理部门与矿业主体之间的行政管理与监督法律关系。这两种法律关系分别由矿产资源物权制度和矿业行政管理制度进行调整。虽然在英美法系国家中并没有明确的公私法理论与法律体系的划分，但是公领域与私领域的区别却是非常鲜明的，从英美法系国家矿产资源的开发利用活动中仍然可以看出这两大领域的存在。在大部分国家，矿产资源所有权与使用权关系都是由民法来调整的，它们的创设与交易，均通过市场来进行；而矿产资源开发中的安全监督与环境保护等事关公共利益的管理行为，则由政府及各职能部门负责。正是在这种公私领域严格的分离体制之下，促进矿产资源的流转与探采活动相分离，从而实现了市场要素的自由流转和财产权能的充分体现，进而建立起高效的资源市场。这种"市场的归市场，政府的归政府"的管理模式，同时还带来了高效规范的行政管理。以澳大利亚的地方矿业部门为例，新南威尔士州矿能部门有矿山行政管理人员40人，昆士兰州驻地区矿产管理办公室仅有8人，但这两个州的矿山行政管理有条不紊，矿区环境管理到位，辖区内的矿业公司也能依法开采。①

三、科学设置税费，注重利益分配公平与合理

科学合理设置税费制度，有利于理顺政府与企业的分配关系，促进矿产资源行业持续健康发展。美国、澳大利亚等国家完备的税费制度值得我们借鉴，同时其暴利税征收的利弊也值得我们思考。美国政府根据矿业生产的特点，制定税制和优惠措施，其税费能较好地体现矿产资源的级差价值。澳大利亚新南威尔士州在权利金收取中将相应的级差收益

---

① 国土资源部地质勘查司编：《各国矿业法选编》，中国大地出版社2005年版，第1115页。

反映其中，如根据采煤方式的不同而收取不同费率的权利金。2017 年，我国先后出台了《矿产资源权益金制度改革方案》和《矿业权出让收益征收管理暂行办法》，对矿产资源出让收益的征收管理提出了明确要求。但这两部文件出台以来在矿业界存在不同的声音，地方政府在实际推行过程中也是困难重重。例如，有专家认为，采取"一刀切"的方式，使《矿业权出让收益评估办法》直接沿袭《矿业权价款评估办法》的做法并不妥当，使矿业权价款基准价直接调整为矿业权出让收益基准价等做法不甚合理；也有专家认为，矿业权出让收益征收标准过高会加重企业负担，制约企业和社会资金投入的积极性。可见，如何根据矿产资源勘查开发规律，科学合理制定权益金政策，成为促进矿业健康可持续发展的重要保障。

四、推行生态补偿，注重开发过程生态环境保护

早在 19 世纪末 20 世纪初，矿产资源开采造成的生态损害逐渐引起关注。美国在 1872 年通过《通用采矿法》后，明确了矿产资源开发利用应坚持环保和可持续发展战略，实行矿产资源补偿机制。通过法律明确规定，由国家生态环境治理修复基金对法律颁布前已经破坏的废弃矿区组织恢复治理，由矿山主对法律颁布后的环境破坏进行治理，划清矿区生态环境治理界限，明确了生态补偿责任。同时，将开采许可证制度与生态环境补偿与修复挂钩，将递交完整、真实、详细的恢复治理规划申请成为获得开采许可证的前提条件，推进新矿山生态环境损害的补偿与修复。加拿大通过实行矿山复垦保证金制度，对开发矿产资源提出严格环境保护要求。美国、加拿大等国在设立生态补偿机制方面的法律制度上值得我们学习、借鉴。

第四章 修法的基本思路与理论创新

第一节 修法的基本思路

我国《矿产资源法》修订的基本思路是坚持以习近平法治思想为指导,认识新发展阶段,贯彻新发展理念,构建新发展格局,按照党中央的统一部署和安排,充分借鉴国外矿产资源法立法修法的经验,结合中国的国情和矿情,契合我国自然资源管理体制的重构与改革和自然资源资产产权制度、生态保护修复制度、自然资源节约集约利用制度、自然资源统一调查评价监测制度等的构建,着力推动和促进完善矿产资源全面节约和高效利用制度,并取得积极进展。同时,契合全民所有自然资源资产所有权委托代理机制试点和生态产品价值实现机制探索以及资源利用财税金融政策的完善,着力推动和促进自然资源对可持续发展的支撑能力的增强。坚持既遵循我国宪法和市场经济原则,又遵循国际惯例,着力推动和促进我国《矿产资源法》既遵循国法,又与国际法和国际惯例接轨。变矿业权主体资格的行政审批为核准进入制度,将矿业权行政审批改为权属登记以凸显其物权属性;平衡矿产资源的公法规制与私法调整的关系,建立更加宽松的矿业权市场配置制度,并促进其商品化流转;贯彻建设矿区生态文明理念,吸收各地绿色矿山建设的成功经验及相关成熟政策,强化矿区生态修复建设;采取多种方式妥善解决矿业用地的难点和痛点问题；参照国际通行规则做好矿业税费征收的制度安排和依法治矿的法律责任设置。

一、强化规划和顶层设计

修法要深度分析国际国内矿产资源供需形势和世界矿业发展趋势，契合国际矿业新形势和国家总体安全观，全面贯彻党的十九大和十九届三中、四中、五中全会精神，全面贯彻党中央、国务院在几大会议中对矿产资源管理改革作出的指示和提出的要求，贯彻创新、协调、绿色、开放、共享的新发展理念，做好修法的规划和顶层设计，提高矿业行业发展质量，加大矿产资源的保护力度，保证资源科学合理开发利用，加快矿业绿色转型升级，促进矿业国际务实合作，确保国家资源安全，使矿产资源不仅能够推动社会经济发展，为百姓的生活带来便利和实惠，而且能为全面建成小康社会提供可靠的矿产资源安全保障。

（一）修法要贯彻新发展理念，契合国际国内矿业新形势

习近平总书记在党的十八届五中全会第二次全体会议上说："理念是行动的先导，一定的发展实践都是由一定的发展理念来引领的。发展理念是否对头，从根本上决定着发展成效乃至成败。实践告诉我们，发展是一个不断变化的进程，发展环境不会一成不变，发展条件不会一成不变，发展理念自然也不会一成不变。"2018年下半年以来，由于中美贸易战升级和新冠肺炎疫情的影响，世界政治、经济、文化、外交等形势发生了重大变化，世界格局也随之调整。当下，经济全球化正在遭遇逆流，国际经济循环格局正在作深度调整。新冠肺炎疫情正在快速加剧逆全球化趋势，致使各国内顾倾向不断上升。美国、巴西、欧元区等经济体的经济快速下降，印度、东盟、非洲等发展中经济体也受到巨大冲

击,全球经济已陷入第二次世界大战以来最为严重的衰退。与此同时,国际矿产品价格由快速回升转为大幅下跌,全球矿业资本市场严重受挫。为应对新冠肺炎疫情给全球经济带来的冲击,缓解本国经济压力,一些发达国家放宽了矿产资源政策,很多发展中国家则普遍提高了对矿产资源开发收益的诉求,全球矿业正面临着贸易保护主义、资源民族主义及新冠肺炎疫情等多重挑战,全球矿业市场正在艰难前行。国内经济从衰退中迅速恢复,成为2020年全球经济复苏最快的主要经济体,中国矿业市场表现出较强韧性。未来,中国经济的持续复苏将带动对矿产品需求的增长,经济发展需要充足的矿产品供应作保障。同时,全球经济复苏需要经历一段艰难的时间,矿山企业才能迎来较多海外投资收购的战略机遇期。因此,我国《矿产资源法》的修订要按照"创新、协调、绿色、开放、共享"的新发展理念,契合国际国内矿业新形势,解决好矿业发展的动力问题、矿业发展的不平衡问题、矿业发展中的人与自然和谐共生问题,同时解决好矿业发展的内外联动和社会公平正义问题。

(二)修法要对标全国矿产资源总体规划和国家矿产资源计划,并确保其有效实现

国家矿产资源长中短期的规划是一个紧密相连的整体和有机结合的规划体系,我国具体分为"两类四级",即整体规划和专项规划两个大的类别,然后再细分为全国、省级、市级、县级四个级别的配套规划,这"两类四级"统一纳入全国自然资源总体规划的核心内容。可以说,矿产资源规划是矿产资源勘查、开采、选矿和冶炼及深加工的前提和基础,因此,修法要特别强化矿产资源总体规划的法律地位,做好涉及生态环境和资源保护等多个领域的制度设计,通过制度安排,使矿产资源勘查、开采、选矿和冶炼及深加工的政策、制度、规定和措施等相互协

调、相互配套，形成统一的法律规定。一些矿业专家[①]根据我国的人口数量、国内生产总值（GDP）和矿产资源消费量等的历史统计数据，应用人均消费的"S"形规律、需求的类比与比例关系测算法、部门消费法等方法，系统预测了我国 2035 年之前 43 种（类）主要的矿产资源的需求量，其预测结果是：我国矿产资源需求从全面高速增长向差异化增长转变；2025 年之前，大多数的大宗矿产将陆续达到其需求的峰值；到 2030 年，一次性能源达到需求峰值时的结构将会发生重大的变化，煤炭将要从 2017 年的 60.4% 快速下降到 46.3%，天然气和非化石能源则相反，将分别从 6.6% 增长到 13.2% 和从 13.6% 增长到 23.4%；到 2035 年，大部分战略性新兴矿产，尤其是新能源新材料矿产品将保持需求增长，全球矿产品的供需结构和供需格局都将发生重大调整和改变。因此，修法要对标全国矿产资源总体规划和国家矿产资源长中短期计划，为全国矿产资源总体规划和国家矿产资源长中短期计划的有效实现提供保障。

（三）修法要注重顶层设计，统筹矿产资源法与其产业法等法律法规的衔接统一

我国社会主义法律体系内部，除了《宪法》作为根本大法，各个部门法林立，整体上形成了一个相对完整、庞大而又复杂的法律体系。《矿产资源法》本身由于调整范围的广泛性，涉及与多个法律部门的衔接，尤其是与《民法典》的衔接。习近平总书记 2020 年 5 月 29 日在十九届中央政治局第二十次集体学习时强调："有关国家机关要适应改革开放和社会主义现代化建设要求，加强同民法典相关联、相配套的法

[①] 文博杰、陈毓川、王高尚等：《2035 年中国能源与矿产资源需求展望》，《中国工程科学》2019 年第 1 期。

律法规制度建设,不断总结实践经验,修改完善相关法律法规和司法解释。"正在修订中的《矿产资源法》作为民事法律规范的重要法律渊源,应当以《民法典》相关规范为基础,落实与丰富《民法典》关于矿产资源所有权、用益物权的相关规范,实现与《民法典》的有效衔接。

首先,要结合《民法典》"物权编"所有权制度的相关规定,完善矿产资源国家所有权分级行使的相关制度体系。《民法典》第二百四十六条第二款规定:"国有财产由国务院代表国家行使所有权。法律另有规定的,依照其规定。"该条款为矿产资源国家所有权分级行使提供了有效的法律依据。2019年公布的《修订草案》第四条希冀通过立法赋予国务院自然资源主管部门具体履行矿产资源所有者职责的权力,但是并未规定委托地方各级政府代理行使矿产资源所有权,因此并未有效解决实践中地方政府行使明显属于所有权内容的权利并履行相关义务的法律依据问题。2019年中共中央办公厅、国务院办公厅印发的《关于统筹推进自然资源资产产权制度改革的指导意见》中,要求"探索建立委托省级和市(地)级政府代理行使自然资源资产所有权资源清单和监督管理制度",但是凡重大改革须于法有据,这一要求的具体落实只有等到《矿产资源法》结合《民法典》的相关条文,明确授权省级和市(地)级政府代理行使矿产资源所有权时才能具体实现。同时,在此基础上,依据矿产资源的重要性程度,界定省、市(地)各级政府代理行使所有权的权限范围及权益实现的分配机制与责任承担。

其次,要结合《民法典》"物权编"用益物权制度的相关规定,设计好矿业权相关制度体系。《民法典》第三百二十九条规定:"依法取得的探矿权、采矿权、取水权和使用水域、滩涂从事养殖、捕捞的权利受法律保护。"根据该条规定,探矿权、采矿权等矿业权已经被明确确定为用益物权,而不再是准物权。《修订草案》并未有效彰显矿业权的物权属性,甚至规定压覆矿产资源的纠纷在协商不成时由省级人民政府处理,直接规定行政机关介入矿业权纠纷。《矿产资源法》的修订应充分结合《民法典》的相关规定，明确矿业权的用益物权私法属性，主要确定如下问题：第一，在具体制度设计中，应赋予探矿权人、采矿权人独立、排他的探矿或采矿的权利，并明确界定探矿权、采矿权等矿业权的具体权利内容。第二，明确矿业权的用益物权属性，建立科学的矿业资源有偿使用制度；同时，又要基于矿产资源耗竭性的特征，规定权利人对矿产品的处分权利。第三，明确规定作为矿业权母权的矿产资源国家所有权各项权能让渡的边界，同时完善相关权利的物权登记制度，建立好矿业权的权利公示体系。第四，明确规定矿业权相关纠纷的解决方式、程序，特别是只涉及民事性权利纠纷的，应当按照民事纠纷的解决机制处理纠纷。

最后，要结合《民法典》的"绿色原则"和"绿色条款"，建立健全矿业权的调整和退出机制。虽然矿业权本质上是私法属性的权利，但是，矿业开发会涉及生态环境保护等公共利益问题，因此对矿业权的调整范式与对其他用益物权的调整范式肯定要有所区别。主要考虑以下问题：第一，要结合《民法典》的"绿色原则"及第二百四十四条对耕地特殊保护的要求，明确规定矿业权的行使要遵守国土空间规划的基本要求，确保不与永久基本农田的保护发生冲突。第二，对矿业权退出的条件程序作出基本性规定，主要包括矿业权调整范围的公示制度、矿业权收回的价值评估制度、收回后的补偿制度、矿业权注销或变更登记制度等。第三，明确规定矿业权收回后的生态修复责任，并明确规定生态环境惩罚性损害赔偿制度。

二、掌握实情与着眼长远

通过开展全面细致的地质调查，摸清我国矿产资源"家底"，理清我国矿产资源数量、质量、结构和空间分布现状，掌握我国现下矿产资源行业的概况和发展趋势,把握发展重心,建立数据库。通过制度安排,建成一个统一开放、竞争有序、富有活力的现代矿业市场体系。通过修订后的《矿产资源法》的有效实施,使我国矿业发展和环境保护能力进一步提升,矿产资源保障水平进一步提高,供应状态持续安全稳定,资源环境保护和合理利用程度明显提升,矿业国际合作打开新局面,矿业创新发展能力全方位提升,为实现第二个百年奋斗目标,实现中华民族伟大复兴的中国梦提供坚实的矿产资源保障。

(一) 修法要摸清我国矿产资源"家底",全面掌握矿业实情

客观全面地摸清我国矿产资源储藏的数量、质量、结构和空间分布等情况,有利于决策机关和立法机构对国情国力作出全面准确判断,为国家经济社会发展的资源安全和经济安全提供强有力的保障。矿产资源作为工业的粮食和血液,是经济社会发展极为重要的物质基础,很大程度上直接影响到我国经济安全和社会可持续发展。党中央高度关注和十分重视国家和社会发展的能源资源的安全问题,将资源安全纳入总体国家安全观的内容。我国自然资源部主管领导曾经多次进行专门研究,特别强调摸清矿产资源的"家底"情况是了解我国基本国情的重要内容,是我们制定国家资源战略、决策、规划和完善矿业等相关产业政策,以及合理配置相关资源、优化相关产业结构布局和推动国家及区域经济发展的重要物质基础。①2018 年 11 月,我国自然资源部办公厅印发了《矿产资源国情调查试点工作方案》,启动了我国矿产资源的摸清"家底"等一系列工作,并确定了重点省份与重点矿种,要求完善矿产资源储量动态更新机制,各相关部门精心组织、稳步推进,要让问题充分暴

---

① 张丽华、张照志:《目标明确 路径清晰 意义重大——矿产资源国情调查纪事》,《中国矿业报》2020 年 9 月 24 日第 1 版。

露出来，认真系统做全面总结，唯真唯实对待调查结果。根据历年的《中国矿产资源报告》及即将出台的《全国矿产资源规划（2021—2025年）》，对全球矿业产业链进行梳理，分析我国矿业行业的市场运行态势，并对我国矿业行业的发展趋势作出相当程度的预测，为摸清我国矿产资源"家底"和全面掌握矿业实情奠定了基础。

（二）修法着眼矿业长远，保障矿产资源供给安全

世界矿业发展趋势将发生深刻变化。全球矿业需求不断分化，国际矿产勘查的投入依然呈现二元结构，新兴产业发展所需的锂、铜等矿种的勘探力度进一步加大，其成效也比较明显。全球宏观经济下行压力正在快速加大，致使全球矿业市场复苏进一步放缓。国内矿业行业标准正在加速与国际接轨。随着国内矿业企业境外资源开发的快速增加，中国矿业行业标准加入矿产储量国际报告标准委员会（CRIRSCO）的步伐进一步加快。中国矿产资源储量分类标准与《联合国资源分类框架》（UNFC）的对接文件已经于2018年9月28日由自然资源部与联合国欧洲经济委员会联合发布。中国相关金融机构也正在积极地深度参与全球的矿业治理与金融活动，占全球半数以上的中国大宗矿产消费量将进一步攀升，全球矿业产业链将进一步完善。中非矿业合作正在加快推进。美国在非洲的矿业投资占比高达12%，中国在非洲的矿业投资占比相对较低，但是，中国的矿业投资在非洲还有很大的潜力和提升空间。近年来，加纳、科特迪瓦等非洲国家快速调整了矿业法规与政策，非洲政治局势也相对稳定，为中资矿业企业"走出去"创造了良好条件。

目前，全球矿业发展呈现如下趋势：一是全球矿业复苏的动力不足，虽中长期看好，但不确定性和不稳定性因素明显增加，拉动全球金属矿产品需求的重要引擎仍将是中国。中国是制造业大国，有"世界工厂"之称，而中国GDP的40%需要原材料支撑，其中5%所需材料直接来源于金属和矿业。因此,全球矿业并购重组机会增多。二是锂、铜等矿种勘探的力度将加大,并将取得明显进展。SPG 公司报告显示,当下全球矿产勘探活动比较活跃的地区依然主要集中在加拿大、澳大利亚、拉丁美洲和非洲。刚果(金)、澳大利亚、中国的硬岩型锂矿勘探不断取得新的发现和新的进展。预计,一些沉寂数十年的大型铜矿和锂矿等矿业项目将投入开发。三是国际油价将总体上扬。由于种种原因,委内瑞拉和墨西哥的原油产量不断下降,而俄罗斯和伊朗又遭到美国制裁,因此,国际油价将总体上扬。四是金属金、银、铜价格仍将上涨。由于疫情影响,全球铜矿供应严重受阻,国内铜矿企业正在加速扩产,锂电铜箔等市场更是供不应求,预计未来较长一段时间,金属金、银、铜价格仍将上涨。五是镍矿将与锂矿和钴矿一样成为重要矿种。正在快速发展的新能源汽车和储能技术等产业和技术产生了对镍、铝、锌、钴、钒的新需求,且这种需求将会持续加大。不断增加的汽车电池和"去钴增镍"的电池发展政策与法规,加速了高品质镍矿的需求,镍将成为未来重要战略性矿产。六是大数据和人工智能等高新技术应用于矿业,推动矿业转型升级与重新定位。大数据和人工智能等高新技术广泛应用于矿业,推动了无人化运输、工程机械远程遥控等智能矿山建设,将会进一步推动矿业专项升级与重新定位。七是矿山建设、矿业生产与矿山生态修复同步规划。应用高新技术处理矿山废弃物,以实现资源综合利用,推动矿山的生态修复与矿区产业发展相融合,实现矿业发展与矿山所在地的区域规划和地方特色产业及人文生态等有机结合。八是《矿产资源法》及其配套法律法规将逐渐与国际接轨。目前,国内和国外部分国家矿业立法的目标相对狭隘,大多数围绕采矿许可证制度和监管目标而设置,未来,矿山复垦、闭坑后的土地利用、生态环境保护、生态文明建设等内容将纳入矿法规制。

  国内矿业发展趋势也将发生深刻变化:一是矿业法律法规和政策正

在调整与修改。国家正在加大矿业领域的简政放权、放管结合、优化服务等改革力度，以更加充分地发挥市场在资源配置中的决定性作用和政府的宏观调控与引导作用。将实行矿业权竞争性出让。将充分发挥市场在油气的勘查开采、生产加工、产品定价等方面的竞争性作用，以进一步提高油气资源的配置效率。将进行有效的矿产资源权益金制度改革，以建立新型矿产资源权益金制度体系。二是国家对常规矿产勘查的投入将有较大幅度减少。我国将有更多机会从世界市场获得所需要的大宗矿产，国内的勘查的投入必然减少。三是我国新的能源革命将是煤炭的高效、清洁利用。净煤，即煤炭洁净化，将成为中国能源革命的重点与方向。通过将煤制作成乙烯，以实现"煤变油"等。四是绿色矿业快速发展。2017年，国土资源部、财政部等6部门联合印发《关于加快建设绿色矿山的实施意见》，提出将全面推进绿色矿山的建设与发展。五是我国的战略性矿产将成为新兴战略性产业的主要支撑。我国的新兴战略性产业对锂矿、稀土矿、钴矿、钒矿和钛矿等矿产的原材料的需求将快速增加，锂矿、稀土矿、钴矿、钒矿和钛矿等战略性矿产将成为新兴战略性产业的主要支撑。能源矿产中的石油和天然气等矿种，金属矿产中的铁、铬、铜和稀土等矿种，非金属矿产中的磷和钾盐等共24种矿产将成为新兴战略性产业的主要支撑。应用大数据和人工智能推动矿业转型升级的步伐将进一步加快。大数据、互联网和遥感探测等新技术在矿业领域的广泛应用，将推动矿业的智能化和数字化发展。六是"三深"科技创新战略将不断拓展矿产资源的开发空间。深地探测、深海探测、深空对地观测和土地工程科技等"四位一体"的科技创新战略，将全面加快深地探测、深海探测和深空对地观测矿产的勘查与开发力度，提升矿产资源的勘查与开发水平和能力，拓展矿产资源的开发空间。七是我国的各类跨国矿业企业在世界矿业领域将扮演极为重要的角色。我国与"一带一路"沿线国家在矿产勘探、开采、冶炼、深加工等领域的合作将更加密切，矿业投资、矿产品交易、矿产品消费将更加活跃，必将促进我国和沿线国家的矿业产业的健康快速发展。八是新发展理念将贯穿矿业发展全过程。新发展理念将成为矿业发展的核心价值，成为坚持以人民为中心的重要体现。我国将会更加积极主动地实施矿产资源的惠民工程，不断完善矿产资源开发收益分配机制，使矿产资源收益进一步向原产地倾斜，增加当地民众的获得感。九是矿业文化将受到高度关注和重视。矿业文化中的陶瓷文化、青铜器文化、铁冶文化等文化都源于矿产资源的开发与利用，并在此基础上形成了灿烂的中国矿业文明，因此，矿业文化将进一步受到高度关注和重视。

综上所述，《矿产资源法》的修订一定要从矿业长远发展着眼，契合国际和国内矿业发展趋势即将发生的深刻变化，保障国内矿产资源供给安全。

第二节　修法的理论创新

一、创新立法修订理念

（一）树立矿产资源开发利用中的环境保护优先理念

自然环境为人类的世代生存和长远发展提供了重要的基本的物质基础，成为人类社会得以持续生存和发展的基本保障和重要精神支撑。然而，自然环境的承载能力是有限的，人类不能无限度地追求经济增长而忽视对环境的有效保护，因此，我国提出了环境保护优先原则，并于2014年上升为《环境保护法》的基本原则，这是在巨大的环境资源压力倒逼下，为正确处理环境与经济发展所作出的重大战略路径的选择性调整。环境保护优先实际上就是在环境保护行为和环境开发利用行为实施过程中，优先实施环境保护行为，以实现人类社会的可持续发展和代际公平。因此，我国《矿产资源法》的修订要贯彻环境保护优先理念，优先保护矿山环境，确保绿色矿业发展，从而实现矿业可持续发展。

1. 规范矿业开发全过程，促进绿色矿业生产

环境保护优先理念，缘于环境法的基本原则由协调发展原则调整为环境优先原则，缘于对盲目追求短期经济利益而忽视长远环境利益的深刻反思。在矿业开发过程中，环境冲突明显加剧，环境治理与保护的"不经济性"经常发生，因此，当矿区环境保护与矿业经济发展之间产生对立冲突，且冲突无法调和时，应当保障矿山环境的优先性。环境保护优先理念深度体现了生态整体主义的价值本源，对严峻的矿区环境问题予以主动应对与正确处理。因此，《矿产资源法》应明确规定，在矿产勘探设计时就必须严格要求矿业主体做好长远规划，做到精细勘探，即根据矿山周围自然环境的承载量而进行高标准配置勘查设备，高水平使用勘查技术，高标准严要求保护生态环境。根据市场需求和环境条件合理划分小型矿山和大中型矿山，全力延长矿山的使用寿命，确保矿业可持续发展。规定在采矿、选矿、冶炼矿过程中，必须综合考虑矿山资源的储量和水平及矿山深部、矿山外围的开采潜力，综合衡量采矿、选矿、冶炼矿的生产规模，确保其生产不破坏环境、不污染环境、不损害生态。规定矿业主体要建立健全生产过程的能耗核算体系，确实提高其伴生矿和低品位矿的采收率和综合利用率，并降低其贫化率。规定在采矿、选矿、冶矿的同时，要进行采矿、选矿、冶矿等地的绿色修复。规定要进行资源回收，有效提取尾矿中有价值的元素，减少"三废"排放，保护生态环境。

2. 树立环境保护优先理念，推动绿色矿业发展

环境保护优先理念，实际上就是为了实现人类社会的可持续与永续发展，在发展过程中应秉持环境利益优先于经济利益、保护环境优先于

开发利用经济资源的发展理念。保护优先的双层含义是环境利益优先与保护行为优先并重。保护环境优先是协调发展理念的深化和具体化。矿产资源是国民经济和社会发展的重要的物质基础。要实现矿业的环境保护和可持续发展，就要树立环境保护优先理念，有针对性地采取恢复矿区环境质量的保护行为、维持矿区环境质量的保护行为、提升矿区环境质量的保护行为、合理开发利用矿山资源的保护行为和禁止开发利用矿产资源的保护行为，严格按照矿山环境质量标准、矿产资源利用上限及生态保护红线等三个基本标准开展科研活动。因此，《矿产资源法》修订应加强矿产资源管理和矿山环境保护，确保矿业转型升级，适应绿色矿业发展要求，以降低成本、提高效益、节约集约、改善环境、促进矿业与矿山环境和谐共生、促进绿色矿山建设和绿色矿业发展。

（二）坚持碳中和背景下矿业可持续发展理念

近期，全球各政治体和经济体都在采取各种措施，推动加速碳减排工作进程，以适应和应对世界气候变化。矿业作为碳减排中的"助推器"，理应为碳达峰与碳中和贡献力量。矿业可持续发展与矿业高质量发展是有机结合的整体，矿业可持续发展是矿业高质量发展的根本前提和本质要求，是为碳达峰和碳中和贡献力量的有效发展路径。我国2021年的《政府工作报告》明确提出，要扎实做好碳达峰、碳中和各项工作。

2021年3月15日，习近平总书记在中央财经委员会第九次会议上指出，"十四五"是碳达峰的关键期、窗口期，因此要重点做好构建清洁低碳安全高效的能源体系等工作。在新发展阶段和新发展格局背景下，我国提出碳中和目标，是发展绿色、低碳、循环矿业的必然要求。优化能源和矿产资源的供给侧结构性改革，构建多维协同能源和矿业发展路径，有效发挥矿业在碳减排中的"助推器"作用势在必行，是坚持矿业可持续发展理念的具体行动。矿产资源在人类赖以生存的资源中属于稀缺资源,在稀缺资源中又占据关键地位,其与工业、人们的日常生活息息相关,人类对矿产资源的需求很大,为确保矿产资源安全,应当坚持合理开发利用和可持续发展的理念。若要达到合理开发利用和可持续发展,就要做到规范开发、科学开发。因此,修订《矿产资源法》应立足于矿产资源实际情况,坚持可持续发展理念。特别是要加强矿产资源安全的量化及动态研究,确保安全、稳定和可持续发展。现有文献大多基于已有的经验及专家意见构建评价指标,缺乏深入、定量与系统的研究。在评价过程中,仅对一个国家或地区特定年份中一种或几种矿产资源安全性进行评价,或在一个地区不同年份之间进行比较,缺少对不同国家情况的评价分析。矿产资源安全研究是一个复杂、多维及动态性的研究。应综合考虑经济、社会、环境、国家安全等方面,定性定量相结合,系统分析,准确、科学构建预测模型,为不同矿产资源安全战略选择、方案优化提供依据,并重点突出协调和可持续性。

1.提高矿产资源开发利用的综合水平,发展绿色低碳矿业

有效提高矿产资源开发利用的综合效率,是实现碳中和目标的重要路径。就矿产资源采选环节而言,就是要有效提高开采回收率、选矿回收率和综合利用率这"三率"水平。2012年开始,我国国土资源部就先后制定并颁布了46种重要矿产的"三率"标准。2016年,国土资源部又印发了《关于推进矿产资源全面节约和高效利用的意见》《矿产资源开发利用水平调查评估制度工作方案》等政策性文件,规范了矿产资源开发利用行为。同时,还编制了《矿产资源节约与综合利用先进适用技术推广目录》。2018年机构改革后组建的自然资源部在"十三五"期间,又发布了有色、冶金和化工等9项行业绿色矿山建设规范。通过以上种种措施,使得我国地下开采铁矿的平均开采回采率达到了86.4%,露天开采的主要有色金属如铜矿、铅矿、锌矿、钨矿和金矿的开采回采率超过90%,其选矿回收率已超过85%,磷矿的开采回采率也超过

了85%。而且，绿色矿山企业的"三率"水平又高于行业平均水平的10%—30%，为碳达峰与碳中和做出了较大贡献。因此，《矿产资源法》的修订要坚持碳中和背景下矿业可持续发展理念，发展绿色低碳矿业，提高矿产资源开发利用的综合水平。

2. 强化矿区生态修复，有效提高生态系统的固碳能力

长期以来，由于采矿、选矿、冶炼矿等矿产资源开发利用行为，造成矿区的植被和土地遭到破坏、生物多样性快速减少等严重的生态问题，致使矿区的原生态系统的碳汇集功能急剧退化，情况严重的矿山甚至完全丧失了碳汇集功能。据专家估算，1987年至2020年，我国煤矿开采所破坏的土地面积高达180万公顷。目前，采煤所产生的大量废弃物，如煤矸石的堆存量多达50多亿吨，成为我国尾矿积存量和占用土地最多的工业废弃物。由于煤矸石等工业废弃物所残存的碳量可发生氧化或自行燃烧，现已成为巨大的碳排放源。因此，须强化煤矿工业废弃物的综合利用，修复和重建煤矿矿山损毁土地和废弃土地的生态环境，恢复其生态系统的碳汇集功能，有效提升其生态系统的固碳能力。"十三五"期间，我国有效治理和修复了长江流域、京津冀和汾渭平原等重点区域所遗留矿山的近9000个矿点的生态系统，治理修复的矿点面积约2.5万公顷，取得了良好的矿区生态修复效果，较大程度上恢复了矿区生态系统的固碳能力。另外，相关资料显示，林地、湿地和水面以及未开发利用的地区呈现出碳的负排放状态。因此，《矿产资源法》的修订要强化矿区生态修复，以有效提高生态系统的固碳能力，确保碳中和背景下矿业的可持续发展。

（三）贯彻发展矿业推进乡村振兴的理念

从我国矿产资源分布图来看，我国的矿产资源大多数分布在边远山区，而这些边远山区因交通等基础实施和文化水平相对落后而成为贫

穷落后地区。因此，在《矿产资源法》修订中，就乡村矿产资源开采作制度安排，适当照顾矿产资源所在地的乡村利益，促进矿产资源开发与矿产资源所在地经济互动发展，对我国加快扶贫脱贫和乡村振兴具有重要作用。其实，矿业扶贫在国外早有先例。比如，2006年秘鲁政府和该国的矿业公司达成协议，由秘鲁的矿业公司与政府共同出资来帮助国家消除贫困。通过释放矿产资源给地方和采矿权人带来的经济利益，提高利用率、产量、可持续发展程度，实现经济效益越来越大，直接为矿产资源所在地的扶贫工作注入不竭动力。这方面我们正在进行尝试并取得了良好成效。一是矿业权许可程序规范后，打开了合理开发的格局。截至2016年2月1日，我国在集中连片贫困地区的680个县保有有效期内的探矿权8938个、采矿权22838个，分别占全国总数的31.9%和31.1%。探矿权和采矿权在贫困地区的数量增加，在统筹发展、精准扶贫政策下发挥出了更有价值的经济效果和社会效果。二是蕴含着巨大经济能量的矿产资源开采活动能够带动地方经济。以2015年的数据为例，贫困地区有效采矿权生产的工业总产值达到近2000亿元，缴纳国税、地税总计200亿元，产生应缴纳采矿权价款近550亿元，提供就业71.4万人，人均工业总产值达到30余万元，这些数字说明合理开发、统筹贫困地区和发达地区的矿产资源开采，能对贫困地区经济起到关键性的扶持作用。三是贫困地区中矿山开发的发展情况较好。全国14个集中连片特困地区中，仅有大别山区和吕梁山区矿产开发整体亏损，其他12个贫困地区整体盈利，总利润超过208亿元。我国的脱贫攻坚战于2020年取得了全面胜利，紧接着就是要巩固拓展脱贫攻坚成果同乡村振兴的有效衔接，有利于乡村振兴的矿产资源开发的制度安排正是及时雨。

1. 贯彻矿区农村集体土地入股、农民的征地拆迁款和补偿提留款等多渠道参与矿业开发，推进乡村振兴

矿区农村集体土地入股、农民的征地拆迁款和补偿提留款等通过

多种渠道参与矿业开发,其出发点和落脚点是助力乡村振兴。一些专家学者认为,以矿区农村集体土地使用权入股的企业一般为中小型矿山企业,担心当集体土地入股所占的股份较大时,可能会影响矿山企业的经营。我们认为,以矿区农村集体土地使用权入股,是助力乡村振兴的一种模式、一种思路,但在具体操作中,集体土地是否占股,所占比例多少,可根据矿业主体的规模、盈利能力和矿业主体的复杂程度以合同形式确定。而且合同完全可以约定,在矿区农村集体土地所在地的项目中,矿区的矿产资源如果采完了,集体股应退出;如果适逢矿产品价格低迷,矿企效益不佳,集体应与矿企一起同甘共苦。但是,要尽量保护矿区农村集体土地股的利益,矿区农村集体土地入股的出发点和落脚点是助力乡村振兴。推进乡村振兴的矿业开发应选择一些重点规划区中的成矿区,在保护生态环境的前提下,使重点规划区中的成矿区矿业开发项目带动一片贫困区域发展。总之,没有把握的矿业开发项目,就不要纳入乡村振兴的项目。当然,还可以考虑,矿区临时用工优先选用矿区的农民,矿区的水电路工程、通信工程、卫生医疗工程等小型工程必须承包给矿区的农民等其他方式,通过各种办法整体发力,共同推进乡村振兴。

2. 贯彻做好以矿业推进乡村振兴的制度安排的理念

一是参照国际矿业的开发惯例,做好规范矿业开发的社会影响评价和行动方案的制度安排。规定采掘区、压占区、塌陷区等临时性的矿业用地可采取租赁方式用地,矿业项目建设区的开发用地等长久性用地可采取土地入股、出让等方式用地,并明确矿业主体的社会责任,将其纳入矿业权出让的合同条款,使矿业主体在其矿区必须通过多种方式进行投资,以带动矿业区域的农村、农民和农业的发展,推进乡村振兴。例如上一条所述的矿区临时用工优先选用矿区的农民,矿区的水电路工程、通信工程、卫生医疗工程等小型工程必须承包给矿区的农民等方法。

二是健全和完善矿业用地的管理制度。当下,我国矿业用地主要采用土地出让方式和城镇建设用地指标管理模式两种方式，对此，《矿产资源法》修订可将方式调整为：采掘区、压占区、塌陷区等临时性的矿业用地可采取租赁方式用地，长久性的矿山项目建设用地可实行出让和土地入股等方式，同时，规定向贫困地区倾斜矿山用地指标，等等。

（四）贯彻矿区生态文明建设理念

在《矿产资源法》修订中要贯彻生态文明建设理念，完善配套矿产资源生态补偿的相关法律法规。现在我国缺乏体系性的生态补偿法律法规，只有少数条款分散在不同的法律法规中，这些少数条款并未能明确规定生态补偿的基本制度和具体内容，也未能发挥出应有效用。因此，要完善配套矿产资源生态补偿的相关法律法规，确保落实矿产资源税、矿产资源补偿费、环境恢复保证金、公众参与等制度的落实落地。

1.贯彻学习借鉴国外发达国家矿产资源生态补偿制度的理念

美国、加拿大和澳大利亚等发达国家都较早就开展矿产资源开发、利用、保护和矿区生态修复等立法活动。20世纪70年代以来，美国制定并颁布实施了《综合环境响应、赔偿与责任法》《污染预防和控制法》《露天开采控制与复垦法》等大量有关矿产资源生态补偿的法律与法规。加拿大联邦政府也制定和颁布了大量的有关矿产资源生态补偿的法律法规，如《矿业法》《湖泊和河流改善法》《公共土地法》《环境保护法》《环境评价法》等。澳大利亚制定并颁布实施了《澳大利亚矿山环境管理规范》《国家生态可持续发展战略》《澳大利亚生物多样性保护国家战略》等法律法规和相关政策，以确保矿区生态环境修复。美国、加拿大和澳大利亚等国所建立的废弃矿山复垦基金制度、矿山生态环境检查制度和矿山环境恢复履约保证金制度等三大制度，可为我国修订《矿产资源法》中的矿产资源生态补偿制度提供较好的借鉴。它们建立的废弃矿山恢复和治理基金制度，主要是针对已废弃矿山的生态恢复和土地复垦。其修复治理保证金制度主要针对正在开采中的矿山土地复垦和矿山生态环境的修复与保护，是对矿业企业合理开发矿山的有效督促，矿山开采恢复符合要求后，会退还保证金。矿区生态环境检查制度，是检查矿产资源生态补偿制度是否有效执行的事中监督。

2. 贯彻矿山生态环境恢复治理和损害赔偿的责任制理念

2014年，我国以《环境保护法》修订为契机，将生态保护补偿制度纳入《环境保护法》，为我国矿山生态环境恢复治理和损害赔偿打下了基础。因此，此次《矿产资源法》的修订要与《环境保护法》相衔接，进一步贯彻矿山生态环境恢复治理和损害赔偿的责任制理念，按照"谁污染谁治理，谁损害谁赔偿"的原则，建立采矿、选矿、冶炼矿等矿产资源开发利用者责任制，严格要求矿产资源开发利用主体制定保护与恢复矿山环境的治理方案，并建立矿产生态环境恢复治理和损害赔偿的基本台账，以便了解和掌握矿山生态环境破坏和环境污染情况，方便及时开展矿区生态环境破坏的治理与修复；并要求矿山所在地的地方人民政府承担连带责任，以确保矿山生态环境恢复治理和损害赔偿的责任的有效落实。

3. 贯彻生态文明建设理念，切实发展绿色矿业

在党的十九大报告中，习近平总书记总结了我国生态文明建设取得的成效，明确指出要加快生态文明体制改革，建设美丽中国，对推进绿色发展、着力解决突出生态环境问题、加大生态系统保护力度、改革生态环境监管体制等四方面作出了重要部署。因此，我们在矿产资源开发利用的过程中，必须将生态文明建设理念贯穿于采矿、选矿、冶炼矿等整个矿产资源开发利用过程，牢固树立绿色环保的意识，切实发展绿色矿业。

4. 加大技术研发力度，通过科技创新促进矿产资源开发和生态环境保护相协调

为了彻底实现矿产资源开发和生态环境保护相协调，必须提高技术

研发力度，通过科技创新提高矿产资源利用率。在具体开发过程中，应结合实际情况引入先进的采矿、选矿和冶炼技术，并结合不同矿种制定不同的技术标准以及规范，通过提高科技水平优化矿产资源综合利用水平，降低资源浪费及生态环境污染程度，进而实现矿山经济、社会经济和生态环境保护之间的平衡发展。例如，四川攀钢集团矿业公司通过创新全尾矿深层次回收利用技术，实现了钴元素、钛元素等多种元素的深度回收；江西铜业集团有限公司创新选矿技术和推广使用技术，实现了低品位矿石资源规模化综合利用；等等。这些都极大地提高了资源的综合利用率。

综上所述，矿产资源的开发难免会对生态环境带来一定影响，对这种现象无论是政府部门还是矿山企业都应有正确的认知。结合我国矿产资源开发所导致的环境问题，我们必须注重贯彻落实生态文明建设理念，大力发展绿色矿业，强化矿业开采规划引导，加大技术研发，只有如此，我们才能早日实现矿产资源和生态环境保护的协调发展，进而促进人与自然的和谐共生。

（五）坚持矿业市场对外开放理念

为了进一步开放我国矿业市场，自然资源部有关负责人于 2019 年在中国国际矿业大会上表明，《矿产资源法》修订起草工作正在进行，将在矿业权的出让环节引入公开竞争机制，对协议出让的方式进行约束和规范，以在保证市场活力充足的同时，更好地发挥竞争效应。根据自然资源部的工作目标，关于矿产资源审批的流程、内容范围、权限、备案等方面的内容将会进行重大改革。

1. 强调矿业市场内外资一致

外资企业一直关注我国各类市场的平等待遇问题。2018 年，习近平主席在亚太经合组织工商领导人峰会上强调："中国对内外资企业一视同仁、平等对待,欢迎和鼓励各类企业公平竞争,也将充分保障它们的合法权益。"为确保内外资企业获得平等待遇,《中华人民共和国外商投资法》(以下简称《外商投资法》)第九条规定,"外商投资企业依法平等适用国家支持企业发展的各项政策";第十四条规定,"国家根据国民经济和社会发展需要,鼓励和引导外国投资者在特定行业、领域、地区投资。外国投资者、外商投资企业可以依照法律、行政法规或者国务院的规定享受优惠待遇";第十五条规定,"国家保障外商投资企业依法平等参与标准制定工作,强化标准制定的信息公开和社会监督。国家制定的强制性标准平等适用于外商投资企业";第十六条规定,"国家保障外商投资企业依法通过公平竞争参与政府采购活动。政府采购依法对外商投资企业在中国境内生产的产品、提供的服务平等对待";第十七条规定,"外商投资企业可以依法通过公开发行股票、公司债券等证券和其他方式进行融资"。因此,我国《矿产资源法》的修订要强调矿业市场内外资一致。

2. 强调矿业市场尊重国际惯例

《外商投资法》在制定时已经参考了国际惯例,对外资企业重点关注的技术转让与合法权益保护等问题作了正面回应。例如,在《外商投资法》中,第二十一条[①]规定了"出资""资本收益""依法获得的补偿和赔偿"等外国投资者向境外转出的财产类型,并强调了外汇的自由汇出,释放了外汇管制放松信号,有利于促进外商投资;第二十二条[②]规

[①] 《中华人民共和国外商投资法》第二十一条规定:"外国投资者在中国境内的出资、利润、资本收益、资产处置所得、知识产权许可使用费、依法获得的补偿或者赔偿、清算所得等,可以依法以人民币或者外汇自由汇入、汇出。"

[②] 《中华人民共和国外商投资法》第二十二条规定:"国家保护外国投资者和外商投资企业的知识产权,保护知识产权权利人和相关权利人的合法权益;对知识产权侵权行为,严格依法追究法律责任。国家鼓励在外商投资过程中基于自愿原则和商业规则开展技术合作。技术合作的条件由投资各方遵循公平原则平等协商确定。行政机关及其工作人员不得利用行政手段强制转让技术。"

定，国家保护外国投资者和外商投资企业的知识产权，鼓励基于自愿原则和商业规则开展技术合作。因此，我国《矿产资源法》修订要与《外商投资法》相衔接，强调矿业市场尊重国际惯例。

（六）坚持城市地下矿产资源开发与地下空间布局相结合理念

优化矿产资源开采格局必行的一步棋是统筹地上地下的开采活动，尤其重点加强对地下开采的规划。2017年中共中央提出"统筹城市地上地下建设，加强城市地质调查"的具体要求。在《矿产资源法》修订过程中，应当将该要求体现在具体的条款中，并配套规划、管理、限制等方面的条款。

1.大数据和人工智能技术应用于矿业和城市地下空间开发利用，为城市地下矿产资源开发与地下空间布局相结合提供了更加强大的技术支撑

近年来，随着科学研究从问题驱动向数据驱动转变，数据密集型科学发现应势而生。大数据和人工智能技术被引入地球科学，正在改变地质学。数据与人工智能也随之被应用到矿业，开启了智能矿山建设，开始了人工智能、大数据和物联网等技术和矿山实体的融合。智能通信、智能控制和智能计算等技术的利用，为有效实现数字化矿山的计算、处理创造了条件，致使构建数字孪生矿山成为可能。因此，我国《矿产资源法》修订要增加相应条款，鼓励和引导将大数据和人工智能技术广泛应用于矿业，为城市地下矿产资源开发与地下空间布局相结合提供技术支撑。目前，中国的地下空间利用领域主要有地下轨道交通、地下公共服务设施、地下市政设施、地下储藏设施等。随着大数据和人工智能技术在城市地下空间的开发利用，我国将废弃矿井的生态重建、矿山公园的旅游和科普教育与教学实践基地的教育等多重地下空间开发利用目标有机结合，已经建成开放或获批在建的国家矿山公园70多个，利用废

弃矿井巷道和生产设备建设而成的教学实践基地，已经在山西晋城凤凰山煤矿和河南平顶山工业职业技术学院投入使用。整体而言，我国城市地下空间开发利用主要还是以地下轨道交通为主导，地下市政基础设施近年来也开始兴起，主要是以综合管廊为典型代表，东部的大城市主要进行以地下综合体为重点的交通枢纽建设。国内地下空间建设总规模已跃居世界第一，尤其是城市轨道交通建设远超其他国家，成为世界第一，一些城市地下综合体的设计水平和建设施工水平已达到了国际先进水平。因此，我国《矿产资源法》的修订，要鼓励大数据和人工智能技术应用于矿业和城市地下空间开发利用。未来，伴随着我国矿业城市的产业转型升级和产业布局，城市地下矿产资源开发与地下空间布局相结合的紧密度会进一步加强，矿业城市地下空间的开发利用程度会日益加强，其产业布局将更加合理与科学。

2. 我国众多的矿业城市和地下空间开发政策法律的制定，为城市地下矿产资源开发与地下空间布局相结合提供了广阔舞台

中国矿业城市主要有白云鄂博、金昌、石嘴山、水口山、铜陵、克拉玛依、大庆、鞍山、攀枝花、招远、德兴、栾川、徐州、七台河、阳泉等，这些城市是重要的稀土矿、金矿、煤矿、铁矿、石油、铅锌矿等矿产的产区城市。另外，我国还有12个矿产之都，分别为金都山东招远、汞都贵州铜仁、滑石之都辽宁鞍山、焦煤之都黑龙江七台河、钼都河南栾川、锑都湖南冷水江、镍都甘肃金昌、锌都云南兰坪、锡都云南个旧、钨都江西大余、稀土之都内蒙古包头、磷都云南晋宁。这些矿业城市都不同程度面临未来矿业的转型升级，需要创新性的产业规划与布局，为我国城市地下矿产资源开发与地下空间布局相结合提供了广阔舞台。从我国地下空间利用的制度安排来看，我国于1997年施行了《中华人民共和国人民防空法》，这是我国第一部关于地下空间开发的专项法律，规定要转变人防战略重心，强调人民防空必须与经济建设和城市

建设相结合。而同年颁布实施的《城市地下空间开发利用管理规定》，又为地下空间的规划、开发和利用提供了法律依据。随后，我国于2006年施行了《城市规划编制办法》，再次将地下空间规划纳入了城市的规划体系，在总规、详规等层面分别对地下空间开发提出了一些具体要求。特别可喜的是，《中华人民共和国物权法》（以下简称《物权法》）进一步在城市地下空间开发利用的权属问题上实现了重大突破。上述这些法律文件为我国地下空间开发利用提供了法律框架。2013年伊始，我国加大了城市地下综合管廊的建设力度，与此相配套的地方性法律法规也逐步增多，各城市地下空间的管理进一步多元化和规范化。与此同时，国家成立了地下空间领导办公室、联席会议、牵头管理、多头管理四种类型的地下空间管理协调机构，使得地下空间管理机制和体制不断完善，为城市地下矿产资源开发与地下空间布局相结合提供了法律依据。

二、拓宽找矿新的思路

（一）国外找矿

积极推进矿产资源"走出去"战略。纵观全球矿产资源及其发展格局，在矿业经济竞争激烈和矿业结构变化频繁的情况下，"走出去"开拓新的矿产资源开采领域和矿业市场尤为重要。

一是重视"走出去"投资战略。在《矿产资源法》修订中，要做好制度安排，鼓励以合资合作、跨国并购、设立投资等多种方式，并结合实施"走出去"找矿战略开展矿业合作。我国主要集中在非洲、拉美、澳洲及亚洲周边国家进行矿产投资。同时，在"走出去"投资战略实施过程中，要鼓励技术创新，不断升级技术，注重矿山环境保护和矿产资源综合利用，延长产业链，形成规模化生产，以减少风险。

二是实施开发与保护并重的国际资源开发战略。注重在与其他国家合作开发资源的同时，使开发活动各环节的秩序保持、开发后的环境恢复、收益所得合理分配等关键性问题得到落实和解决，这样才能走得更远，实现可持续发展。

三是科学规划境外勘探。许多易开采的富矿区域已经被西方发达国家占据，为了开辟新的国外矿产资源区域，只能寻找尚未被勘探开发、潜力大、风险高的区域。因此，科学规划勘探区域和合理预估风险至关重要。

四是将技术创新放到首位。矿业的发展及我国在国际上的竞争力很大程度取决于矿产资源勘探和开采的技术，只有技术的革新和重大突破，才能够带来国外矿产资源开发新局面。想要打破国际资源配置格局，必须将技术创新作为首要任务。

（二）月球找矿与发展矿业

月球矿产资源丰富，可以成为找矿的重要基地和储备场所。据探查，月球稀有金属的储藏量高于地球的储藏量，在地球上最常见的17种元素，遍布月球。月球蕴藏有丰富的铁、铬、镍、钠、镁、硅、铜等金属矿产资源。在《矿产资源法》修订中要做好制度安排，鼓励紧跟登月技术创新，开发利用月球矿产资源，发展矿业经济。

1. 鼓励月球找矿思路

经科学考证，月球上的矿产资源十分丰富，地球上最常见的17种矿产元素，月球上比比皆是。以氧化铁为例，月球表层的氧化铁不仅非常丰富，而且便于开采、分选和冶炼。据科学家研究分析，仅月球表层5厘米厚的沙土中就含有上亿吨氧化铁铁矿，而整个月球表面平均有10米厚的沙土，可见月球上矿产资源的丰富程度。月球土壤中还含有丰富的氦-3，应用氘和氦-3进行的氦聚变可以作为核电站动力,而且这种氦聚变不产生中子,是容易控制的核聚变,安全而且无污染,不仅适用于地面的核电站,还特别适合宇宙航行。据悉,月球表面的土壤中氦-3 的含量估计为 715000 吨。从月球土壤中每提取一吨氦-3,可得到 6300 吨氢、70 吨氮和 1600 吨碳。俄罗斯科学院加里莫夫院士认为,采用氘与氦-3 核聚变发电,只需要 100 多吨,就完全能够满足全世界每年的能源需求。因此,我国《矿产资源法》的修订,可以体现月球找矿的宣示条款,以拓宽找矿思路,引导月球找矿技术创新。

2. 规划月球矿业发展

未来,随着人类活动给地球产生的负面影响逐渐增加,地球承担的资源和环境等各种负担和压力越来越重,空气、水和土壤将慢慢恶化,野生动植物和海洋生物将逐渐锐减,矿产资源将逐渐减少,个别矿种面临枯竭。因此,一些科学家大胆设想,未来,人类可把地球当作住宅区,把月球等类似星球作为工业区,把采矿、选矿和冶炼矿等对环境破坏性较大的大部分重工业挪到其他星球去(包括月球),先在月球上建立矿业工业基地,把矿产加工成精细产品后再运回地球,以实现经济效益和生态效益的有机统一。其理由是在过去的 40 年里,随着火箭发射技术水平的提升,火箭发射成本已大幅降低,火箭运载 1 公斤货物的费用已经从 85000 美元降至 1000 美元,而且,未来几年内发射成本将降低到每公斤不到 100 美元,甚至更低。因此,地球将可有限地发展一些环保型的工业,非环保型的工业可挪到月球等其他星球上去。据科学考证,月球与地球最大的区别就是月球几乎没有大气层,气压低,昼夜温差大,月球白天和夜间气温分别可以达到零上 127 摄氏度和零下 180 摄氏度,但是,这对机器人来说不是问题。研究表明,将矿石加热到 2000 摄氏度以上,矿石里所含的金属氧化物就会分解产生金属和氧气。氧气可以储存起来,用来维持驻月工作人员的呼吸;金属则可以加工成有价值的产品运回地球。

（三）深海找矿

我国海域辽阔，矿产资源丰富，也是找矿的理想之地。南海可燃冰钻探成功是深海找矿可行性的典型例子，也是我国找矿突破行动中重要的成果之一。在《矿产资源法》修订中要做好制度安排，鼓励深海找矿；鼓励在国际公海和中国深海海底区域进行矿产资源勘探、开发，包括东海，重点是南海海域，构建该区域矿产资源开发新格局。

1. 鼓励深海找矿技术创新

20 世纪 70 年代，由于开发利用深海海底资源的技术进步，与矿产资源有关的原材料价格大幅上涨，相关原材料供应风险不断增加，人类开始探索开发利用深海的矿产资源。美国、日本和德国等世界多国加快了对深海矿产资源的勘查开发力度。与陆地矿床相比，深海海底矿床的矿品位高又易采选，而且采矿环境扰动小，因此，深海富集的矿产资源开始被开发利用，并成为当时高科技、绿色技术或新兴技术的原材料。近年来，随着大数据和人工智能在矿产资源勘查和开采中的利用，我国的浅海和深海找矿和勘查都取得了可喜的成效。如山东省胶东西北部三山岛北部海域的金矿勘查与实施，开创了我国海上金矿勘查的先河。在该金矿的勘查过程中，开展了一次系统由预查到直接进入详查的勘查技术创新，对海域金矿成矿规律及矿体空间分布进行了综合分析，采用了拼装式插桩海上钻探平台等先进技术进行海上大规模钻探施工，探明了国内最大规模金矿床和最大金单矿体，解决了一系列海上金矿勘查的关键技术难题。又如对南海深海可燃冰的勘查，取得了一系列重大技术突破，解决了一系列提取可燃冰的技术难题。但是，由于深海海底的矿产资源勘查和探明程度不够深入、勘查开采技术还有待进一步提升、相关国际法律法规还不够健全等，深海找矿与采矿正面临挑战，亟须我国在

《矿产资源法》修订时增加相关条款，鼓励深海矿产勘查的开发研究和技术储备，强化政策和法律引导及相应的监管与服务，积极探索"产学研用"相结合的深海找矿与采矿创新之路。

2. 弥补《中华人民共和国深海海底区域资源勘探开发法》的不足

2016年5月1日，《中华人民共和国深海海底区域资源勘探开发法》（以下简称《深海海底区域资源勘探开发法》）正式实施。从此，我国公民、法人或者其他组织在国际海底区域内从事矿产资源等资源勘探、开发等活动有了法律依据。它规范了我国各类资源主体（实体）在国际海底区域的勘探、开发等活动，有利于海洋环境保护，有利于各类资源主体（实体）履行公约项下的各种义务，有利于强化我国在国际上取得海洋大国的地位和影响力。该部法律虽然对各类资源主体（实体）的深海活动作了较为完整的制度和规则安排，但缺乏探矿的相关内容。因为《深海海底区域资源勘探开发法》并没有采用"探矿"一词，只是在第四章和第七章所规定的"资源调查"内容中与探矿内容具有重合之处，但并不能替代探矿。另外，虽然探矿不属于《联合国海洋法公约》所规定的"区域"内的活动范围，但是其与勘探关系紧密，是勘探进行的前提要件。因此，在《深海海底区域资源勘探开发法》还没有修订之前，我国《矿产资源法》的修订应对探矿加以规定，以弥补《深海海底区域资源勘探开发法》的不足。

（四）两极找矿

2019年以来，全球矿业融资难问题进一步加剧，矿业并购活动减少，活跃度不断下降，标准普尔公布的最新数据显示，2020年第二季度全球矿业融资为72亿美元，减少超过50亿美元。但是，初级矿业公司的融资额增加了一倍以上，黄金的勘探市场仍然强劲。由于很多国家加强了矿产资源的管控，致使矿产资源的民族主义进一步深化。美国、欧盟等国家和地区越来越重视战略矿产资源，一些发达国家和发达经济体纷纷建立了关键矿产目录，以扩大其国内供应。刚果（金）、赞比亚等矿产资源丰富的国家将其优势矿产列入战略矿产目录，并大幅度地提高其矿业权益金的比率。由于矿业的贸易保护主义、矿产资源的民族主义以及受新冠疫情等全球经济下行因素的影响，全球矿业发展面临着更多不确定性因素。因此，加快矿业技术创新，拓宽找矿思路成为矿业可持续发展的新的重要路径。我国自2011年出台《找矿突破战略行动纲要（2011—2020年）》以来，我国的矿业企业、地勘单位和科研院所积极参与地质找矿，取得了一系列重大找矿成果。但是，随着新时代中国经济社会进入高质量发展阶段，我国主要矿产资源供需缺口逐渐加大，大宗矿产品对外依存度逐年增高，中国铁矿石2010年对外依存度为50%，2016年已超过65%。铜、铝、铅和锌等矿产的供需缺口也较大，尤其是铜矿，其供需缺口达350万吨，进口成为供应的主要来源。[1]因此，保障境外矿产资源的供应渠道对我国国家矿产安全来说日益重要，但是由于近年来西方世界对中国崛起的偏见等原因的干扰，我国各类进口矿产资源正面临海上运输通道安全受威胁或进口来源区域不稳定等问题，使资源安全面临诸多风险和挑战。[2]两极地区既有煤炭、石油、天然气等重要能源以及其他矿产资源，又有丰富的水资源、生物资源、土地资源及水力、风力资源，同时还包含交通资源、军事资源、科学资源、环境资源、旅游资源、人文资源等广义的资源。如果说北极是个大"油库"，那么南极堪称一座大"铁山"。因此，近年来各国派出驻两极科学队，勘探、研究两极资源，占据两极资源也是占据发展先机的

---

[1] 沈镭、张红丽、钟帅、胡纾寒：《新时代下中国自然资源安全的战略思考》，《自然资源学报》2018年第5期。

[2] 冯丹丹、苏轶娜、胡德文、余良晖：《2018年度矿产资源经济形势分析及展望》，《中国国土资源经济》2019年第1期。

路径之一。因此，在《矿产资源法》修订中应做好制度安排，鼓励两极找矿。

1. 宣示两极找矿思路

北极地区在成矿构造上位于劳亚和环太平洋成矿域北部，其不仅包括北冰洋及其环绕的岛屿，还包括欧亚和北美大陆，总面积2100万平方千米，其中，陆地面积约800万平方千米，占北极地区全部面积的38%。北极大宗矿产有铜矿（130处，12.75亿吨）、铁矿（119处，167.21亿吨）、铅锌矿（53处，2.20亿吨）、铝矿（14处，10.14亿吨）、锰矿（18处，60.81亿吨）、磷矿（17处，154.92亿吨）及硫矿（12处，70.60亿吨），分布于挪威、芬兰、瑞典、俄罗斯、美国、加拿大及丹麦（格陵兰）。① 北极地区的国家多数是经济比较发达而矿产资源又非常丰富的国家，主要包括挪威、瑞典、芬兰、俄罗斯、美国（阿拉斯加）、加拿大、冰岛和丹麦（格陵兰）等国家和地区。这些国家和地区都十分注重矿产资源的勘探、开发与管理，其矿产资源的政策和法律法规也比较完善；而且它们的矿产资源勘查、开发与管理政策也具有一定的相似性，如进行矿产勘探要获得勘探许可证，提交勘探计划并获得相应部门的批准，勘探任务完成后要及时提交勘探报告，勘探过程中不允许破坏环境和损害生态，非常重视保护环境等。另外，这些国家和地区对采矿等开发工作的审核更加严格：采矿开始前就要提交矿山关闭计划、矿山废物管理计划、矿山环境保护计划和矿山安全管理计划等矿山运作计划；同时，还要提交矿山的年度运作报告。表面上来看，这些国家和地区虽然对矿产勘探和开采的审核非常严格，审批环节很多，程序也比较复杂，但是，这些国家都实现了一站式管理和审批流程，矿业主

---

① 王云龙:《北极地区大宗矿产成矿规律研究》，中国地质大学（北京）硕士学位论文，2020年6月。

体所需审批的探矿证、采矿证、矿业用地、环境评估报告可在同一个地方一次性通过，流程顺畅，效率很高。

南极地区的矿产资源非常丰富，蕴藏有220多种矿产资源和能源[①]；煤炭储藏量约为5000亿吨；南极又是世界上最大的铁矿石储藏地区，素有"南极铁山"之称，其铁矿石不仅蕴藏丰富，而且品位高，其铁矿可供世界开发利用200年[②]。南极半岛蕴藏有铜、铅、锌、钼以及少量的金、银、镍、钴等丰富的有色金属矿产。南大洋海底蕴藏有非常可观的多金属锰矿资源，南极大陆架和西南极蕴藏有丰富石油和天然气，石油储存量约500亿—1000亿桶，天然气储量约为30000亿—50000亿立方米。因此，我国《矿产资源法》修订中要有宣示性条款，鼓励找矿技术和思路创新，积极开展两极找矿。

2. 做好两极找矿相关规划

南北两极地区属于极地气候的气候类型，通称寒带气候，可细分为两种类型，即冰原气候和苔原气候。南极大陆和北冰洋的格陵兰岛等岛屿地区都属于终年严寒冰原气候，其地面都覆盖着很厚的冰雪。欧亚大陆和北美大陆的北部边缘地带以及格陵兰岛沿海地区都属于全年皆冬的苔原气候，其地表覆盖着苔藓、地衣等植物。由此可见，南北两极地区找矿难度相对较大，找矿技术要求也相对较高。因此，在《矿产资源法》修订中，特别要做好两极找矿的技术创新规划，鼓励矿产勘查、采矿、选矿、冶炼矿和矿产品深加工等技术创新；同时，要根据全球矿业形势和我国矿产资源供需情况，做好南北两极地区的找矿的时间节点预判与安排，并做好相关政策与制度的配套安排等。

---

① 颜其德：《南极资源及国际纷争》，《科学》1991年第4期。
② 朱建钢、颜其德、凌晓良：《南极资源及其开发利用前景分析》，《中国软科学》2005年第8期。

三、谋划矿业发展布局

深度参与国际矿业发展大局，就要深度分析国际矿业发展的大趋势，深度分析全球经济社会发展大环境与大变局，深度分析全球经济贸易规则和贸易秩序所出现的结构性重大变化，深度分析大国关系与国家实力所出现的新形势和新变化，深度分析矿业发展的低碳化、绿色化、全球化、多元化、智能化和市场化等主要新趋势和新变化，深度分析全球科技革命与产业革命的深度影响，等等。并根据这些分析前瞻性地及时调整国内矿业政策和矿法，为谋划国际矿业发展大局贡献智慧和力量。做好国内矿业总体布局，就是要准确把握新发展阶段，认真贯彻新发展理念，服务于构建新发展格局，集中社会各界及与矿业相关的各个方面的智慧与力量，切实体现社会期盼，充分吸收群众智慧、专家意见和基层经验，坚持矿业重大决策问政于民、矿业发展问需于民，汇聚广泛民智，并集中广泛民意，科学确定目标与任务，研究战略机遇，分析和应对国际国内各种挑战与风险，把握好主体与主线、原则与要求，高质量、高水平谋划好"十四五"期间及未来多年国际矿业发展大局和国内矿业总体布局。

（一）科学客观分析判断国际国内矿业新形势，深度参与谋划国际矿业发展大局

近年来，在逆全球化浪潮的影响下，民粹主义、种族主义、歧视主义、地缘政治和保护主义抬头，致使国际社会不稳定因素增加。低碳化、绿色化、全球化、多元化、智能化、市场化依然成为能源和矿产资源领域未来发展的主要趋势，资源革命和能源革命将催生安全清洁高效的能源资源战略，国际矿业面临新形势和新任务。2021年，我国经济

发展已转向高质量发展的新阶段，正推动加快形成以国内大循环为主体、国内国际双循环相互促进的新发展格局。为契合国内新发展阶段、新发展理念和新发展格局的新形势和新任务，促进矿业的创新发展，各类矿业主体正在积极推动后疫情时代的矿业贸易合作与技术交流，以适应国际国内矿业新形势。当前，虽然我国的矿产资源基本国情依然没有改变，我国矿产资源在国家发展大局中的地位和作用依然没有大的改变，但是，资源环境约束态势正在不断加强。未来，我国的矿产资源消费总量仍将处于高位，经济社会发展对能源资源需求将持续快速增长。能源资源型矿产品依然是新型能源、新兴产业、生态建设和民生保障等的原（燃）材料和生活类产品，但国内能源和矿产资源供应保障仍存在较大缺口，能源和矿产资源的高质量发展和绿色转型任务依然艰巨。因此，一些专家学者分析认为，矿业属于基础性的产业，从"十四五"期间的国内外矿业形势预判，矿业发展的动力依然强劲，并将展现出其独特的发展价值，迎来较多新的战略机遇期。与此同时，提醒矿业行业要立足国内矿业，补齐矿业短板，抢抓我国"十四五"时期经济和矿业高质量发展的战略机遇，落实国家"全面提高资源利用效率"等矿业发展战略，借助国际国内矿业工艺技术和装备水平的持续增强与提高，实现矿产资源的节约、集约和高效利用，全力减少对国外矿产的依存度的同时，还要紧跟国际矿业新形势和国际矿业大市，融入国际矿业发展大局，谋划国内矿业总体布局。有专家认为，近年来，我国在诸多有利政策的支持与鼓励下，战略性的新兴产业实现了快速发展，说明我国经济高质量发展引擎作用得到了充分发挥。随着我国的战略性新兴产业的迅猛发展，市场对战略性金属矿产原材料的需求将越来越大，进而带动新兴材料矿产的消费，为与战略性新兴产业所需矿产相关的矿业的振兴释放出新的潜力。因此，我国要深度参与谋划国际矿业发展大局，并做好国内矿业总体布局所需要的制度创新，通过制度安排，强化对矿业的管理和扶持,加强战略性矿产资源的安全保障;要深化矿业改革,以减轻矿业企业负担,促进矿业高质量发展;要鼓励战略性矿产全产业链关键技术的研发与应用,有效提高矿产资源的综合利用效率。

(二)开展矿产资源普查("摸清家底")契合国内矿业总体布局

做好矿产资源勘查登记,"摸清家底"是矿产资源后续管理、保障、发展相关制度安排的重要基础。由于我国曾经出现过大矿小开和采富弃贫等乱采滥开的行为而导致矿业秩序混乱的现象;再者,国家对矿产资源现状的掌握并不十分清楚,地方(各省、自治区、直辖市)以及部分矿业市场主体基于自身发展等多方面考虑,所上报的矿产资源储量不够准确;加之矿产资源是一种特殊资源,其空间分布、矿产结构会随着时间推移而变化。因此极有必要对其进行全面系统的勘查登记,以做到心中有数、心中有底。开展对原有矿山的深部和边部以及其他地区的隐伏矿等矿产资源勘查登记工作,能够准确掌握未开采的、潜在的矿产资源状况和矿产资源的开采、供应情况,以正确估计矿产资源消耗的速度、程度,对盘活现有的矿产资源量、挖掘潜在的矿产资源量都具有重要意义。因此,在《矿产资源法》修订中,要继续做好矿产资源普查的制度安排,为谋划国内矿业总体布局奠定基础。

(三)国内矿业发展总体布局应契合矿业可持续发展和生态文明建设

针对资源约束不断趋紧、环境污染日益严重和生态系统快速退化等严峻的资源环境形势,人类的观念正在转变,逐渐重新树立了尊重自然、顺应自然和保护自然的生态文明理念,走经济社会和能源资源可持续发展的道路。因此,我国把生态文明建设作为中国特色社会主义事业的重要内容,并把其作为人民福祉和民族未来狠抓落实,从而出台了一系列的重大决策部署，以推动生态文明建设取得重大进展和积极成效。矿产资源的"循环利用"和矿业经济的"循环发展"是矿业可持续发展的重要路径。我国人口众多，对矿产资源需求量大，只有实现矿业可持续发展才能为未来工业和经济社会发展提供可靠的矿产资源保障。发展矿业循环经济，实现矿业可持续发展，就要鼓励矿产分选冶炼等矿业技术创新，推动尾矿资源的分选冶炼再利用，推动矿产资源综合利用，减少找矿压力；同时，要积极探索、寻找和开发利用可替代矿产资源，促进矿业可持续发展。因此，在《矿产资源法》修订中，要做好国内矿业发展总体布局的制度安排，以契合矿业可持续发展和生态文明建设。

第五章 《矿产资源法》修订的对策建议

当今世界正在经历百年未有之大变局,全球蔓延的新冠肺炎疫情进一步加快了百年未有之大变局的变化进程,国际性的科技、文化、经济、政治、安全等格局正在发生深刻调整与变化,国际法领域的各种变革、调整、重塑也已经开始并加快推进,而且将经历一个长期的过程。在国际社会,广大新兴市场国家和发展中国家正在群体性崛起,它们主张坚持国际法基本原则,统一解释和适用国际法的呼声日益强烈。尽管国际法基本原则遭遇单边主义的冲击,但是多边主义、平等协商、合作共赢等仍然成为世界大多数国家普遍呼吁和应当遵循的基本行为规则。因此,我国正在修订的《矿产资源法》应该顺应国际规则的制定与完善,契合中国将力争于2030年前实现二氧化碳排放达到峰值、2060年前实现碳中和的新形势与新要求,以更加适应新的时代要求和时代主题。通过借鉴国外矿产资源立法先进经验,吸纳我国各地各部门务实管用条款,进一步完善我国《矿产资源法》立法。以新发展理念为统领,从立法目的、适用范围、立法原则等方面,修订现行矿产资源立法原有条款;从矿区生态修复、矿山环境保护、矿山恢复治理、矿区生态环境赔偿等方面,增加矿产资源立法新的条款;从明确矿业权的出让主体及出让方式、完善矿业权流转相关规定、确定矿区生态环境赔偿制度、明晰矿业权相应法律责任体系等方面,吸收相关司法解析合理内容。

第一节　借鉴国外矿产资源立法与修法经验

一、借鉴国外矿产资源立法理念

"科学立法"是党在全面推进依法治国的新形势下对进一步加强立法工作提出的"新十六字方针"中的重要环节。为贯彻科学立法的要求，各项立法工作需要在立法理念上适应形势发展的变化，提高规范化、科学化水平。立法理念是立法与修法活动的重要遵循，对立法与修法活动具有极为重要的指导作用，良法的制定必须依靠科学、客观的立法理念。但是，立法理念又因受到世情、国情和社会现状的影响而不断变化，从立法史上来看，一些国家在不同的历史时期曾出现过不同的立法理念。立法理念的确定取决于法本身的世情、国情和社会现状的要求。基于各国文化传统和市场经济的影响，法治社会对良法的内在要求日益强烈，立法与修法也应随之而树立人本性理念、民主性理念、多元性理念和开放性理念。合理规划和调整矿产资源领域的公权与私权的关系，落实《矿产资源法》修订的大众参与、公开和回避等制度，规定对环境保护等事项的多元性设计，实现《矿产资源法》的自洽性，有助于维护良好的矿业秩序。

长期以来，国外发达国家的矿产资源立法与修法都具有较强的针对性，立法与修法的内容也涉及矿产资源勘查开采及矿产品深加工等各个环节。它们主要是根据矿产资源的不同种类分别制定法律法规，规定对矿产资源集中统一管理，不断对矿业权出让和转让制度进行深化改革，简化和优化矿产资源勘查开采的行政审批程序，加大矿山环境保护力度，更加合理地设计矿产资源开发的国家收益和地方收益的分配比例，特别注重协调矿产资源开采地的社区关系并解决社区问题。因此，我国正在修订的《矿产资源法》应参照国外的相关做法，对矿业权的出让与转让和矿业权有效期限、授予条件、审批时限和流程以及国家所有者权益的取得等进行更加明确和具体的规定。同时要更加强调《矿产资源法》修订的民主化和国际化，更加强调矿业的可持续发展战略和生态环境保护，以进一步完善《矿产资源法》的法律体系。例如，英国、美国和法国等发达国家还非常重视舆论监督方面的立法理念和立法技术，比较充分地发挥舆论监督在矿产资源勘查开采及矿产品深加工等各个环节中的作用。因此，我国可借鉴他们的立法理念和立法技术，加强舆论监督在矿产资源勘查开采及矿产品深加工等各个环节中的重要作用。又如，美国矿产资源法有关矿区土地复垦的相关条款较多且细，能够有效保护自然环境与人文环境。因此，我国可借鉴美国矿区土地复垦立法和修法所蕴含的自然环境要素平衡化理念，加快推动我国《矿产资源法》实施过程中所涉整体生态效益规范的协调互动性校正等。

（一）充分体现矿产资源安全立法理念

美国、德国、澳大利亚和日本等国家在矿产资源立法和修法中，始终贯彻国家矿产资源国家安全观，即认为国家经济安全的基础就是包括能源在内的矿产资源安全，既包括国外矿产资源的供应安全，也包括国内矿产资源的产业和市场安全。国家的矿产资源安全与环境安全、生态安全、食物安全及经济安全有着密切联系。美国、德国、澳大利亚、日本等发达国家一直努力实施全球资源战略，鼓励本国公司到海外勘探和开发矿产资源，以抢占经济全球化发展背景下国际社会对矿产资源争夺的主动权。它们以跨国公司为主体，不断地开拓地缘区位优势，优化矿产资源配置，从而获取质优价廉的矿产资源，以保证本国矿产资源需求。这些国家都建立了比较完备的矿产战略储备体系，充分体现了这些国家矿产资源保护立法和修法中所贯彻的矿产资源安全理念。例如，日本是矿产资源稀缺的国家，它对矿产资源保护的法律措施，主要是以保障经济安全为目的，以获取国外矿产资源为目的的政策法规特别多。

（二）形成统一的矿产资源保护法律法规

美国、日本、澳大利亚等发达国家在矿产资源立法中，始终贯彻环境保护优先原则，特别注重矿产资源与环境的综合性立法，推动矿产资源法与环境保护法立法同时进行，以建立起框架形态的立法体系；或修订完善原有的环境与自然资源立法，并制定环境基本法，形成基本法—单行法形态的立法体系；或将矿产资源保护法原有的法规进行整合，形成统一的矿产资源保护立法体系。美国矿产资源政策和立法出台之前，要求矿产资源方面的专家和环境保护方面的专家及矿产资源管理部门的人员对矿产资源进行科学调查和充分论证，充分考虑矿产资源保护和生态环境保护的现实需要。

二、建立完备矿产资源法律体系

（一）建立完备的矿产资源法律法规体系

美国、澳大利亚、加拿大、日本等国的矿产资源法律法规的一个最基本的特点就是法律法规比较完备，或者说立法完备。在这些国家中，不仅宪法对矿产资源开发利用与保护有明确的规定，而且国会或议会也制定了一系列的矿产资源开发利用和保护的法律法规，同时，中央政府及各部门也相应地制定了与其相配套的法律法规，并且地方议会、政府及相关部门也制定法律法规及管理条例。这些国家对各类矿山开采条件都有法律法规和政策可循，特别是针对小型矿山开采制定了全面系统的相关管理条例和规章制度。

（二）构建全面和延续的法律法规内容体系

大多数发达国家的矿产资源法律体系中关于矿种的法律法规都比较精准，其内容也都比较全面系统，几乎涉及矿产资源的任何法律问题，并且不断根据国际国内新的矿业形势对法律法规进行相应的修改和完善。美国1872年矿业法虽经多次修改，但原有的公共土地上取得矿业权的法律规范，如保留的矿地和公民可以购买的土地等九项规定，仍然具有法律效力；该法对从公共土地开采贵金属不收费的规定也一直没有改变。

（三）健全矿业权法律关系

澳大利亚的矿业权法律制度规定采矿资格证、私有土地进入权证、矿区综合使用权证等七个权证，几乎把可能发生的法律问题都考虑到了。而且，把矿业权的授予、转让以及探矿权、采矿权的具体内容等问题都纳入了法律规制的范围。加拿大修订并于2009年10月28日签署生效的《联邦新矿业法》规定了较为具体的与原住民的磋商机制或框架性内容，增加了一些具体解决矿产资源勘探开发与私有土地之间的矛盾的条款，对通过纸质图件和网络进行室内矿业权登记的情况进行了规制，增加了矿业公司与矿业权检查员必须到现场实地标记的有关情况，规定了实行新的矿权登记途径方法，尤其是鼓励大型矿业企业开展大规模矿业权登记的力度较大。另外，联邦政府还通过《领区土地法》和《加拿大采矿条例》对用于矿产勘探开发的各省区国有土地予以规制，对西北三个少数民族地区国有土地的矿产勘探开发活动进行监管。各省区也分别就各自区域内的采矿活动制定了相关法律法规，例如，在加拿大的萨斯喀彻温省的矿产处置条例中，有关勘探许可、矿地声明和采矿租约的规定就非常明确和具体，它规定矿业权人在不同的勘探阶段和开采阶段，分别取得不同的权利，并承担相应的义务。

三、明确权利义务及其产权界定

（一）明确权利义务

国外发达国家有关矿产资源开发利用和保护的法律法规和政策比较完备或完善，所规定的权利和义务比较明晰，尤其是矿业行政管理职责明确而具体，具有较强的可操作性和实用性。国外矿业权制度对每一类型的矿业权的权利都有明确的规定，各项权利与义务都非常明确。如探矿权的权利，对探矿权人探矿的面积、期限、费用、矿山生态修复以及相应的其他权利和义务都有非常明确的规定或详尽的说明，不会引起误解和歧义；又如探矿权转为采矿权的优先权，法律上的规定就非常明确而又具有强制性，除非探矿权人自动放弃，否则其他个人或组织无法取得。

（二）明确产权界定

国外有关矿产资源开发利用和保护的法律法规规定的"权"与"责"很明确，不论是总的矿业法律法规，还是各种具体矿产种类的法律法规，其权利与义务都有非常明确的规定，包括各类矿山的"权""责""利"及各个矿产种类的矿产资源管理者与管理相对人的"权""责"等。这样，为管理人和管理相对人从调查、勘探、开采直至复垦的全部流程提供了法律规制，使管理相对人的利益也得到全面有效保护。

四、健全矿产资源有偿使用制度

国外发达国家矿产资源的有偿使用制度主要包括权利金、矿业权租金、资源租金税、耗竭补贴等税费。

（一）权利金

权利金是矿产资源所有者的收益权，是世界各国都在征收的一种矿产资源税税种，由采矿权人向矿产资源所有者（一般是国家）缴纳。权利金的类型主要有单位权利金、利润型权利金和从价权利金。单位权利金根据产量计征，利润型权利金按利润的一定比例征收，从价权利金则是根据销售收入征收。不同国家对于权利金的征收有所区别，但其立法目的、宗旨、调整的对象和范围等大致相同，如多数国家从量计征或从价计征。随着环境和生态压力的增加，大多数国家提高了权利金的征收比重，扩大了权利金的征收范围。比如，美国于2005年颁布的《联邦产品发展和土地保护法》就明显扩大了征收权利金产品的范围，多征收到的费用大多是用于矿区生态修复和矿区生态损害赔偿等。

（二）矿业权租金

矿业权租金又称矿业权使用费，是矿业权人依法向矿产资源所有权人（国家）缴纳的地租。目前，国外发达国家有偿出让矿业权的方式主要有两种。一种是以面积来计算或每年向国家缴纳探矿权租金或采矿权租金。采矿权人获取采矿权证之后，对未进行勘探的矿产地向国家缴纳探矿权租金或采矿权租金。美国、印度、巴西、印度尼西亚、智利等矿产资源大国以及澳大利亚，都规定矿业权人必须向国家缴纳矿业权租金。另一种是补偿国家所做的勘探投资。矿业权人除了按其许可证所规定的标准向国家缴纳探矿权租金外，还必须补偿国家所做的勘探投资。它实际上是国家对采矿权人有偿转让探矿权。矿业权租金主要按勘查和采矿面积收费。勘查期是以勘查区块面积按年度支付矿业权租金，收费比例相对较低。采矿期是以开采区块面积按年度支付矿业权租金，收费比例相对较高。

(三)资源租金税

矿产资源租金税是一种超权利金,它源于矿产资源所有权,是一种特殊形式的权利金。它是开采优质矿产资源的采矿人支付给矿产资源所有权人的税金。它是对采矿权人所获得的超常利润所进行的征税,是一种为采矿权人之间创造公平竞争环境的税种。资源租金税是矿产资源丰富的国家所采用的资源租金税,在世界上只有澳大利亚、巴布亚新几内亚、巴西、加拿大、加纳等少数国家采用。超额利润一般征收 10% 左右的税。

(四)耗竭补贴

耗竭补贴是指国家在每个年度的纳税中,扣除矿业企业的净利润纳税的一部分,补给矿山或油田的经营人或所有人,让其用于勘查新的矿产资源,以接替将要耗竭的矿产资源。美国自 1913 年开始采用耗竭补贴,是最早采用耗竭补贴的国家。耗竭补贴与权利金都是把所开发的矿产资源作为一种不可再生的可耗竭的资源。耗竭补贴补偿给各经营人或所有人即矿业权人,以调动他们从事矿产资源勘探工作的积极性;而权利金则是矿业开发者对矿产资源所有人(主要是国家)的一种补偿。耗竭补贴的费率通常为 14%—22%。

五、高度重视矿产资源储备立法

(一)建立完备的矿产资源储备法律制度

矿产资源储备法律制度主要包括储备组织法和储备行为法。储备组织法主要对储备主体、机构或组织予以规定,明确其职能和职责及其决策程序和运行机制等。储备行为法规定购入、动用和变更储备资源及基地建设与管理等。具体的矿产资源储备制度主要包括资源储备立法的目的、储备的主体、目标和变更、购入、动用、基地建设和管理等六部分。矿产资源战略储备的目的就是保障国家矿产资源的供应安全，从而保障国家经济安全。

（二）建立矿产品储备和矿产地储备两类储备制度

资源储备主体主要有政府机构的单一主体和政府与民间共同主体。美国是政府机构的单一主体的代表，其矿产资源储备只由专门政府机构出资购买和实施战略资源储备，如美国国防部负责美国战略物资储备，能源部负责石油储备，内政部负责石油资源基地储备。日本是政府与民间共同主体的代表。日本由通商产业省管理矿产资源储备，具体事务则由石油公团和金属矿业事业团来承担。日本的民间石油储备由石油进口企业与储备公司或参股公司等共同进行管理或代管。美国、日本、韩国、瑞士、瑞典、英国、法国、芬兰等大部分国家都建立了矿产品储备和矿产地储备两类储备制度。

第二节 吸收现有法规政策成熟与实用条款

如前所述，自然资源部起草形成的《修订草案》结合了新时代、新阶段和新形势下国家对矿产资源的新需求，对现行《矿产资源法》作了一定的修改，有较多的创新和亮点，但仍然坚持对现行《矿产资源法》小修小改的旧思路，没有大胆吸收《矿产资源法实施细则》等行政法规、规章的成熟规范，树立法典编撰的新思路。因此，我们建议对《矿产资源法》进行大刀阔斧的修改。修改的基本思路是修订后的《矿产资源法》应当广泛全面地吸收《矿产资源法实施细则》和各省、直辖市和自治区的《矿产资源法实施细则》和《矿产资源管理条例》中经过几十年实践检验证明切实可行的条款，形成一部与《民法典》处于同等水平的《矿产资源法》。至于《矿产资源法》实施过程中遇到的新情况和新问题，由国务院和地方（各省、直辖市和自治区）制定《矿产资源法实施细则》进行规制，同时，留给地方（各省、直辖市和自治区）一定的《矿产资源法》的实施空间。理由如下：

一、契合我国的统一而又分层次的立法修法体制

我国是一个以普通行政单位或者自治单位所组成的统一的多民族的单一制国家，全国只有一部宪法和一个中央政权，同时，各个地方的经济与社会发展又极不平衡。因此，为与各个地方的经济与社会发展不平衡的国情相适应，确保在最高国家权力机关集中行使立法修法权的前提下，使法律既能通行全国，又能切合实际，以适应各个地方千差万别的经济社会发展的需要，我国根据《宪法》和《中华人民共和国立法法》确定了"在中央的统一领导下，充分发挥地方立法的主动性、积极性"的原则，从而确立了我国统一而又分层次的立法体制。与此相对应，全国人民代表大会及其常委会作为最高立法机关，最能集中一切立法修法资源优势，最能集中并合理运用现有立法修法经验与技术，最大化地提高立法修法效率和效益。因此，全国人大及其常委会应行使《矿产资源法》的修改权，集中全国的立法修法资源，按照立法典编撰的新思路，广泛吸收成熟经验和行之有效的条款，提高修订后《矿产资源法》的权威，并确保其实施效果。同时，还要兼顾我国分层次的立法修法体制，在修改后的《矿产资源法》实施过程中遇到的新情况、新问题，又要充分发挥国务院和地方（省、直辖市和自治区）的立法修法作用，它们会根据具体的新情况、新问题和各个地方不同的经济社会发展水平，制定和修订出切合实际情况而又具有较强创造性和可操作性的行政法规和部

门条例。

二、集约化立法修法与分级分层立法修法相结合

集约化在经济领域是指集合要素优势、节约生产成本以提高工作效益和效率的一种形式。用于修法的集约化，主要是指集中一切优势立法修法资源，借鉴国外和国内现有立法修法经验与技术，最大限度地提高立法修法的效率与效益。分级分层立法修法主要是针对立法修法后的法律在实施过程中遇到的新情况、新问题和各个地方经济社会发展不平衡不充分等问题，充分发挥行政法规和地方条例与规章的作用，从而增强立法修法的针对性和可操作性。就《矿产资源法》的修订而言，首先要进行集约化修法。现行《矿产资源法》施行至今已有30多年，取得的成效和存在的问题都非常显著，应充分发挥全国人民代表大会及其常务委员会在修法中的集约化效应，集中全国的修法资源，借鉴国内外修法经验与技术，修订出一部高质量的《矿产资源法》，确保《矿产资源法》修法的统一和权威。至于《矿产资源法》实施过程中遇到的具体问题，需要《矿产资源法》留给实施空间的问题，可以通过《矿产资源法实施细则》予以解决。

三、留给地方立法修法创新自主权

我国宪法规定，省、自治区、直辖市的人民代表大会及其常委会可以根据本行政区域的具体情况和实际需要，在不同宪法、法律、行政法规相抵触的前提下，制定地方性法规。我国实行立法监督制度。行政法规要向全国人民代表大会常务委员会备案，地方性法规要向全国人民代表大会常务委员会和国务院备案，规章要向国务院备案。全国人民代

表大会常务委员会有权撤销同宪法、法律相抵触的行政法规和地方性法规，国务院有权改变或者撤销不适当的规章。因此，我国留给地方立法修法创新自主权既有宪法和法律作保障，又有立法监督制度作保障；既能维护法制的统一和权威，又能留给地方立法修法创新自主权。

第三节　吸收司法解析和相关判例合理内容

无论是英美法系国家，还是包括我国在内的大陆法系国家，都把发挥法律的最大效应作为追求目标，而且都要处理好法律稳定性与灵活性的关系问题，并由此演绎出判例、案例和司法解析等解决法律稳定性与灵活性关系的方式方法。

法律的稳定性和灵活性是包括我国在内的大陆法系国家和英美法系国家都必须解决的现实问题。例如，英国海商法不允许收货人提出的抵销承运费的主张，即使是承运人所交付的货物已经因其过错而严重受损，收货人还是不能主张抵销承运人运费的主张。法院认为这项规则不符合情理却仍要维持，主要原因是为了维护法律和交易秩序的稳定，正如英国贵族院所主张的，"法律并不因为其有道理而成为法律"。我国刑事附带民事诉讼中，法院不支持受害人提起的精神损害赔偿请求，其原因也正是保持现有诉讼秩序稳定的例证。我国类似的保持现有诉讼秩序稳定的例证，是通过最高人民法院的司法解释作出的。

英美法系国家法律的灵活性是通过衡平法和法官的区别技巧来表现的；我国的法律的灵活性则是通过原则性的规定同时又避免过于苛刻的条款的僵化运用的方式来表现的，同时，还通过法律解释得到体现。英美法系国家的法官运用衡平法的结果差异很大。我国最高人民法院、各高级人民法院和中级人民法院的法官为了实现正义理念，事实上都在自己的辖区内行使着"立法权",一定程度上修正了过于僵化的法律条文,实现了一些个案公平。但是,无论是英美法系国家还是我国,要解决法律的灵活性问题,还是主要依靠法官的综合素质和道德修养。

无论我国还是英美法系国家,判例、案例与司法解释等专业术语背后的法学理论基础都源远流长而又深厚,对法律制度的建设与完善具有重要意义。

英美法系国家的法官审理案件,在寻找到与该案事实相近似的先例后,运用"区别技术"从先例中提炼法律规则,再将所提炼的法律规则应用于案件的审理。其每一个判决都有相应的法律规则支撑,当然,法律规则的确认和认可取决于法官的综合素质和水平,可见,一例例判决的延续和发展便形成了英美法系国家的判例法。

我国的案例主要指最高人民法院公布的用于指导各级人民法院审判实践的个案判决。我国的法院判决是由"经审理查明"和"法院认为"两部分组成,我国的案例虽然与英美法系的判例不同,不能作为审判案件的法律依据,可它对同一类案件的审判提供了参考,尤其是在近年来的政策性住房的交易方面,同一类案件的审判所起到发挥了重要的参考作用,较大程度上避免了"同案异判"情况的发生,这对以后审判所起到的借鉴和指导作用将愈加明显。由此可见,我国在司法实践中,也一定程度上借鉴了英美法系国家的案例参考方式。

我国的司法解释是指由最高人民法院和最高人民检察院对具体适用法律的问题所作出的解释,其所作的解释就是规范性的解释。具体而言,是指在适用法律过程中,国家最高司法机关对具体应用法律问题所作的具有法律效力的解释,包括审判解释和检察解释。审判解释是指审判工作中,最高人民法院对审判工作中如何具体应用法律的问题所作的具有法律效力的解释。审判解释是各级人民法院办案的依据,对各级人民法院审判具有约束力。检察解释是指在检察工作中,最高人民检察院对具体应用法律问题所作的具有普遍约束力的解释。这种解释对各级人民检察院具有普遍约束力。司法解释不是立法活动，其本身没有创设法律，但是，它对法律规范作出的权威、同一、准确的说明，能弥补法律漏洞，并成为法院审判的重要依据，属于法律的规范性文件，成为法律的补充形式。我国的理论界和司法实务界，有一些探讨和呼吁实施判例法制度或有限判例法制度的文章，有个别地方法院作了"先例判决"制度尝试，积累了一些经验，也取得一些阶段性成果。加上在司法实践中，一些地方法院在自己的辖区内行使着"立法权"，也解决了"同案异判"的问题。

综上所述，我国法律法规的修改完善应广泛吸收司法解析、判例和案例中的合理内容。就现行《矿产资源法》的修订而言，应该吸收和借鉴矿业权和矿区生态环境赔偿案例、判例和司法解析中的合理内容。主要原因如下：

一是矿业权兼具公法与私法属性导致其案例、判例和司法解析较多。矿业权和矿区生态环境赔偿问题兼具公法属性与私法属性双重属性，尤其是矿业权，其性质较为复杂，非债权而又非传统物权，也不是矿产资源所有权，司法实践中，其案例、判例和司法解析较多。矿产资源的所有权属于国家，国家通过设置矿业权，并将矿业权转让给符合条件的市场主体实现其所有权权益。而矿业权制度又必须针对矿产资源所具有的耗竭性、稀缺性、不可再生性和分布不均衡性等特点予以设置与安排，也就是说，矿业权制度属于赋予特定权利事项的制度。《行政许可法》第十二条第二项规定，"有限自然资源开发利用、公共资源配置以及直接关系公共利益的特定行业的市场准入等，需要赋予特定权利的事项"，可以设定行政许可。由此可见，矿业权制度可以设定行政许可。而《行政许可法》第五十三条又规定，"实施本法第十二条第二项所列事项的行政许可的，行政机关应当通过招标、拍卖等公平竞争的方式作出决定"。

2000年，国土资源部颁布的《矿业权出让转让管理暂行办法》第三条规定："探矿权、采矿权为财产权，统称为矿业权，适用于不动产法律法规的调整原则。依法取得矿业权的自然人、法人或其他经济组织称为矿业权人。矿业权人依法对其矿业权享有占有、使用、收益和处分权。"《矿产资源法实施细则》第六条规定："探矿权，是指在依法取得的勘查许可证规定的范围内，勘查矿产资源的权利。取得勘查许可证的单位或者个人称为探矿权人。采矿权，是指在依法取得的采矿许可证规定的范围内，开采矿产资源和获得所开采的矿产品的权利。取得采矿许可证的单位或者个人称为采矿权人。"2007年颁布的《物权法》又将探矿权、采矿权规定在第三编"用益物权"编中，明确探矿权、采矿权的用益物权属性。综上所述，矿业权是从矿产资源的国家所有权中派生出来的，为宪法和行政法上的公权，它由公法设定并依特许许可的方式从国家取得，市场主体享有占有权、使用权、收益权和处分权。而市场主体的权利行使又附随公法上的义务以及需要承担公法上的责任，属于"公法上的物权"。因此，矿业权兼具社会公共利益与私人财产性利益的公法和私法属性，既体现双方平等协商，又体现行政机关与相对人的行政许可与否等行为，其受私法调整，但更多受公法规范。正因为如此，在矿业权的司法保护中，最高人民法院和最高人民检察院综合考虑意思自治、公共利益、产业政策和环境资源承载力等多重因素，实现公法与私法的共治，从而作出系列行政裁判和司法解析。这些案例、判例和司法解析中的合理内容，在现行《矿产资源法》的修订中应予以吸收。

二是矿区生态修复和生态损害赔偿的诉讼主体不够明确、责任承担方式多样导致其案例、判例和司法解析较多。我国现行《矿产资源法》实施过程中，在较长一段时期，由于有关矿区生态修复和生态损害赔偿的责任主体不够明确、责任承担方式多样等，致使矿区生态修复处于停滞状态，全国各地都不同程度地出现了废弃矿山无人修复、矿产资源严重浪费和生态环境严重破坏的现象。河北、内蒙古、云南、山西、湖南、新疆等矿业大省（区），由于以前对矿山开采的规制相对宽松，致使私挖乱采现象严重，产生的大量无主废弃矿山无人修复、致使矿区生态环境不断恶化，滋生了一系列严重的派生环境问题。其中，最为典型的案例就是矿业权转让后矿区生态修复和生态损害赔偿问题。因此，矿区生态的有效与及时修复成为现行《矿产资源法》修订的重要关切，专家学者就矿区生态修复和矿区生态损害赔偿责任作了较多研究与探讨。其中，最为典型的就是多元主体承担矿区生态修复和生态损害赔偿的责任划分和规则制定，包括矿区的生态损害行为人应承担最终修复和赔偿的行为责任，矿业权人首先要承担生态修复和赔偿的状态责任，权利义务继受人应概括地承担修复和赔偿相关责任，政府要承担修复和赔偿的公法责任，等等。特别是在司法解析、判例和案例实践中，我国司法机关积累了较多的可复制和可借鉴的经验，应予以吸收。

一、明确矿业权出让的主体及出让方式

关于矿业权的出让主体及出让方式，1996年修正的《矿产资源法》并未明确规定。国土资源部下发的《探矿权采矿权招标拍卖挂牌管理办法（试行）》（2003年）、《关于进一步规范矿业权出让管理的通知》（2006年）规定了矿业权出让由县级以上人民政府国土资源主管部门负责，出让方式一般为招标拍卖挂牌方式，特殊情况下可采用协议方式。在实践中，矿业权出让主体不适格的情况屡见不鲜，如乡镇政府、村民委员会签订合同擅自将辖区内或集体土地范围内国家所有的矿产资源交由他人勘查、开采，由此引发纠纷。例如，傅钦其与仙游县社硎乡人民政府采矿权纠纷案中，社硎乡人民政府与傅钦其签订的关于开发伊利石矿山合同，因矿业权的出让主体不适格，故法院认定所签合同无效。

关于认定合同无效的法律适用，根据现行法律规定，对合同效力的否定的判断标准为"违反法律、行政法规的强制性规定"，即只能依据全国人民代表大会及其常务委员会制定的法律和国务院制定的行政法规认定合同无效。根据 2017 年 7 月 27 日实施的、由最高人民法院发布的《关于审理矿业权纠纷案件适用法律若干问题的解释》（以下简称《审理矿业权纠纷的解释》）第二条的规定，县级以上人民政府国土资源主管部门作为出让人与受让人签订的矿业权出让合同，除法律、行政法规另有规定的情形外，当事人请求确认自依法成立之日起生效的，人民法院应予以支持。由此可见，司法解释也认可了县级以上人民政府自然资源主管部门可以作为矿业权出让的主体。因此，结合司法实践的需要，建议《矿产资源法》修订时明确矿业权出让的主体为县级以上人民政府自然资源主管部门，矿业权出让的方式为采取招标拍卖挂牌等竞争性方式，国务院规定可以采取协议方式出让的除外。

二、完善矿业权流转相关规定

随着我国社会主义市场经济体制的形成及完善，矿业权的流转条件经历了从严格限制到逐渐放宽的过程。现行的《矿产资源法》在第六条规定了两种矿业权可以转让的情形，并规定了矿业权转让应依法获得批准，但同时又规定了禁止将探矿权、采矿权倒卖牟利。2014 年修订的《探矿权采矿权转让管理办法》对矿业权的转让条件也是规定得较为苛刻，且手续繁琐、审批时间长。在新的历史条件下，政府对矿业权流转的全面监管模式已经无法适应社会经济发展需求。实践中，市场主体为了规避审批等政府监管而通过股权转让、承包、租赁、合作经营等方式变相转让矿业权的市场乱象频出。2016 年 7 月 12 日，最高人民法院发布的十起审理矿业权民事纠纷案件典型案例中就有 5 起案件涉及矿业权流转问题。此后的《审理矿业权纠纷的解释》对上述矿业权流转的相关问题作出了明确规定。因此,建议在《矿产资源法》修订时,吸收《审理矿业权纠纷的解释》的合理规定,包括:(1)关于流转的方式:明确矿业权人可以将矿业权依法转让、出租、抵押、合作经营、入股、合伙等。(2)对流转的手续与合同效力区别对待:涉及矿业权主体变化的流转合同,应经过批准,未经批准合同不生效;其他不涉及矿业权主体变化的流转合同,自依法成立之日起生效。

三、完善矿区生态环境赔偿制度

2017年12月17日,中共中央办公厅、国务院办公厅发布了《生态环境损害赔偿制度改革方案》,拉开了生态环境损害赔偿制度改革的序幕。2019年6月5日,最高人民法院颁布了《关于审理生态环境损害赔偿案件的若干规定(试行)》,为正确审理生态环境损害赔偿案件提供了具体指引。由此,加上最高人民法院之前颁布的《关于审理环境侵权责任纠纷案件适用法律若干问题的解释》《关于审理环境民事公益诉讼案件适用法律若干问题的解释》,以及行政机关、司法机关在实践中的积极探索,目前我国关于生态环境损害赔偿的责任主体、索赔主体、损害赔偿解决途径、赔偿范围、责任方式已明晰。如在北京市朝阳区自然之友环境研究所、福建省绿色家园环境友好中心与谢知锦等林业承包合同纠纷案,以及贵阳市生态环境局诉贵州省六盘水双元铝业有限责任公司等生态环境损害赔偿诉讼案中,法院均对破坏生态的当事人作出有益于生态修复的判决。

参照上述改革方案、司法解释及实践经验,我们建议:(1)明确规定省级、市地级人民政府及其指定的相关部门、机构,或者受国务院委托行使全民所有自然资源资产所有权的部门作为提起生态损害赔偿诉讼的主体。鉴于司法解释规定第一审生态环境损害赔偿诉讼案件的管辖法院为中级以上人民法院，同时考虑到法制和执法人员的配置、建立健全环境损害鉴定机构、办理案件的专业化程度等方面的需要，故索赔主体可以确定为上述部门。（2）明确生态环境损害赔偿诉讼、环境公益诉讼、环境侵权民事诉讼之间的衔接。生态环境损害赔偿诉讼和环境公益诉讼中对损害赔偿方面的责任方式存在着交叉，两种诉讼模式都是应当鼓励的，对于同一损害矿区生态环境行为有证据证明存在前诉审理未发现的损害或者未被涵盖的诉讼请求时，可以提起后诉；同时，如同一违法行为侵犯自然人、法人和其他组织的人身或财产权的，相关部门或组织提起生态环境损害赔偿诉讼或环境公益诉讼的，不影响受害方就其损失提起民事诉讼。（3）规定多样化的责任承担方式。在行政责任方面，如矿业权人不履行修复义务的，由县级以上人民政府自然资源主管部门责令限期修复，并进行罚款；逾期仍未修复的，可依法确定有修复能力的单位、企业代为修复，所需费用由违法者承担。在民事责任方面，应着眼于矿区生态环境的修复，可首先由造成生态损害的主体将生态环境修复到损害发生之前的状态和功能；造成生态损害与主体不履行修复义务的，应承担生态环境修复费用（包括制定、实施修复方案的费用，修复期间的监测、监管费用，以及修复完成后的验收费用、修复效果评估费用等）；无法完全修复的，可以采用替代性修复方式（如可以进行异地公共生态环境修复）；此外，还应赔偿生态环境服务功能损失赔偿资金或生态环境功能永久性损害造成的损失赔偿资金。

主要参考文献

中文期刊论文（含学位论文）：

包玉华、张鹤：《浅议完善我国矿产资源法制的必要性》，《中国矿业》2006年第11期。

曹宇、李显冬：《美国矿业立法的私法优位主义：中国法的未来走向？》，《山东社会科学》2017年第8期。

陈德敏、杜辉：《从结构到制度：论〈矿产资源法〉不完备性及修改路径》，《中国社会科学院研究生院学报》2012年第3期。

段绍甫：《我国有色金属矿产资源地位与全球矿业开发格局变化趋势》，《中国有色金属》2021年第8期。

付英：《关于加快推进矿产资源法修订工作的若干思考》，《中国国土资源经济》2015年第1期。

耿宝建：《矿业权司法保护与〈矿产资源法〉修改——以最高人民法院近年三起矿业权行政裁判为例》，《法律适用》2019年第9期。

郭娟、崔荣国、闫卫东等：《2020年中国矿产资源形势回顾与展望》，《中国矿业》2021年第1期。

鞠建华：《绿色发展引领中国矿业进入新发展阶段》，《中国矿业》2021年第1期。

康纪田：《中国现代矿业制度研究——基于〈矿产资源法〉修改的

框架性建议》,《时代法学》2014 年第 1 期。

李刚:《基于产权视角的国外矿产资源税费制度及启示》,《中国国土资源经济》2017 年第 3 期。

李显冬、杨城:《关于〈矿产资源法〉修改的若干问题》,《中国国土资源经济》2013 年第 4 期。

廖欣:《我国矿产资源保护立法理念与制度创新研究》,湖南大学 2017 年博士学位论文。

廖欣:《我国矿产资源保护法律制度完善路径分析》,《学术论坛》2018 年第 4 期。

刘建芬、王珏、马艳平:《国外矿产资源管理对中国的启示——以澳、加、美、俄为例》,《中国经贸导刊(中)》2019 年第 6 期。

刘欣:《以改革求实精神指导推进〈矿产资源法〉修订工作》,《国土资源情报》2019 年第 11 期。

申雪、罗玲、高阳等:《国外矿产资源管理基本制度及我国借鉴研究》,《内蒙古煤炭经济》2019 年第 15 期。

宋国明、胡建辉:《澳大利亚矿产资源开发管理与政策》,《世界有色金属》2013 年第 3 期。

孙天竹、文卓、梅放:《澳大利亚矿山环境保护经验及其对我国的借鉴意义》,《矿产勘查》2019 年第 12 期。

魏莉华:《学习贯彻习近平法治思想提升自然资源法治实效》,《资源与人居环境》2020 年第 12 期。

吴初国、马永欢、张迎新:《澳大利亚矿业政策》,《国土资源情报》2018 年第 10 期。

吴鹏:《论〈矿产资源法〉的修订:以矿区生态修复为要点的思考》,《南京工业大学学报(社会科学版)》2013 年第 1 期。

余良晖:《构建矿产资源国内国际双循环思考》,《中国国土资源经济》2020 年第 11 期。

余韵、杨建锋、杨宗喜等：《2019 年全球矿业形势分析与展望》，《中国矿业》2020 年第 2 期。

张福良、崔笛、靳松等：《典型国家矿业权管理经验对我国矿政管理的启示》，《中国矿业》2015 年第 3 期。

张睿、江钦辉：《美国矿山生态环境治理修复法律制度及对新疆的启示》，《喀什师范学院学报》2014 年第 4 期。

张文辉、申文金：《关于标准化支撑我国新形势下矿业发展的思考》，《当代经济》2018 年第 13 期。

张维宸：《〈矿产资源法〉生态价值承载研究》，《国土资源情报》2014 年第 11 期。

张维宸：《〈矿产资源法〉修改的重点内容与方向选择——基于"〈矿产资源法〉修改重点内容调查表"的分析》，《中国矿业大学学报（社会科学版）》2017 年第 6 期。

张维宸、鹿爱莉：《国外矿业权转让规制对我国矿业权转让管理的启示》，《矿产保护与利用》2017 年第 4 期。

张小陌：《美日矿产资源战略储备制度研究及其借鉴意义》，《矿业研究与开发》2019 年第 1 期。

中文报纸文章：

本报评论员：《建立完善适应新时代的矿业体制机制——十二论学习领会与贯彻落实党的十九大精神》，《中国矿业报》2017 年 11 月 21 日第 1 版。

李显冬、孟磊、殷晓喆：《法治先行，护航生态文明建设——矿业领域法治建设四十年回顾与思考》，《中国自然资源报》2018 年 12 月 19 日第 5 版。

刘晓慧：《战略性矿产保障事关国家总体安全——学习贯彻落实党的十九届五中全会精神推进矿业高质量发展述评之八》，《中国矿业报》2021年1月11日第1版。

宋梅、刘超：《以习近平法治思想引领自然资源法治建设——访自然资源部法规司司长魏莉华》，《中国自然资源报》2021年1月13日第6版。

王宏峰：《修改〈矿产资源法〉势所必然——访国土资源部法律中心实验室副主任郑美珍》，《中国矿业报》2013年10月15日第1版。

武海炜、郑国栋：《我国首次发布全球矿业发展报告》，《中国矿业报》2019年10月11日第1版。

张伟波、陈秀法、黄霞等：《在新的机遇和挑战中继续前行》，《中国矿业报》2020年3月9日第1版。

《转型中的全球矿业——聚集〈全球矿业发展报告2019〉》，《中国自然资源报》2019年10月12日第7版。

英文文献：

Aylin Cunsolo, Baker McKenzie，Mining in Australia: Overview, https://uk.practicallaw.thomsonreuters.com/Document/I6db7bc18219c11e498db8b09b4f043e0/View/FullText.html?transitionType=SearchItem&contextData= (sc.Search).

Darrell W. Podowski, Brian P. Dominique, Mark T. Bennett and Sam Chapman, Cassels Brock & Blackwell LLP，Mining in Canada: Overview, https://uk.practicallaw.thomsonreuters.com/Document/I7919ea794fd511e9adfea82903531a62/View/FullText.html?transitionType=SearchItem&contextData= (sc.Search).

Dr. F. Maximilian Boemke, Watson, Farley & Williams，Oil and Gas

Regulation in Germany: Overview, https://uk.practicallaw.thomsonreuters.com/Document/Icc098d2d713e11ebbea4f0dc9fb69570/View/FullText.html?transitionType=SearchItem&contextData= (sc.Search).

Haynes and Boone LLP, Mining in the USA, https://www.lexology.com/library/detail.aspx?g=7aab2e5c-58de-4c0d-9b19-f26aadc5a2ad.

Jean-Nicolas Clément, Alice Bouillié and Laure Dufour, Gide Loyrette Nouel, Mining in France: Overview, https://uk.practicallaw.thomsonreuters.com/w-010-8138?contextData= (sc.Default) &transitionType=Default&firstPage=true.

Michel Guénaire, Timothée Dufour, Emma George and Sarah Assayag, Gide Loyrette Nouel, Oil and Gas Regulation in France: Overview, https://uk.practicallaw.thomsonreuters.com/4-629-7328?contextData= (sc.Default) &transitionType=Default&firstPage=true.

USA: Mining Laws and Regulatiogns 2022, https://iclg.com/practice-areas/mining-laws-and-regulations/usa.

附件一

《中华人民共和国矿产资源法（修订草案）》
（征求意见稿）修改建议

第一章 总 则

第一条【立法目的】 为了规范矿产资源**规划**、保护、勘查、开采、**监督、管理以及矿区生态修复等**活动，促进矿业高质量发展，维护矿产资源国家所有权和矿业权人合法权益，保障国家资源安全，推进生态文明建设，根据宪法，制定本法。

理由：原有条款表述的法律调整关系概述不全，矿产资源的规划、监督、管理以及矿区生态修复等活动与保护、勘查、开采活动同等重要。

第二条【适用范围】 在中华人民共和国领域及中华人民共和国管辖的其他海域，从事矿产资源的保护、勘查、开采、矿区生态修复及其监督管理的活动，适用本法。

本法所称矿产资源，是指由地质作用形成的，具有利用价值的，呈固态、液态、气态**等形态**的自然资源。

矿产资源的矿种和分类见本法所附《矿产资源分类细目》，新发现的矿种由国务院确定并公布。

理由：兜底条款表述有利于法律调整范围的延展性等。

第三条【原则】 矿产资源的保护、勘查、开采以及矿区生态修复，应当遵循下列原则：

（一）保护环境、绿色发展；

（二）统一规划、分类管理；

（三）市场配置、公开公正；

（四）综合勘查、合理开采；

（五）节约集约、综合利用。

理由：概括不全，并混淆了工作方针与基本原则。党的十九大报告中建设美丽中国的四大举措：一是要推进绿色发展，二是要着力解决突出环境问题，三是要加大生态系统保护力度，四是要改革生态环境监管体制。因此，宜将"保护资源、绿色发展"修改为"保护环境、绿色发展"。

第四条【国家所有权和矿业权】 矿产资源属于国家所有，地表或者地下的矿产资源的所有权，不因其所依附的土地所有权或者使用权的不同而改变。

国务院代表国家行使矿产资源的所有权，国务院自然资源主管部门具体履行矿产资源所有者职责。

勘查、开采矿产资源，应当依法取得探矿权、采矿权。探矿权、采矿权统称矿业权。

依法取得的矿业权受法律保护，任何单位和个人不得侵犯。

国务院自然资源主管部门负责建立全国统一的矿业权交易平台和全国联网的矿业权出让信息公开查询系统，并负责监督实施。

按照省（自治区、直辖市）级统筹、市县落实的要求，县级以上人民政府自然资源主管部门负责将本行政区域内矿业权竞争性出让环节纳入当地公共资源交易平台并组织实施，接受社会监督。

矿业权人可以将矿业权依法转让、出租、抵押、合作经营、入股、合伙等。涉及矿业权主体变化的流转合同，应经过批准，未经批准合同不生效；不涉及矿业权主体变化的流转合同，自依法成立之日起生效。

理由：2016 年 12 月 30 日，习近平总书记主持召开中央全面深化改革领导小组第三十一次会议，会议审议通过了《矿业权出让制度改革方案》。会议强调，完善矿业权出让制度是维护矿产资源国家所有者权益的重要保障，要推进矿业权竞争性出让，严格限制矿业权协议出让，调整矿业权审批权限，强化出让监管服务。国务院主管部门有权建立全国性的平台和系统，省市县将相关规定纳入相应的平台和系统并组织实施，体现社会监督和公平原则。条款修订有利于建立公开、平等和透明的矿业权出让方式和行为。

第五条【秩序】县级以上人民政府应当依法维护矿产资源勘查、开采区域的生产生活秩序。

矿业权人应当依法履行企业社会责任。

第六条【科技创新】国家支持和鼓励开展矿产资源保护、勘查、开采以及矿区生态修复的科学技术研究与应用，对成绩显著的单位和个人，按照有关规定给予奖励。

国家对重大地质勘查成果进行奖励。国家鼓励开采共伴生、低品位的重要矿产资源，鼓励采选废弃物的减量化、资源化再利用，鼓励深海矿产资源勘查、开采及其环境保护的技术创新，鼓励地下采矿与地下空间布局和地下空间开发利用相结合的技术创新。

理由：增加矿法修订的前瞻性和可操作性。

第七条【民族自治地方利益保护】国家在民族自治地方开采矿产资源，应当照顾民族自治地方的利益，**优先**作出有利于民族自治地方经济建设的安排，照顾当地少数民族群众的生产和生活。

民族自治地方的自治机关根据法律规定和国家统一规划，对可以由本地方开发的矿产资源，优先合理开发利用。

理由：大多数少数民族地区矿产资源的聚集性与经济发展的落后性

同时并存。明确对民族地区经济建设的"优先"安排,既体现了国家对民族地区的照顾具有可行性和刚性价值,也避免了不合理开采引发民族地区的生态问题和地方经济可持续发展问题。

第八条【管理部门】国务院自然资源主管部门会同有关部门负责全国矿产资源保护、勘查、开采、矿区生态修复的管理和监督工作。

县级以上地方人民政府自然资源主管部门会同有关部门负责本行政区域内矿产资源保护、勘查、开采、矿区生态修复的管理和监督工作。

增加条款【检举、控告】任何单位和个人对侵占、破坏矿产资源及其他违反矿产资源管理法律、法规规定的行为,有权进行检举、控告。

理由:根据《宪法》的规定,公民有检举、控告的权利,该条款的增加体现了保障宪法性权利在矿产资源法中的应用,同时,有利于加强监督,拓宽监督渠道。

第二章 矿产资源的保护、勘查和开采

增加条款【指导方针】保护、勘查和开采矿产资源应当贯彻可持续发展战略,实行统一规划、合理布局、综合勘查、合理开发、综合利用的方针。

理由:2020年11月,习近平总书记在江苏考察时强调,要全面把握新发展阶段的新任务新要求,坚定不移贯彻新发展理念、构建新发展格局,坚持稳中求进工作总基调,统筹发展和安全,把保护生态环境摆在更加突出的位置,推动经济社会高质量发展、可持续发展。明确矿业发展贯彻可持续发展战略,增加矿产资源的保护、勘查和开采指导方针,是坚决贯彻新发展理念,转变发展方式,优化发展思路的重要体现。

增加条款【保护、勘查和开采原则】矿产资源的勘查、开发利用和

保护，必须符合矿产资源规划，坚持经济效益、社会效益和环境效益相统一的原则，确保矿产资源科学、合理利用。

理由：明确指导矿产资源勘查和开采原则。2020年11月，习近平总书记在江苏考察时强调，生态环境投入不是无谓投入、无效投入，而是关系经济社会高质量发展、可持续发展的基础性、战略性投入。要坚决贯彻新发展理念，转变发展方式，优化发展思路，实现生态效益和经济社会效益相统一，走出一条生态优先、绿色发展的新路子。2018年5月，习近平总书记在全国生态环境保护大会上提出，绿水青山就是金山银山，贯彻创新、协调、绿色、开放、共享的发展理念，加快形成节约资源和保护环境的空间格局、产业结构、生产方式、生活方式，给自然生态留下休养生息的时间和空间。因此，要明确开发利用和保护，必须符合矿产资源规划，坚持经济效益、社会效益和环境效益相统一的原则。

第九条【矿产资源保护】县级以上人民政府应当加强矿产资源的保护工作。

勘查、开采矿产资源，应当采用先进技术，选择合理的方法和工艺，提高矿产资源节约集约利用水平。

禁止任何单位或者个人用任何手段侵占或者破坏矿产资源。

第十条【重要矿产资源】国家对重要矿产资源实行特殊保护。

重要矿产资源名录由国务院确定。

第十一条【地质调查】国家建立地质调查制度。

县级以上人民政府自然资源主管部门会同有关部门组织开展基础性地质调查。

省级以上人民政府自然资源主管部门组织开展重要矿产资源和重点成矿区带远景调查和潜力评价。

第十二条【矿产资源规划】矿产资源规划是矿产资源保护、勘查、开采以及矿区生态修复的重要依据。

国务院自然资源主管部门应当依据全国国民经济和社会发展规划纲要、全国国土空间规划纲要，会同国务院有关部门编制全国矿产资源规划，对矿产资源的保护、勘查和开采的总量、结构、布局等作出安排，报国务院批准后实施。

县级以上地方人民政府自然资源主管部门会同有关部门编制本行政区域内的矿产资源规划，报上一级人民政府自然资源主管部门批准后实施。

编制矿产资源规划应当坚持开发与保护并重的原则，正确处理矿产资源开发利用与经济发展、其他自然资源利用和生态环境保护的关系，合理控制矿业开发总量，优化矿业结构，提高矿产资源利用水平。

编制矿产资源规划应当根据国民经济和社会发展规划以及其所在地的自然环境和资源条件进行科学论证。

矿产资源规划分为总体规划和专项规划。专项规划包括地质矿产调查评价与勘查规划、矿产资源开发利用与保护规划、矿山生态环境保护规划等。

国家确定的具有重要经济价值或者用途的矿产资源应当编制专项规划。

矿产资源专项规划应当服从矿产资源总体规划，下级矿产资源规划应当服从上级矿产资源规划。

矿产资源规划应当与土地利用、环境保护、水土保持、森林保护、城乡建设、旅游开发、水资源开发、防汛抗洪等规划相协调。

理由：吸收国外发达国家经验及《中华人民共和国矿产资源法实施细则》及各省（自治区、直辖市）《矿产资源法实施细则》和《矿产资源条例》有关矿产资源规划的规定。

第十三条【储量管理】国家建立矿产资源储量管理制度。

县级以上人民政府自然资源主管部门按照国家有关规定对探明储量

的矿产资源的所有权进行登记。

矿业权人探明可供开采的矿产资源或者发现矿产资源储量发生重大变化的，应当编制矿产资源储量报告，报送有关人民政府自然资源主管部门。

矿产资源储量管理的具体办法，由国务院规定。

第十四条【压覆矿产资源】重大工程建设项目论证时，应当向所在地的省、自治区、直辖市人民政府自然资源主管部门查询矿产资源分布和矿业权设置情况。

重要矿产资源矿床原则上不得压覆；确需压覆的，应当报国务院自然资源主管部门或者省、自治区、直辖市人民政府自然资源主管部门批准。

压覆已设置矿业权范围内的矿产资源，对行使矿业权造成直接影响的，建设单位应当与矿业权人协商，并给予合理补偿；协商不成的，由有关省、自治区、直辖市人民政府处理。建设单位或者矿业权人对处理决定不服的，可以依法提起行政复议或者行政诉讼。

第十五条【矿产资源储备】国家建立**矿产品和矿产地相结合的**重要矿产资源储备制度，**科学确定储备的矿种、规模、布局及矿产品数量与质量**，划定重要矿产资源储备地，保障资源安全。

理由：吸收国外发达国家有关矿产资源储备经验。矿产资源储备包括矿产品储备和矿产地储备，修改后矿产资源储备更加完整与完备。

第十六条【地质资料汇交】国家建立地质资料统一汇交管理和利用制度。

从事地质调查和矿产资源勘查、开采活动，应当依法及时汇交原始地质资料、实物地质资料和成果地质资料，不得迟交、瞒交、拒交和伪造地质资料。

第十七条【矿产资源统计】国家建立矿产资源统计制度。

县级以上人民政府自然资源主管部门应当会同统计主管部门定期公布矿产资源统计数据。

第十八条【鼓励政策】国家对重大地质勘查成果进行奖励。

国家鼓励开采共伴生、低品位的重要矿产资源，鼓励采选废弃物的减量化、资源化再利用。

第十九条【遗迹保护】勘查、开采矿产资源时，发现重要地质遗迹、古生物化石和文物，应当加以保护并及时报告有关部门。

增加条款【矿产资源勘查】勘查矿产资源应当遵守国家有关矿山安全、水土保持、土地复垦和环境保护等法律、法规的规定，坚持谁开发利用矿产资源谁负责保护、谁破坏生态环境谁负责治理的原则，防止水土流失，防治地质灾害，保护生态环境。

勘查矿产资源必须依法取得探矿权。

探矿权应该通过招标投标或者拍卖等公平竞争的方式取得。具体办法由国务院根据法律、行政法规的规定制定。

依法取得的探矿权受法律保护。

理由：吸收国外发达国家经验及《中华人民共和国矿产资源法实施细则》及各省（自治区、直辖市）《矿产资源法实施细则》和《矿产资源条例》有关矿产资源勘查的规定。

增加条款【矿产资源开采】矿山开采规模应当与矿产资源状况相适应，充分调动市场各类主体的积极性，吸引社会资本和风险投资，鼓励和扶持矿山企业规模化、集约化经营，确保矿产资源合理利用、综合利用和循环利用。

开采矿产资源，必须采取科学合理的开采顺序、开采方法和选矿工艺。矿山企业的开采回采率、采矿贫化率和选矿回收率应当达到国家规定的设计要求。

在开采主要矿产的同时，对具有工业价值的共生和伴生矿产应当统一规划，综合开采，综合利用，防止浪费；对暂时不能综合开采或者必须同时采出而暂时还不能综合利用的矿产以及含有有用组分的尾矿，应当采取有效的保护措施，防止损失破坏。

开采矿产资源，必须遵守国家劳动安全卫生规定，具备保障安全生产的必要条件。

开采矿产资源，必须遵守有关环境保护的法律规定，防止污染环境。

开采矿产资源，应当节约用地。耕地、草原、林地因采矿受到破坏的，矿山企业应当因地制宜地采取复垦利用、植树种草或者其他利用措施。

开采矿产资源给他人生产、生活造成损失的，应当负责赔偿，并采取必要的补救措施。

开采矿产资源，必须按照国家有关规定缴纳资源税和资源补偿费。开采储量特别丰富的稀土矿、石油等重要矿产，必须缴纳资源租金税（超额利润）。

理由：习近平总书记于2017年5月26日在十八届中央政治局第四十一次集体学习时强调，要全面促进资源节约集约利用。生态环境问题，归根到底是资源过度开发、粗放利用、奢侈消费造成的。资源开发利用既要支撑当代人过上幸福生活，也要为子孙后代留下生存根基。要解决这个问题，就必须在转变资源利用方式、提高资源利用效率上下功夫。要树立节约集约循环利用的资源观，实行最严格的耕地保护、水资源管理制度，强化能源和水资源、建设用地总量和强度双控管理，更加重视资源利用的系统效率，更加重视在资源开发利用过程中减少对生态环境的损害，更加重视资源的再生循环利用，用最少的资源环境代价取得最大的经济社会效益。同时，吸收国外发达国家经验及《中华人民共和国矿产资源法实施细则》及各省（自治区、直辖市）《矿产资源法实施细则》和《矿产资源条例》等有关矿产资源开采的规定。

第三章 矿业权

第二十条【探矿权、采矿权】 探矿权人在登记的勘查范围、期限内,享有排他性勘查有关矿产资源并依法取得采矿权的权利。

采矿权人在登记的开采范围、期限内,享有开采有关矿产资源并获得采出矿产品的排他性权利。

矿业权人有权依法有偿取得登记的勘查、开采范围内新发现其他矿产资源的矿业权。具体办法由国务院自然资源主管部门规定。

增加条款【探矿权人的权利】

(一)按照勘查许可证规定的区域、期限、工作对象进行勘查;

(二)在勘查作业区及相邻区域架设供电、供水、通讯管线,但是不得影响或者损害原有的供电、供水设施和通讯管线;

(三)在勘查作业区及相邻区域通行;

(四)根据工程需要临时使用土地;

(五)优先取得勘查作业区内新发现矿种的探矿权;

(六)自行销售勘查中按照批准的工程设计施工回收的矿产品,但是国务院规定由指定单位统一收购的矿产品除外。

探矿权人行使前款所列权利时,有关法律、法规规定应当经过批准或者履行其他手续的,应当遵守有关法律、法规的规定。

理由:吸收《中华人民共和国矿产资源法实施细则》中的规定。

增加条款【探矿权人的义务】

(一)在规定的期限内开始施工,并在勘查许可证规定的期限内完成勘查工作;

(二)向勘查登记管理机关报告开工等情况;

(三)按照探矿工程设计施工,不得擅自进行采矿活动;

（四）在查明主要矿种的同时，对共生、伴生矿产资源进行综合勘查、综合评价；

（五）编写矿产资源勘查报告，提交有关部门审批；

（六）按照国务院有关规定汇交矿产资源勘查成果档案资料；

（七）遵守有关法律、法规关于劳动安全、土地复垦和环境保护的规定；

（八）勘查作业完毕，及时封、填探矿作业遗留的井、硐或者采取其他措施，消除安全隐患。

理由：吸收《中华人民共和国矿产资源法实施细则》中的规定。

增加条款【采矿权人的权利】

（一）按照采矿许可证规定的开采范围和期限从事开采活动；

（二）自行销售矿产品，但是国务院规定由指定的单位统一收购的矿产品除外；

（三）在矿区范围内建设采矿所需的生产和生活设施；

（四）根据生产建设的需要依法取得土地使用权；

（五）法律、法规规定的其他权利。

采矿权人行使前款所列权利时，法律、法规规定应当经过批准或者履行其他手续的，依照有关法律、法规的规定办理。

理由：吸收《中华人民共和国矿产资源法实施细则》中的规定。

增加条款【采矿权人的义务】

（一）在批准的期限内进行矿山建设或者开采；

（二）有效保护、合理开采、综合利用矿产资源；

（三）依法缴纳资源税和矿产资源补偿费；

（四）遵守国家有关劳动安全、水土保持、土地复垦和环境保护的法律、法规；

（五）接受自然资源主管部门的监督管理，按照规定填报矿产储量表和矿产资源开发利用情况统计报告。

理由：吸收《中华人民共和国矿产资源法实施细则》中的规定。

第二十一条【前期工作】县级以上人民政府自然资源主管部门应当会同有关部门，根据矿产资源规划和矿业权市场监测情况，做好矿业权出让前期有关工作。

县级以上人民政府自然资源主管部门在同一区域分层设置不同种类矿业权时，应当符合安全生产要求，并依法保障已有矿业权人的权益。

第二十二条【出让权限】国务院确定的重要矿产资源、中华人民共和国管辖的领海以外的其他海域内的矿产资源，由国务院自然资源主管部门出让矿业权。

前款规定以外的矿产资源的矿业权出让权限，由省、自治区、直辖市规定。

第二十三条【出让方式】县级以上人民政府自然资源主管部门应当采取招标拍卖挂牌等竞争性方式出让矿业权。但是，国务院规定可以采取协议方式出让的除外。

县级以上人民政府自然资源主管部门出让探矿权、采矿权的，应当与受让人签订探矿权出让合同、采矿权出让合同。探矿权出让合同、采矿权出让合同示范文本由国务院自然资源主管部门制定。

以招标拍卖挂牌等竞争性方式出让矿业权的，应当提前发布矿业权出让公告。

第二十四条【费用】国家实行矿业权有偿取得和矿产资源有偿开采制度。

探矿权受让人、采矿权受让人应当按照探矿权出让合同、采矿权出让合同的约定分别缴纳探矿权出让金、采矿权出让金。

探矿权人、采矿权人应当按照国家规定的标准，分别缴纳探矿权占用费、采矿权占用费。

开采矿产资源应当依法缴纳资源税。

第二十五条【矿业权登记】受让人缴纳探矿权出让金、采矿权出让金后,有关人民政府自然资源主管部门应当将矿业权有关事项载入矿业权登记簿,办理矿业权登记,发放探矿权证书、采矿权证书。矿业权设立自记载于矿业权登记簿时发生效力。

矿业权的变更、续期、转让、抵押、灭失,应当进行登记,自记载于矿业权登记簿时发生效力。

探矿权证书、采矿权证书的样式由国务院自然资源主管部门制定。

第二十六条【矿业权期限及续期】探矿权的期限为五年。探矿权有效期届满,可以续期二次,每次期限为五年。续期时应当核减一定的面积。但是,国家确定的特定区域和已查明可供开采矿产资源的区域不予核减。

采矿权的期限按照矿山建设规模与储量规模相适应原则确定,原则上不超过三十年。采矿权有效期届满,登记的开采范围内仍有可供开采的矿产资源的,可以续期,续期期限按照本条规定的原则确定。但是,法律、行政法规另有规定的除外。

第二十七条【探矿权转为采矿权】探矿权人探明可供开采的矿产资源后申请转为采矿权前,应当如实编制矿产资源储量报告,并对报告的真实性负责。

对符合规定的探矿权转为采矿权申请,由出让探矿权的人民政府自然资源主管部门与该探矿权人签订采矿权出让合同,并为其换发采矿权证书。但是,因公共利益需要等不能转为采矿权的,应当为探矿权人办理探矿权保留。

第二十八条【矿业权收回】因公共利益需要,出让矿业权的人民政府自然资源主管部门可以收回矿业权,并依法给予合理补偿。

第二十九条【矿业权转让】矿业权人可以依法转让、出租、抵押矿业权。

矿业权人以股权转让等形式变更矿业权实际控制人的，视为矿业权转让，应当办理登记手续。

矿业权转让时，矿业权出让合同约定的权利义务随之转移。

第三十条【矿业用地用海】国家建立矿业用地、矿业用海制度。

有关人民政府自然资源主管部门应当依法保障矿业权人通过出让、出租、作价出资（入股）等方式使用勘查、开采矿产资源所需土地（含林地、草地）、海域。

开采重要矿产资源，确需征收农民集体土地、收回国有土地使用权或者海域使用权以及将农用地转为建设用地的，有关人民政府应当依法办理相关手续。

勘查、开采矿产资源应当节约集约使用土地、海域。

第三十一条【自用】符合下列情形之一且不以营利为目的的，无需办理采矿权：

（一）个人生活自用采挖只能用作普通建筑材料的**砂、石、粘土的**；

（二）交通、水利等工程建设项目在批准的用地范围、建设工期内，因施工需要采出只能用作普通建筑材料的**砂、石、粘土的**。

理由：用作普通建筑材料的砂、石、粘土均属矿产资源，但属于不同物体，对它们该分别表述，中间加上顿号，这体现了法律条文的严谨。

第三十二条【油气特别规定】石油、天然气等矿产资源实行探采合一制度。

石油、天然气等矿产资源探矿权人发现可供开采的石油、天然气等矿产资源的，有权在报告国务院自然资源主管部门后即可进行开采。

进行开采的石油、天然气等矿产资源探矿权人应当在国务院自然资源主管部门规定的期限内，申请签订采矿权出让合同。国务院自然资源主管部门应当同时为其办理采矿权登记并发放采矿权证书。对于逾期未签订石油、天然气等矿产资源采矿权出让合同进行开采的，依照本法第四十四条规定追究法律责任。

第四章 矿山环境保护与恢复治理

增加条款【矿山环境保护原则】矿山环境保护，坚持预防为主、防治结合，谁开发谁保护、谁破坏谁治理、谁投资谁受益的原则。

理由：《矿山地质环境保护规定》第三条规定："矿山地质环境保护，坚持预防为主、防治结合，谁开发谁保护、谁破坏谁治理、谁投资谁受益的原则。"

第三十三条【生态保护要求】矿业权人从事矿产资源勘查、开采活动，应当采取必要的措施尽量减少对原生地理地貌、动植物、地面径流和地下水等生态系统的影响。

矿产资源勘查、开采，应当遵守有关生态环境保护的法律规定，防止污染环境。

开采矿产资源，应当节约用地。耕地、草原、林地因采矿受到破坏的，矿山企业应当因地制宜地采取复垦利用、植树种草或者其他利用措施。

开采矿产资源给他人生产、生活造成损失的，应当负责赔偿，并采取必要的补救措施。

理由：2018年，习近平总书记在全国生态环境保护大会上强调，要加快构建生态文明体系，加快建立健全以生态价值观念为准则的生态文化体系，以产业生态化和生态产业化为主体的生态经济体系，以改善生态环境质量为核心的目标责任体系，以治理体系和治理能力现代化为保障的生态文明制度体系，以生态系统良性循环和环境风险有效防控为重点的生态安全体系。

第三十四条【生态修复要求】国家建立矿区生态修复制度。

矿业权人应当履行生态修复义务，按照矿业权出让合同和矿产资源勘查方案、开采方案开展矿区生态修复工作，边生产、边修复。矿业权人的生态修复义务不因矿业权的灭失而免除。

历史遗留废弃矿山的生态修复工作，由县级以上人民政府负责。

第三十五条【生态修复资金】采矿权人应当依据国家有关规定，按照销售收入的一定比例提取矿区生态修复资金，专项用于矿区生态修复，并计入企业成本。

增加条款【矿山环境保护主体】县级以上地方人民政府自然资源主管部门会同有关部门负责预防矿山环境的破坏和矿山恢复治理工作。

理由：《矿山地质环境保护规定》第四条：自然资源部负责全国矿山地质环境的保护工作。县级以上地方自然资源主管部门负责本行政区的矿山地质环境保护工作。

增加条款【重要矿区开发环境影响评价制度】对国务院或省级人民政府认定的重要矿区的勘查、开采，应实行环境影响评价制度，对重要矿区的勘查、开采活动实施后可能造成的环境影响进行分析、预测和评估，提出预防或者减轻不良环境影响的对策和措施，并进行跟踪监测。

理由：党的十八大以来，习近平总书记反复强调要高度重视和正确处理生态文明建设问题，在2018年全国生态环境保护大会上，习近平总书记明确提出了新时代推进生态文明建设必须坚持的六项重要原则：坚持人与自然和谐共生，绿水青山就是金山银山，良好生态环境是最普惠的民生福祉，山水林田湖草是生命共同体，用最严格制度最严密法治保护生态环境，共谋全球生态文明建设。这六项重要原则，是推动我国生态文明建设迈上新台阶的思想遵循和行动指南。

增加条款【先进的技术、工艺、装备应用】勘查、开采矿产资源的单位和个人应当采用先进的技术、工艺、装备进行探矿、采矿和选矿活动，减轻探矿、采矿和选矿活动对矿山地质环境的影响。

理由：吸收国外发达国家经验及各省（自治区、直辖市）《矿产资源法实施细则》和《矿产资源条例》有关矿产资源勘查开采所使用的技术、工艺和装备应用的规定。

增加条款【地质灾害防灾预案制度】大、中型矿山企业应当建立地质灾害防灾预案制度，对矿区范围的地质构造、土壤、地下水等矿山地质环境要素进行监测，并向省（自治区、直辖市）自然资源主管部门指定的地质环境监测机构报送有关监测数据。

理由：党的十八大以来，习近平总书记多次在不同场合就防灾减灾救灾工作发表重要讲话或作出重要指示。2016年7月28日，习近平在河北唐山市考察时指出，坚持以防为主、防抗救相结合，坚持常态减灾和非常态救灾相统一，努力实现从注重灾后救助向注重灾前预防转变。建立地质灾害防灾预案制度，是注重灾前预防转变的有效措施。

增加条款【破坏矿山地质环境的禁止活动】勘查、开采矿产资源的单位和个人未采取符合国家规定的防治措施，不得从事下列活动：

（一）诱发地面开裂、沉降、塌陷、山体崩塌、滑坡、泥石流等地质灾害的；

（二）引发区域性地下水水位下降、地下水疏干、泉水干涸等地下水资源破坏的；

（三）对地下水、土壤造成污染的；

（四）对具有重大科学研究价值的地质遗迹和重要观赏性地质地貌景观造成破坏的。

理由：吸收国外发达国家经验及《中华人民共和国矿产资源法实施细则》及各省（自治区、直辖市）《矿产资源法实施细则》和《矿产资源条例》有关破坏矿山地质环境禁止活动的规定。

增加条款【地质灾害危险区的禁止活动】禁止在地质灾害危险区内从事采矿、削坡、堆放渣石、抽取地下水等活动。

理由：吸收国外发达国家经验及各省（自治区、直辖市）《矿产资源法实施细则》和《矿产资源条例》有关地质灾害危险区的禁止活动的规定。

增加条款【矿业槽、井、孔、坑封闭或者填实】矿业活动中废弃的槽、井、孔、坑必须进行封闭或者填实处理，矿业权人应当按照勘查设计或者勘查实施方案施工，对勘查矿产资源遗留的钻孔、探井、探槽、巷道在停止使用前进行回填、封闭，恢复到安全状态，并报县级地方人民政府自然资源主管部门备案。

矿山设计的矿柱、岩柱，在规定的期限内，应当予以保护，不得开采或毁坏。

理由：吸收国外发达国家经验及各省（自治区、直辖市）《矿产资源法实施细则》有关矿山环境保护和治理的规定。

增加条款【地质灾害治理和防护】采矿权人应当对矿区范围内的危岩、危坡、山地开裂带、地面沉降区和塌陷区设立警示标志并进行有效的治理，排除危害。

采矿权人应当制定防治地质灾害的抢险、救护应急方案，并报县级以上地方人民政府自然资源主管部门备案。

理由：2017 年 10 月 18 日，习近平总书记在中国共产党第十九次全国代表大会上的报告中指出，开展国土绿化行动，推进荒漠化、石漠化、水土流失综合治理，强化湿地保护和恢复，加强地质灾害防治。

增加条款【编制环境保护、恢复治理与土地复垦方案】采矿权申请人应当编制矿山地质环境保护、恢复治理与土地复垦方案，并按照采矿权审批登记权限报县级以上地方人民政府自然资源主管部门批准。不按照要求编制矿山地质环境保护、恢复治理与土地复垦方案的，自然资源主管部门不得受理其采矿权申请。

采矿权人应当履行矿山地质环境恢复治理义务，按照经批准的矿山地质环境保护、恢复治理与土地复垦方案进行恢复治理。

矿山地质环境保护、恢复治理与土地复垦方案的主要内容和编制要求，按照国家有关规定编制。

扩大开采规模、变更矿区范围或者开采方式、主要开采矿种的，采矿权人应当重新编制矿山地质环境保护、恢复治理与土地复垦方案，并报原审批登记权限的自然资源主管部门批准。

理由：根据《全国国土规划纲要（2016—2030年）》《全国土地整治规划（2016—2020年）》《矿山地质环境保护规定》等相关要求，国土空间生态修复应包括国土空间生态整治、退化土地生态修复、矿山地质环境治理等核心内容。结合生态功能敏感重要区域和受损严重区域的空间分布，提出开展生态修复的重点区域，作为规划实施的优先区。对重点区域进行空间结构分析，进一步理清重点区域内部的生态修复问题、优先区域、修复方向等，据此进一步优化设计任务设置与工程选择。

增加条款【边开采边治理的原则】矿山地质环境恢复治理坚持边开采边治理的原则。矿山地质环境保护与恢复治理工程的设计、施工，应当与矿产资源开采活动同步进行。

矿山停办、关闭前，采矿权人应当完成矿山地质环境恢复治理。

理由：吸收国外发达国家经验及各省（自治区、直辖市）《矿产资源法实施细则》和《矿产资源条例》有关边开采边治理的原则的规定。

增加条款【矿山地质环境恢复治理标准】矿山地质环境恢复治理应当达到下列标准：

（一）因矿产资源勘查、开采活动引发的崩塌、滑坡、泥石流、地面塌陷等地质灾害隐患已经消除，危及人民生命财产安全或者重要基础设施安全的隐患已经消除；

（二）露天采场边坡、地下井巷采空区按照矿山闭坑要求进行了治理，固体废弃物破坏的矿山环境得到有效修复；

（三）被占用、破坏、污染的土地得到复垦和利用，植被得到恢复，水土流失得到治理；

（四）矿区地表水、地下水污染得到有效控制或者治理，被破坏的地下含水层得到修复，符合区域水功能区要求；

（五）分期、分区恢复治理工程的验收范围，不会受到后续矿山开采活动破坏或者影响。

理由：吸收国外发达国家经验及各省（自治区、直辖市）《矿产资源法实施细则》和《矿产资源条例》有关矿山环境恢复治理标准的规定。

增加条款【环境治理恢复基金管理制度】实行环境治理恢复基金管理，按照矿山企业销售收入的一定比例计提，计入企业成本，由企业统筹用于开展矿山环境保护和综合治理。

相关行政管理部门根据职责，加强监管，督促企业落实矿山环境治理恢复责任。

理由：根据《国务院关于印发矿产资源权益金制度改革方案的通知》，在矿山环境治理恢复环节，将矿山环境治理恢复保证金调整为矿山环境治理恢复基金。

第三十六条【验收】采矿权人应当在矿山闭坑前或者闭坑后的合理期限内完成矿区生态修复工作，并按照国务院自然资源主管部门规定的标准和程序进行验收。

第五章　监督管理

第三十七条【监管一】探矿权人、采矿权人开展矿产资源勘查、开采活动前，应当分别编制勘查方案、开采方案，细化矿业权出让合同中关于矿产资源综合勘查、综合开采和矿区生态修复的要求。勘查方案、开采方案编制的规范和要求，由国务院自然资源主管部门规定。

县级以上人民政府自然资源主管部门应当对矿业权出让合同和勘查方案、开采方案的履行情况进行监督管理。

第三十八条【监管二】勘查、开采矿产资源应当遵守环境保护、水土保持、安全生产等有关法律、行政法规的规定。

县级以上人民政府生态环境、水利、应急管理等有关部门在各自职责范围内，对矿业权人的生态环境保护、水土保持、安全生产等义务履行情况进行监督管理。

第三十九条【标准规范】矿业权人从事矿产资源保护、勘查、开采以及矿区生态修复活动，应当执行国家有关标准和规范。

第四十条【信息公示】矿业权人应当按照国家有关规定，将勘查方案、开采方案、年度勘查投入、开采矿产资源情况以及矿区生态修复等有关信息向社会进行公示。

第四十一条【监督检查措施】县级以上人民政府自然资源主管部门，对矿产资源的保护、勘查、开采和矿区生态修复等情况进行监督检查时，有权采取下列措施：

（一）要求被检查的单位或者个人提供矿山建设、营运等有关资料，进行查阅或者予以复制；

（二）进入被检查单位勘查、开采范围进行勘测；

（三）责令违法勘查、开采矿产资源的单位或者个人停止违反矿产资源管理法律、法规的行为。

被检查的单位和个人应当配合，如实提供有关材料，不得隐瞒、拒绝和阻碍。

第四十二条【信用惩戒】县级以上人民政府自然资源主管部门和其他有关部门，应当建立勘查开采信用记录制度，并将信用信息依法纳入全国信用信息共享平台和国家企业信用信息公示系统。

第六章 法律责任

第四十三条【无权、越界勘查】未取得探矿权擅自勘查矿产资源的，由县级以上人民政府自然资源主管部门责令停止违法行为，没收违法所得和直接用于违法勘查的工具、设备，违法所得十万元以上的，并处违法所得二倍以上五倍以下的罚款；违法所得不足十万元的，并处二万元以上二十万元以下罚款。

超越探矿权范围勘查矿产资源的，由县级以上人民政府自然资源主管部门责令退回探矿权范围勘查，没收违法所得和直接用于违法勘查的工具、设备，违法所得十万元以上的，并处违法所得二倍以上五倍以下的罚款；违法所得不足十万元的，并处二万元以上二十万元以下罚款。拒不退回探矿权范围勘查的，由出让矿业权的有关人民政府自然资源主管部门收回探矿权。

第四十四条【无权、越界开采】未取得采矿权擅自开采矿产资源的，由县级以上人民政府自然资源主管部门责令停止开采，没收直接用于违法开采的工具、设备，没收违法采出的矿产品和违法所得，并处违法采出的矿产品市场价值三倍以上五倍以下的罚款。有下列情形之一的，从重处罚：

（一）在法律规定的禁止开采区域内开采的；

（二）擅自开采重要矿产资源的；

（三）严重破坏生态环境的；

（四）采取破坏性方式开采的。

超越采矿权范围开采矿产资源的，由县级以上人民政府自然资源主管部门责令退回采矿权范围内开采，没收越界开采的矿产品和违法所得，并处越界开采的矿产品市场价值三倍以上五倍以下的罚款。拒不退回采矿权范围开采的，由出让矿业权的有关人民政府自然资源主管部门收回采矿权。

第四十五条【不履行生态保护修复义务】未按照矿业权出让合同和勘查方案、开采方案履行生态保护修复义务的，由县级以上人民政府自然资源主管部门责令限期修复，处五十万元以上二百万元以下的罚款；逾期仍未修复的，由出让矿业权的人民政府自然资源主管部门依法确定有修复能力的单位代为修复，所需费用由违法者承担，并可以提起生态损害赔偿诉讼。

增加条款【矿区生态环境赔偿】省级、市地级人民政府及其指定的相关部门、机构，或者受国务院委托行使全民所有自然资源资产所有权的部门负责提起生态损害赔偿诉讼和索赔，并负责生态环境损害赔偿诉讼、环境公益诉讼和环境侵权民事诉讼之间的衔接。

生态环境损害赔偿诉讼和环境公益诉讼中对损害赔偿方面的责任方式存在着交叉，两种诉讼模式都是应当鼓励的，对于同一损害矿区生态环境行为有证据证明存在前诉审理时未发现的损害或者未被涵盖的诉讼请求，可以提起后诉；同时，如同一违法行为侵犯自然人、法人和其他组织的人身或财产权的，相关部门或组织提起生态损害赔偿诉讼或环境公益诉讼的，不影响受害方就其损失提起民事诉讼。

矿业权人不履行矿区生态环境修复义务的，由县级以上人民政府自然资源主管部门责令限期修复，并进行罚款；逾期仍未修复的，可依法确定有修复能力的单位、企业代为修复，所需费用由违法者承担。

矿区生态环境的修复由造成生态损害的主体将生态环境修复到损害发生之前的状态，不履行修复义务应承担生态环境修复费用（包括制定、实施修复方案的费用，修复期间的监测、监管费用，以及修复完成后的验收费用、修复效果后评估费用等）。

无法完全修复的，应该采用替代性修复方式（如进行异地公共生态环境修复），或者赔偿生态环境服务功能损失赔偿资金或生态环境功能永久性损害造成的损失赔偿金。

理由：2015 年起，中央在吉林等 7 个省市部署开展生态环境损害赔偿制度试点并取得明显成效。2017 年，中央全面深化改革领导小组第三十八次会议通过了《生态环境损害赔偿制度改革方案》。

矿山生态环境损害赔偿制度是对造成矿山生态环境损害的责任者严格实行赔偿的追责制度，明确了矿山生态环境损害的赔偿范围、赔偿方式和解决途径，形成了相应的矿山环境鉴定评估管理的技术体系、资金保障及运行机制。

相关司法解释有：2019 年 6 月 5 日施行的《最高人民法院关于审理生态环境损害赔偿案件的若干规定（试行）》第一条、第三条、第十二条、第十三条、第十六条、第十七条、第十八条；2015 年 6 月 3 日起施行的《最高人民法院关于审理环境侵权责任纠纷案件适用法律若干问题的解释》第十四条；2015 年 1 月 7 日起施行的《最高人民法院关于审理环境民事公益诉讼案件适用法律若干问题的解释》第一条、第六条、第二十条、第二十一条、第二十八条、第二十九条。

第四十六条【不报告储量重大变化】 矿产资源开采过程中，储量发生重大变化，不依法向有关人民政府自然资源主管部门报告的，由县级以上人民政府自然资源主管部门责令限期报告，处二十万元以上一百万元以下罚款。

第四十七条【违反地质资料汇交义务】违反本法规定，未汇交地质资料的，由负责接收地质资料的人民政府自然资源主管部门责令限期汇交；逾期不汇交的，处十万元以上五十万元以下罚款。

违反本法规定，伪造地质资料或者在地质资料汇交中弄虚作假的，由负责接收地质资料的人民政府自然资源主管部门责令限期改正，处五十万元以上二百万元以下罚款；构成犯罪的，依法追究刑事责任。

第四十八条【不履行相关义务】违反本法规定，未按照有关规范和要求编制矿产资源勘查方案、开采方案的，不履行信息公示义务或者公示虚假信息的，不提供矿山建设、营运等有关资料或者提供虚假资料的，由县级以上人民政府自然资源主管部门责令限期改正；逾期不改正的，处二十万元以上一百万元以下罚款。

第四十九条【侵犯矿业权人合法权益】盗窃、抢夺矿业权人的矿产品的，破坏勘查、开采设施的，扰乱勘查、开采区域的生产生活秩序，构成违反治安管理行为的，依法给予治安管理处罚；构成犯罪的，依法追究刑事责任。

第五十条【滥用职权、徇私舞弊或者玩忽职守】自然资源主管部门以及其他有关主管部门的工作人员玩忽职守、滥用职权、徇私舞弊，构成犯罪的，依法追究刑事责任；尚不构成犯罪的，依法给予行政处分。

第五十一条【罚则衔接】违反本法规定，构成违反治安管理行为的，依法给予治安管理处罚；构成犯罪的，依法追究刑事责任。造成生态环境破坏的，由县级以上人民政府自然资源主管部门依法提起生态损害赔偿诉讼；造成他人损失的，依法承担民事责任。

第七章 附 则

第五十二条【外商投资】外商投资勘查、开采矿产资源的，适用本法；法律、行政法规另有规定的，从其规定。

第五十三条【实施日期】本法自　　年　　月　　日起施行。

增加条款【用语含义】探矿权，是指在依法取得的勘查许可证规定的范围内，勘查矿产资源的权利。取得勘查许可证的单位或者个人称为探矿权人。

采矿权，是指在依法取得的采矿许可证规定的范围内，开采矿产资源和获得所开采的矿产品的权利。取得采矿许可证的单位或者个人称为采矿权人。

国家规定实行保护性开采的特定矿种，是指国务院根据国民经济建设和高科技发展的需要，以及资源稀缺、贵重程度确定的，由国务院有关主管部门按照国家计划批准开采的矿种。

国家规划矿区，是指国家根据建设规划和矿产资源规划，为建设大、中型矿山划定的矿产资源分布区域。对国民经济具有重要价值的矿区，是指国家根据国民经济发展需要划定的，尚未列入国家建设规划的、储量大、质量好、具有开发前景的矿产资源保护区域。

理由：法律用语要求语言精准并保持意思的唯一性。在矿产资源立法中，对于探矿权、采矿权、国家规定实行保护性开采的特定矿种、国家规划矿区等关键词语进行明确的界定，避免含义模糊造成认识不一致，进而引起争执。

附件二

《中华人民共和国矿产资源法》修订建议稿①

目 录

第一章 总 则

第二章 矿产资源勘查与储量管理

第三章 矿产资源的开采管理

第四章 矿山环境保护与恢复治理

第五章 法律责任

第六章 附 则

第一章 总 则

第一条【立法目的】 为了规范矿产资源规划、保护、勘查、开采、监督、管理以及矿区生态修复等活动，促进矿业高质量发展，维护矿产资源国家所有权和矿业权人合法权益，促进矿产资源的可持续性利用，

---

① 本建议稿系作者于2021年1月依据新发展理念贯彻落实中矿业发展的新形势新任务，在2018年所提的专家建议稿（见廖欣著《我国矿产资源保护立法创新研究》，法律出版社2018年版）的基础上进一步修改完善而成。

保障国家资源安全，推进生态文明建设，根据宪法，制定本法。

第二条【适用范围】 在中华人民共和国领域及中华人民共和国管辖的其他海域，从事矿产资源的保护、勘查、开采、矿区生态修复及其监督管理的活动，适用本法。

本法所称矿产资源，是指由地质作用形成的，具有利用价值的，呈固态、液态、气态等形态的自然资源。

矿产资源的矿种和分类见本法所附《矿产资源分类细目》，新发现的矿种由国务院确定并公布。

第三条【矿产资源】 矿产资源的保护、勘查、开采以及矿区生态修复，应当遵循下列原则：

（一）保护环境、绿色发展；

（二）统一规划、分类管理；

（三）市场配置、公开公正；

（四）综合勘查、合理开采；

（五）节约集约、综合利用。

第四条【国家所有权和矿业权】 矿产资源属于国家所有，地表或者地下的矿产资源的所有权，不因其所依附的土地所有权或者使用权的不同而改变。

国务院代表国家行使矿产资源的所有权，国务院自然资源主管部门具体履行矿产资源所有者职责。

勘查、开采矿产资源，应当依法取得探矿权、采矿权。探矿权、采矿权统称矿业权。

依法取得的矿业权受法律保护，任何单位和个人不得侵犯。

县级以上人民政府自然资源主管部门负责建立全国统一的矿业权交易平台和全国联网的矿业权出让信息公开查询系统，将矿业权出让竞争性环节纳入公共资源交易平台。

矿业权人可以将矿业权依法转让、出租、抵押、合作经营、入股、合伙等。涉及矿业权主体变化的流转合同，应经过批准，未经批准合同不生效；不涉及矿业权主体变化的流转合同，自依法成立之日起生效。

第五条【发展方针】 国家对矿产资源的勘查、开发、利用和保护实行统一规划、分类管理、环境优先、合理布局、综合勘查、有序开发、合理开采和综合利用的方针。

县级以上人民政府必须做好本辖区内矿产资源的开采规划，并报上一级人民政府地矿主管部门备案。

第六条【合理开发利用与保护并重原则】 矿产资源勘查、开发利用必须坚持合理开发利用与保护并重原则。

勘查、开采矿产资源应当遵守环境保护、林业、土地、水土保持等有关法律、法规，应当加强地质环境和生态环境保护，坚持谁开发谁保护、谁破坏谁赔偿、谁污染谁治理的原则，防治地质灾害、环境污染、植被破坏和水土流失。

第七条【有偿取得权利】 国家实行探矿权、采矿权有偿取得的制度。开采矿产资源必须依法缴纳采矿权使用费、矿产资源补偿费等费用。

从事矿产资源勘查和开发利用的组织或自然人，必须符合国家规定的资质条件。

探矿权、采矿权通过申请或招标投标等方式取得，符合有关法律、法规规定的，经依法批准可以转让、出租和抵押。

国家鼓励和支持国内外组织以及个人依照中华人民共和国有关法律、行政法规的规定，在中华人民共和国领域及管辖的其他海域投资勘查、开采矿产资源，保障各类勘查、开采主体的合法权益不受侵犯。

第八条【各级主管部门职责】 国务院自然资源主管部门主管全国矿产资源勘查、开采的监督管理工作。国务院有关主管部门按照国务院规定的职责分工，协助国务院自然资源主管部门进行矿产资源勘查、开采的监督管理工作。

省、自治区、直辖市人民政府自然资源主管部门主管本行政区域内矿产资源勘查、开采的监督管理工作。省、自治区、直辖市人民政府有关主管部门，协助同级自然资源主管部门进行矿产资源勘查、开采的监督管理工作。

设区的市人民政府、自治州人民政府和县级人民政府及其负责管理矿产资源的部门，依法对本级人民政府批准开办的国有矿山企业和本行政区域内的集体所有制矿山企业、私营矿山企业、个体采矿者以及在本行政区域内从事勘查施工的单位和个人进行监督管理，依法保护探矿权人、采矿权人的合法权益。

上级自然资源主管部门有权对下级自然资源主管部门违法的或者不适当的矿产资源勘查、开采管理行政行为予以改变或者撤销。

第九条【民族自治地方】国家在民族自治地方开采矿产资源，应当照顾民族自治地方的利益，优先作出有利于民族自治地方经济社会建设的合理安排，照顾当地少数民族群众的生产和生活。

民族自治地方的自治机关根据法律规定和国家的统一规划，对可以由本地方开发的矿产资源，优先合理开发利用。

第十条【权利转让限制】除按下列规定可以转让外，探矿权、采矿权不得转让：

（一）探矿权人有权在划定的勘查作业区内进行规定的勘查作业，有权优先取得勘查作业区内矿产资源的采矿权。探矿权人在完成规定的最低勘查投入后，经依法批准，可以将探矿权转让他人。

（二）已取得采矿权的矿山企业，因企业合并、分立、与他人合资、合作经营，或者因企业资产出售以及有其他变更企业资产产权的情形而需要变更采矿权主体的，经依法批准可以将采矿权转让他人采矿。

前款规定的具体办法和实施步骤由国务院规定。

禁止将探矿权、采矿权倒卖牟利。

第十一条【科技创新与激励政策】国家支持和鼓励开展矿产资源保护、勘查、开采以及矿区生态修复的科学技术研究与应用，对成绩显著的单位和个人，按照有关规定给予奖励。

国家对重大地质勘查成果进行奖励。国家鼓励开采共伴生、低品位的重要矿产资源，鼓励采选废弃物的减量化、资源化再利用，鼓励深海矿产资源勘查、开采及其环境保护的技术创新，鼓励地下采矿与地下空间布局和地下空间开发利用相结合的技术创新。

第十二条【外资】国家允许外国的公司、企业和其他经济组织以及个人依照中华人民共和国有关法律、行政法规的规定，在中华人民共和国领域及管辖的其他海域投资勘查、开采矿产资源。

第十三条【检举、控告】任何单位和个人对侵占、破坏矿产资源及其他违反矿产资源管理法律、法规的行为，有权进行检举、控告。

第十四条【指导方针】勘查、开采矿产资源应当贯彻可持续发展战略，实行统一规划、合理布局、综合勘查、合理开发、综合利用的方针。

第十五条【矿产资源勘查】勘查矿产资源应当贯彻可持续发展战略，实行统一规划、合理布局、综合勘查，为合理开发、综合利用奠定基础。

勘查矿产资源应当遵守国家有关矿山安全、水土保持、土地复垦和环境保护等法律、法规的规定，坚持谁开发利用矿产资源谁负责保护、谁破坏生态环境谁负责治理的原则，防止水土流失，防治地质灾害，保护生态环境。

勘查矿产资源必须依法取得探矿权。

探矿权应该通过招标投标或者拍卖等公平竞争的方式取得。具体办法由国务院根据法律、行政法规的规定制定。

依法取得的探矿权受法律保护。

第十六条【矿产资源的勘查、开发利用和保护】矿产资源的勘查、开发利用和保护，必须符合矿产资源规划，坚持经济效益、社会效益和环境效益相统一的原则，确保矿产资源科学、合理利用。

第十七条【矿产资源开采】矿山开采规模应当与矿产资源状况相适应，充分调动市场各类主体的积极性，吸引社会资本和风险投资，鼓励和扶持矿山企业规模化、集约化经营，确保矿产资源合理利用、综合利用和循环利用。

开采矿产资源，必须采取科学合理的开采顺序、开采方法和选矿工艺。矿山企业的开采回采率、采矿贫化率和选矿回收率应当达到国家规定的设计要求。

在开采主要矿产的同时，对具有工业价值的共生和伴生矿产应当统一规划，综合开采，综合利用，防止浪费；对暂时不能综合开采或者必须同时采出而暂时还不能综合利用的矿产以及含有有用组分的尾矿，应当采取有效的保护措施，防止损失破坏。

开采矿产资源，必须遵守国家劳动安全卫生规定，具备保障安全生产的必要条件。

开采矿产资源，必须遵守有关环境保护的法律规定，防止污染环境。

开采矿产资源，应当节约用地。耕地、草原、林地因采矿受到破坏的，矿山企业应当因地制宜地采取复垦利用、植树种草或者其他利用措施。

开采矿产资源给他人生产、生活造成损失的，应当负责赔偿，并采取必要的补救措施。

开采矿产资源，必须按照国家有关规定缴纳资源税和资源补偿费。开采特别富的稀土矿、石油等重要矿产，必须缴纳资源租金税。

第二章 矿产资源勘查与储量管理

第一节 矿产资源勘查的登记

第十八条【区块登记管理】国家对矿产资源勘查实行统一的区块登记管理制度。

矿产资源勘查工作区范围以经纬度 1'×1' 划分的区块为基本单位区块。每个勘查项目允许登记的最大范围：

（一）矿泉水为 10 个基本单位区块；

（二）金属矿产、非金属矿产、放射性矿产为 40 个基本单位区块；

（三）地热、煤、水气矿产为 200 个基本单位区块；

（四）石油、天然气矿产为 2500 个基本单位区块；

（五）法律法规规定的其他矿产勘查项目允许区块登记标准。

第十九条【各级自然资源主管部门审批登记范围】勘查下列矿产资源，由国务院自然资源主管部门审批登记，颁发勘查许可证：

（一）跨省、自治区、直辖市的矿产资源；

（二）领海及中国管辖的其他海域的矿产资源；

（三）外商投资勘查的矿产资源；

（四）《矿产资源勘查区块登记管理办法》附录所列的矿产资源。

勘查石油、天然气矿产的，经国务院指定的机关审查同意后，由国务院自然资源主管部门登记，颁发勘查许可证。

勘查下列矿产资源的，由省、自治区、直辖市人民政府自然资源主管部门审批登记，颁发勘查许可证，并应自发证之日起 10 日内，向国务院自然资源主管部门备案：

（一）本条第一款、第二款规定以外的矿产资源；

(二）国务院自然资源主管部门授权省、自治区、直辖市人民政府自然资源主管部门审批登记的矿产资源。

第二十条【探矿权有偿取得和勘查许可期限管理制度】国家实行探矿权有偿取得的制度和勘查许可期限制度。探矿权使用费缴纳和勘查许可期限管理由国务院另行规定。

第二十一条【探矿权保护】禁止任何单位和个人进入他人依法取得探矿权的勘查作业区内进行勘查或者采矿活动。

探矿权人与采矿权人对勘查作业区范围和矿区范围发生争议的，由当事人协商解决；协商不成的，由发证的登记管理机关中级别高的登记管理机关裁决。

第二十二条【探矿权人的权利】探矿权人享有下列权利：

（一）按照勘查许可证规定的区域、期限、工作对象进行勘查；

（二）在勘查作业区及相邻区域架设供电、供水、通讯管线，但是不得影响或者损害原有的供电、供水设施和通讯管线；

（三）在勘查作业区及相邻区域通行；

（四）根据工程需要临时使用土地；

（五）优先取得勘查作业区内新发现矿种的探矿权；

（六）自行销售勘查中按照批准的工程设计施工回收的矿产品，但是国务院规定由指定单位统一收购的矿产品除外。

探矿权人行使前款所列权利时，有关法律、法规规定应当经过批准或者履行其他手续的，应当遵守有关法律、法规的规定。

第二十三条【探矿权人的义务】探矿权人应当履行下列义务：

（一）在规定的期限内开始施工，并在勘查许可证规定的期限内完成勘查工作；

（二）向勘查登记管理机关报告开工等情况；

（三）按照探矿工程设计施工，不得擅自进行采矿活动；

（四）在查明主要矿种的同时，对共生、伴生矿产资源进行综合勘查、综合评价；

（五）编写矿产资源勘查报告，提交有关部门审批；

（六）按照国务院有关规定汇交矿产资源勘查成果档案资料；

（七）遵守有关法律、法规关于劳动安全、土地复垦和环境保护的规定；

（八）勘查作业完毕，及时封、填探矿作业遗留的井、硐或者采取其他措施，消除安全隐患。

第二十四条【勘查探明矿产储量登记】勘查探明的矿产储量经过登记后，作为矿产资源规划分配的依据；探矿权人享有优先取得该矿产储量的采矿权的权利，开办矿山企业占用该矿产储量经过登记后，作为矿山企业占用该矿产储量的依据。建设项目压覆的在目前经济技术条件下无法采出的矿产储量经过登记后，自然资源主管部门不受理采矿者对该矿产储量的采矿登记申请。

第二节 矿产资源勘查

第二十五条【勘探报告审批】国务院矿产储量审批机构或者省、自治区、直辖市矿产储量审批机构负责审查批准供矿山建设设计使用的勘探报告，并在规定的期限内批复报送单位。勘探报告未经批准，不得作为矿山建设设计的依据。

第二十六条【区域地质调查】区域地质调查按照国家统一规划进行。区域地质调查的报告和图件按照国家规定验收，提供有关部门使用。

第二十七条【共生或伴生矿评价】矿产资源普查在完成主要矿种普查任务的同时，应当对工作区内包括共生或者伴生矿产的成矿地质条件和矿床工业远景作出初步综合评价。

第二十八条【勘探报告综合评价】矿床勘探必须对矿区内具有工业价值的共生和伴生矿产进行综合评价，并计算其储量。未作综合评价的勘探报告不予批准。但是，国务院计划部门另有规定的矿床勘探项目除外。

第二十九条【特殊矿产勘查】普查、勘探易损坏的特种非金属矿产、流体矿产、易燃易爆易溶矿产和含有放射性元素的矿产，必须采用省级以上人民政府有关主管部门规定的普查、勘探方法，并有必要的技术装备和安全措施。

第三十条【标本资料保存】矿产资源勘查的原始地质编录和图件、岩矿心、测试样品和其他实物标本资料，各种勘查标志，应当按照有关规定保护和保存。

第三十一条【统计资料】矿产资源勘查成果档案资料和各类矿产储量的统计资料，实行统一的管理制度，按照国务院规定汇交或者填报。

矿床勘探报告及其他有价值的勘查资料，按照国务院规定实行有偿使用。

第三节　矿产资源储量管理

第三十二条【矿产资源储备】国家建立矿产品和矿产地相结合的重要矿产资源储备制度，科学确定储备的矿种、规模、布局及矿产品数量与质量，划定重要矿产资源储备地，保障矿产资源安全。

第三十三条【矿产储量统一登记统计管理】国家对矿产储量实行统一的登记统计管理制度。矿产储量是指经勘查探明具有利用价值的，呈固态、液态或气态的能源矿产、金属矿产、非金属矿产和水气矿产等矿产资源的储藏量。

国务院自然资源主管部门是全国矿产储量登记统计管理机关。国务院自然资源主管部门在国务院有关主管部门协助下进行矿产储量登记统计管理工作。

省、自治区、直辖市人民政府自然资源主管部门是本行政区内矿产储量登记统计管理机关。省、自治区、直辖市人民政府自然资源主管部门在同级有关主管部门协助下进行矿产储量登记统计管理工作。

设区市、县人民政府自然资源主管部门是本行政区内矿产储量登记统计管理机关，负责本行政区内所属国有矿山企业、集体矿山企业和个体采矿者开采矿区矿产储量的登记统计管理工作。

第三十四条【法定矿产储量登记】 下列矿产储量必须登记：

（一）矿区不同勘查阶段所探明的矿产储量登记达到法律法规规定等级标准；

（二）矿山原储量登记范围外新探明的矿产储量；

（三）开办矿山企业所占用的矿产储量；

（四）变更开采范围或者矿区范围、开采矿种和企业名称后矿山企业所占用的矿产储量；

（五）建设项目压覆的在目前经济技术条件下无法采出的矿产储量；

（六）法律法规规定其他矿产储量必须登记情形。

矿产储量申报登记管理由国务院另行规定。

第三十五条【年度矿产储量申报和统计】 地质勘查单位和矿山企业提供的年度矿产储量统计资料，不得虚报、瞒报、拒报、迟报，不得伪造、篡改。

矿产储量登记统计管理机关在矿产储量统一登记基础上对每年矿产储量的增量、减量和存量进行统计。

第三十六条【矿产储量统计和发布】 国务院自然资源主管部门负责汇总全国矿产储量，全国矿产储量统计资料由国务院自然资源主管部门统一发布。

省、自治区、直辖市负责汇总辖区矿产储量统计资料，由各省、自治区、直辖市人民政府自然资源主管部门统一发布。

跨省、自治区、直辖市和县（市）行政区域的矿区（矿山）矿产储量，由原颁发该矿区（矿山）勘查或采矿许可证的自然资源主管部门进行统计和发布。

第三章　矿产资源的开采管理

第一节　采矿权许可

第三十七条【采矿权有偿取得的制度】国家实行采矿权有偿取得的制度。开采矿产资源，必须按照国家有关规定缴纳资源税和资源补偿费。

第三十八条【采矿权审批登记】开采下列矿产资源，由国务院自然资源主管部门审批登记，颁发采矿许可证：

（一）国家规划矿区和对国民经济具有重要价值的矿区内的矿产资源；

（二）领海及中国管辖的其他海域的矿产资源；

（三）外商投资开采的矿产资源；

（四）国务院规定的其他矿产资源。

开采石油、天然气矿产的，经国务院指定的机关审查同意后，由国务院矿产资源主管部门登记，颁发采矿许可证。

开采下列矿产资源，由省、自治区、直辖市人民政府矿产资源主管部门审批登记，颁发采矿许可证：

（一）本条第一项、第二项规定以外的矿产储量规模中型以上的矿产资源；

（二）国务院自然资源主管部门授权省、自治区、直辖市人民政府自然资源主管部门审批登记的矿产资源。

开采本条第一项、第二项、第三项规定以外的矿产资源，由县级以上地方人民政府负责地质矿产管理工作的部门，按照省、自治区、直辖市人民代表大会常务委员会制定的管理办法审批登记，颁发采矿许可证。

矿区范围跨县级以上行政区域的，由所涉及行政区域的共同上一级登记管理机关审批登记，颁发采矿许可证。

县级以上地方人民政府负责地质矿产管理工作的部门在审批发证后，应当逐级向上一级人民政府负责地质矿产管理工作的部门备案。

矿产储量规模的大型、中型的划分标准，由国务院矿产储量审批机构规定。

第三十九条【采矿许可证申请】采矿权申请人申请办理采矿许可证时，应当向登记管理机关提交下列资料：

（一）申请登记书和矿区范围图；

（二）采矿权申请人资质条件的证明；

（三）矿产资源开发利用方案；

（四）依法设立矿山企业的批准文件；

（五）开采矿产资源的环境影响评价报告；

（六）法律法规规定提交的其他资料。

申请开采国家规划矿区或者对国民经济具有重要价值的矿区内的矿产资源和国家实行保护性开采的特定矿种的，还应当提交国务院有关主管部门的批准文件。

申请开采石油、天然气的，还应当提交国务院批准设立石油公司或者同意进行石油、天然气开采的批准文件以及采矿企业法人资格证明。

登记管理依法作出准予登记或者不予登记的决定，并通知采矿权申请人。

第四十条【招标投标方式获得采矿权】采矿权可以通过招标投标的方式有偿取得。各级登记管理机关依据法律规定的权限确定招标的矿区范围，发布招标投标公告。但是，对境外招标的矿区范围由国务院自然资源主管部门确定。

登记管理机关组织评标，采取择优原则确定中标人。中标人按规定缴纳费用后，办理登记手续，领取采矿许可证，成为采矿权人，并履行标书中承诺的义务。

第四十一条【采矿证期限管理制度】采矿许可证实行有效期管理制度，根据矿山建设规模确定采矿许可证有效期限：

（一）大型以上的，采矿许可证有效期最长为三十年；

（二）中型的，采矿许可证有效期最长为二十年；

（三）小型的，采矿许可证有效期最长为十年。

采矿许可证有效期满，需要继续采矿的，采矿权人应当在采矿许可证有效期届满前，到登记管理机关办理延续登记手续。采矿权人逾期不办理延续登记手续的，采矿许可证自行废止。

矿山建设规模标准由国务院另行规定。

第四十二条【变更登记】在采矿许可证有效期内，有下列情形之一的，采矿权人应当向原发证机关申请办理变更登记：

（一）变更矿区范围的；

（二）变更开采矿种的；

（三）变更开采方式的；

（四）变更矿山企业名称的；

（五）经依法批准转让采矿权的；

（六）法律法规规定提交的其他资料。

第二节 矿产资源开采

第四十三条【有计划开采】国家对国家规划矿区、对国民经济具有重要价值的矿区和国家规定实行保护性开采的特定矿种,实行有计划的开采;未经国务院有关主管部门批准,任何单位和个人不得开采。

第四十四条【矿产资源的分配和开发利用原则】全国矿产资源的分配和开发利用,应当兼顾当前和长远、中央和地方的利益,实行统一规划、有效保护、合理开采、综合利用。

第四十五条【国家矿产资源规划】矿产资源规划是矿产资源保护、勘查、开采以及矿区生态修复的重要依据。国务院自然资源主管部门应当依据全国国民经济和社会发展规划纲要、全国国土空间规划纲要,会同国务院有关部门编制全国矿产资源规划,对矿产资源的保护、勘查和开采的总量、结构、布局等作出安排,报国务院批准后实施。县级以上地方人民政府自然资源主管部门会同有关部门编制本行政区域内的矿产资源规划,报上一级人民政府自然资源主管部门批准后实施。

编制矿产资源规划应当坚持开发与保护并重的原则,正确处理矿产资源开发利用与经济发展、其他自然资源利用和生态环境保护的关系,合理控制矿业开发总量,优化矿业结构,提高矿产资源利用水平。

编制矿产资源规划应当根据国民经济和社会发展规划以及其所在地的自然环境和资源条件进行科学论证。

矿产资源规划分为总体规划和专项规划。专项规划包括地质矿产调查评价与勘查规划、矿产资源开发利用与保护规划、矿山生态环境保护规划等。

国家确定的具有重要经济价值或者用途的矿产资源应当编制专项规划。

矿产资源专项规划应当服从矿产资源总体规划,下级矿产资源规划应当服从上级矿产资源规划。

矿产资源规划应当与土地利用、环境保护、水土保持、森林保护、城乡建设、旅游开发、水资源开发、防汛抗洪等规划相协调。

第四十六条【矿产资源开发规划】矿产资源开发规划是对矿区的开发建设布局进行统筹安排的规划。

矿产资源开发规划分为行业开发规划和地区开发规划。

矿产资源行业开发规划由国务院有关主管部门根据全国矿产资源规划中分配给本部门的矿产资源编制实施。

矿产资源地区开发规划由省、自治区、直辖市人民政府根据全国矿产资源规划中分配给本省、自治区、直辖市的矿产资源编制实施；并作出统筹安排，合理划定省、市、县级人民政府审批、开发矿产资源的范围。

矿产资源行业开发规划和地区开发规划应当报送国务院发展与改革主管部门、自然资源主管部门备案。

国务院发展与改革主管部门、自然资源主管部门，对不符合全国矿产资源规划的行业开发规划和地区开发规划，应当予以纠正。

第四十七条【矿区设立、变更或者撤销及公告】设立、变更或者撤销国家规划矿区、对国民经济具有重要价值的矿区，由国务院有关主管部门提出，并附具矿产资源详查报告及论证材料，经国务院计划行政主管部门和自然资源主管部门审定，并联合书面通知有关县级人民政府。

国家规划矿区的范围、对国民经济具有重要价值的矿区的范围、矿山企业矿区的范围依法划定后，由划定矿区范围的主管机关通知有关县级人民政府予以公告。县级人民政府应当自收到通知之日起一个月内予以公告，并逐级报国务院发展与改革主管部门、自然资源主管部门备案。

矿山企业变更矿区范围，必须报请原审批机关批准，并报请原颁发采矿许可证的机关重新核发采矿许可证。

第四十八条【特定矿种】确定或者撤销国家规定实行保护性开采的特定矿种,由国务院有关主管部门提出,并附具论证材料,经国务院发展改革主管部门和自然资源主管部门审核同意后,报国务院批准。

第四十九条【矿山企业设立资质】设立矿山企业,必须符合国家规定的资质条件,并依照法律和国家有关规定,由审批机关对其矿区范围、矿山设计或者开采方案、生产技术条件、安全措施和环境保护措施等进行审查;审查合格的,方予批准。

采矿权人领取采矿许可证后,大型矿山在两年内,中型矿山在一年内,小型矿山在六个月内,应当进行矿山建设。因特殊情况需要延期建设或者生产的,可以在期满三十日前向自然资源主管部门提出延期申请。自然资源主管部门应当自收到延期申请之日起二十日内,作出准予延期或者不予延期的决定。

第五十条【矿山设计证书】单位或者个人开采矿产资源前,应当委托持有相应矿山设计证书的单位进行可行性研究和设计。开采零星分散矿产资源和用作建筑材料的砂、石、粘土的,可以不进行可行性研究和设计,但是应当有开采方案和环境保护措施。

矿山设计必须依据设计任务书,采用合理的开采顺序、开采方法和选矿工艺。

矿山设计必须按照国家有关规定审批;未经批准,不得施工。

第五十一条【维护正常秩序】地方各级人民政府应当采取措施,维护本行政区域内的国有矿山企业和其他矿山企业矿区范围内的正常秩序。

采矿权人应当按照采矿许可证规定的开采范围和期限从事开采活动,不得越界、越层开采。禁止任何单位和个人进入他人依法设立的国有矿山企业和其他矿山企业矿区范围内采矿。

第五十二条【禁采地区】非经国务院授权的有关主管部门同意,不得在下列地区开采矿产资源：

（一）港口、机场、国防工程设施圈定地区以内；

（二）重要工业区、大型水利工程设施、城镇市政工程设施附近一定距离以内；

（三）铁路、重要公路两侧一定距离以内；

（四）重要河流、堤坝两侧一定距离以内；

（五）国家划定的自然保护区、重要风景区，国家重点保护的不能移动的历史文物和名胜古迹所在地；

（六）国家规定不得开采矿产资源的其他地区。

第五十三条【综合开采、利用】 在开采主要矿产的同时，对具有工业价值的共生和伴生矿产应当统一规划，综合开采，综合利用，防止浪费；对暂时不能综合开采或者必须同时采出而暂时还不能综合利用的矿产以及含有有用组分的尾矿，应当采取有效的保护措施，防止损失破坏。

第五十四条【不得压覆重要矿床】 在建设铁路、工厂、水库、输油管道、输电线路和各种大型建筑物或者建筑群之前，建设单位必须向所在省、自治区、直辖市自然资源主管部门了解拟建工程所在地区的矿产资源分布和开采情况。非经国务院授权的部门批准，不得压覆重要矿床。

第五十五条【采矿权人权利】 采矿权人享有下列权利：

（一）按照采矿许可证规定的开采范围和期限从事开采活动；

（二）自行销售矿产品，但是国务院规定由指定的单位统一收购的矿产品除外；

（三）在矿区范围内建设采矿所需的生产和生活设施；

（四）根据生产建设的需要依法取得土地使用权；

（五）法律、法规规定的其他权利。

采矿权人行使前款所列权利时,法律、法规规定应当经过批准或者履行其他手续的,依照有关法律、法规的规定办理。

第五十六条【采矿权人义务】 采矿权人应当履行下列义务:

(一)在批准的期限内进行矿山建设或者开采;

(二)有效保护、合理开采、综合利用矿产资源;

(三)依法缴纳资源税和矿产资源补偿费;

(四)遵守国家有关劳动安全、水土保持、土地复垦和环境保护的法律、法规;

(五)接受自然资源主管部门和有关主管部门的监督管理,按照规定填报矿产储量表和矿产资源开发利用情况统计报告;

(六)履行法律、法规规定的其他义务。

第五十七条【采矿权人停办矿山】 采矿权人在采矿许可证有效期满或者在有效期内,停办矿山而矿产资源尚未采完的,必须采取措施将资源保持在能够继续开采的状态,并事先完成下列工作:

(一)编制矿山开采现状报告及实测图件;

(二)按照有关规定报销所消耗的储量;

(三)按照原设计实际完成相应的有关劳动安全、水土保持、土地复垦和环境保护工作,或者缴清土地复垦和环境保护的有关费用。

采矿权人停办矿山的申请,须经原批准开办矿山的主管部门批准、原颁发采矿许可证的机关验收合格后,方可办理有关证、照注销手续。

第五十八条【关闭矿山】 矿山企业关闭矿山,必须提出矿山闭坑报告及有关采掘工程、安全隐患、土地复垦利用、环境保护的资料,并按照国家规定报请审查批准。应当按照下列程序办理审批手续:

(一)开采活动结束的前一年,向原批准开办矿山的主管部门提出关闭矿山申请,并提交闭坑地质报告;

(二)闭坑地质报告经原批准开办矿山的主管部门审核同意后,报自然资源主管部门会同矿产储量审批机构批准；

（三）闭坑地质报告批准后，采矿权人应当编写关闭矿山报告，报请原批准开办矿山的主管部门会同同级自然资源主管部门和有关主管部门按照有关行业规定批准。

第五十九条【关闭矿山报告批准后事项】关闭矿山报告批准后，矿山企业应当完成下列工作：

（一）按照国家有关规定将地质、测量、采矿资料整理归档，并汇交闭坑地质报告、关闭矿山报告及其他有关资料；

（二）按照批准的关闭矿山报告，完成有关劳动安全、水土保持、土地复垦和环境保护工作，或者缴清土地复垦和环境保护的有关费用。

矿山企业凭关闭矿山报告批准文件和有关部门对完成上述工作提供的证明，报请原颁发采矿许可证的机关办理采矿许可证注销手续。

第六十条【建设项目与重要矿床】建设单位在建设铁路、公路、工厂、水库、输油管道、输电线路和各种大型建筑物前，必须向所在地的省、自治区、直辖市人民政府自然资源主管部门了解拟建工程所在地区的矿产资源分布情况，并在建设项目设计任务书报请审批时附具自然资源主管部门的证明。

在前款建设项目与重要矿床的开采发生矛盾时，由国务院有关主管部门或者省、自治区、直辖市人民政府提出方案，经国务院自然资源主管部门提出意见后，报国务院发展与改革主管部门决定。

第六十一条【矿区争议解决】采矿权人之间对矿区范围发生争议时，由当事人协商解决；协商不成的，由矿产资源所在地的县级以上地方人民政府根据依法核定的矿区范围处理；跨省、自治区、直辖市的矿区范围争议，当事人协商不成的，由有关省、自治区、直辖市人民政府协商解决；协商不成的，由国务院自然资源主管部门提出处理意见，报国务院决定。

第六十二条【保护文化古迹】勘查、开采矿产资源时,发现具有重大科学文化价值的罕见地质现象以及文化古迹,应当加以保护并及时报告有关部门。

第六十三条【开采标准】开采矿产资源,应当采取合理的开采顺序、开采方法和选矿工艺。开采回采率、选矿回收率和综合利用率应当达到矿山设计要求;无矿山设计要求的,应当达到省级以上自然资源主管部门核定的指标。

禁止采取破坏性开采方法开采矿产资源。

禁止超依法批准的设计生产能力或者核定能力开采矿产资源。

第三节 集体矿山企业和个体采矿

第六十四条【开采方针、品种】国家对集体矿山企业和个体采矿实行积极扶持、合理规划、正确引导、加强管理的方针,鼓励集体矿山企业开采国家指定范围内的矿产资源,允许个人按国家规定开采矿产资源。

国家指导、帮助集体矿山企业和个体采矿不断提高技术水平、资源利用率和经济效益。

自然资源主管部门、地质工作单位和国有矿山企业应当按照积极支持、有偿互惠的原则向集体矿山企业和个体采矿提供地质资料和技术服务。

第六十五条【集体所有制矿山企业】国家依法保护集体所有制矿山企业、私营矿山企业和个体采矿者的合法权益,依法对集体所有制矿山企业、私营矿山企业和个体采矿者进行监督管理。

第六十六条【集体所有制矿山企业开采矿产资源范围】集体所有制矿山企业可以开采下列矿产资源:

(一)不适于国家建设大、中型矿山的矿床及矿点;

（二）经国有矿山企业同意，并经其上级主管部门批准，在其矿区范围内划出的边缘零星矿产；

（三）矿山闭坑后，经原矿山企业主管部门确认可以安全开采并不会引起严重环境后果的残留矿体；

（四）国家规划可以由集体所有制矿山企业开采的其他矿产资源。

集体所有制矿山企业开采前款第（二）项所列矿产资源时，必须与国有矿山企业签订合理开发利用矿产资源和矿山安全协议，不得浪费和破坏矿产资源，并不得影响国有矿山企业的生产安全。

私营矿山企业开采矿产资源的范围参照第（一）（二）（三）（四）项集体所有制矿山企业开采矿产资源范围的规定执行。

第六十七条【提高回收率】集体矿山企业和个体采矿应当提高技术水平，提高矿产资源回收率。禁止乱挖滥采，破坏矿产资源。

集体矿山企业必须测绘井上、井下工程对照图。

第六十八条【矿山内已有集体企业】国务院和国务院有关主管部门批准开办的矿山企业矿区范围内已有的集体矿山企业，应当关闭或者到指定的其他地点开采，由矿山建设单位给予合理的补偿，并妥善安置群众生活；也可以按照该矿山企业的统筹安排，实行联合经营。

国家设立国家规划矿区、对国民经济具有重要价值的矿区时，对应当撤出的原采矿权人，国家按照有关规定给予合理补偿。

第四章　矿山环境保护与恢复治理

第一节　矿山环境保护

第六十九条【矿山环境保护原则】矿山环境保护，坚持预防为主、防治结合，谁开发谁保护、谁破坏谁治理、谁投资谁受益的原则。

勘查、开采矿产资源应当保护矿山环境，避免和减轻矿山地质环境破坏，防治地质灾害、地质环境等生态环境污染。

第七十条【矿山环境保护主体】县级以上地方人民政府自然资源主管部门会同有关部门负责预防矿山环境的破坏和矿山恢复治理工作。

第七十一条【重要矿区开发环境影响评价制度】对国务院或省级人民政府认定的重要矿区的勘查、开采，应实行环境影响评价制度，对重要矿区的勘查、开采活动实施后可能造成的环境影响进行分析、预测和评估，提出预防或者减轻不良环境影响的对策和措施，并进行跟踪监测。

第七十二条【先进的技术、工艺、装备应用】勘查、开采矿产资源的单位和个人应当采用先进的技术、工艺、装备进行探矿、采矿和选矿活动，减轻探矿、采矿和选矿活动对矿山地质环境的影响。

第七十三条【地质灾害防灾预案制度】大、中型矿山企业要建立地质灾害防灾预案制度，对矿区范围的地质构造、土壤、地下水等矿山地质环境要素进行监测，并向省地矿主管部门指定的地质环境监测机构报送有关监测数据。

第七十四条【破坏矿山地质环境禁止活动】勘查、开采矿产资源的单位和个人未采取符合国家规定的防治措施，不得从事下列造成破坏矿山地质环境的活动：

（一）诱发地面开裂、沉降、塌陷、山体崩塌、滑坡、泥石流等地质灾害的；

（二）引发区域性地下水水位下降、地下水疏干、泉水干涸等地下水资源破坏的；

（三）对地下水、土壤造成污染的；

（四）对具有重大科学研究价值的地质遗迹和重要观赏性价值的地质地貌景观造成破坏的；

（五）禁止在地质灾害危险区内从事采矿、削坡、堆放渣石、抽取地下水等活动；

（六）法律法规规定禁止的其他情形。

第二节 矿山恢复治理

第七十五条【环境保护】矿产资源勘查、开采，必须遵守有关环境保护的法律规定，防止污染环境。

开采矿产资源，应当节约用地。耕地、草原、林地因采矿受到破坏的，矿山企业应当因地制宜地采取复垦利用、植树种草或者其他利用措施。

开采矿产资源给他人生产、生活造成损失的，应当负责赔偿，并采取必要的补救措施。

第七十六条【矿业槽、井、孔、坑封闭或者填实】矿业活动中废弃的槽、井、孔、坑必须进行封闭或者填实，探矿权人应当按照勘查设计或者勘查实施方案施工，对勘查矿产资源遗留的钻孔、探井、探槽、巷道在停止使用前进行回填、封闭，恢复到安全状态。

矿山设计的矿柱、岩柱，在规定的期限内，应当予以保护，不得开采或毁坏。

第七十七条【地质灾害治理和防护】采矿权人应当对矿区范围内的危岩、危坡、山地开裂带、地面沉降区和塌陷区设立警示标志并进行有效的治理，排除危害。

采矿权人应当制定防治地质灾害的抢险、救护应急方案，并报县级以上地矿主管部门备案。

第七十八条【编制环境保护、恢复治理与土地复垦方案】采矿权申请人应当编制矿山地质环境保护、恢复治理与土地复垦方案，并按照采矿权审批登记权限报县级以上人民政府自然资源主管部门批准。不按照要求编制矿山地质环境保护、恢复治理与土地复垦方案的，自然资源主管部门不得受理其采矿权申请。

采矿权人应当履行矿山地质环境恢复治理义务，按照经批准的矿山地质环境保护、恢复治理与土地复垦方案进行恢复治理。

矿山地质环境保护、恢复治理与土地复垦方案的主要内容和编制要求，按照国家有关规定编制。

本法实施前在建或者已投产的矿山企业，未编制矿山地质环境保护、恢复治理与土地复垦方案的，采矿权人应当在原采矿权审批登记自然资源主管部门规定的期限内编制。

扩大开采规模、变更矿区范围或者开采方式、主要开采矿种的，采矿权人应当重新编制矿山地质环境保护、恢复治理与土地复垦方案，并报原审批登记权限的自然资源主管部门批准。

第七十九条【边开采边治理的原则】矿山地质环境恢复治理坚持边开采边治理的原则。矿山地质环境保护与恢复治理工程的设计、施工，应当与矿产资源开采活动同步进行。

矿山停办、关闭前，采矿权人应当完成矿山地质环境恢复治理。

对本法实施前废弃矿山的地质环境恢复治理，能够确定责任人的，由矿山所在地自然资源主管部门督促其依法恢复治理；不能确定责任人的，由矿山所在地县级人民政府组织恢复治理。

第八十条【矿山地质环境恢复治理标准】矿山地质环境恢复治理应当达到下列标准：

（一）因矿产资源勘查、开采活动引发的崩塌、滑坡、泥石流、地面塌陷等地质灾害隐患已经消除，危及人民生命财产安全或者重要基础设施安全的隐患已经消除；

（二）露天采场边坡、地下井巷采空区按照矿山闭坑要求进行了治理，固体废弃物破坏的矿山环境得到有效修复；

（三）被占用、破坏、污染的土地得到复垦和利用，植被得到恢复，水土流失得到治理；

（四）矿区地表水、地下水污染得到有效控制或者治理，被破坏的地下含水层得到修复，符合区域水功能区要求；

（五）分期、分区恢复治理工程的验收范围，不会受到后续矿山开采活动破坏或者影响。

第八十一条【恢复治理保证金制度】按照企业所有、政府监管的原则，实行矿山地质环境恢复治理保证金制度。

矿山地质环境恢复治理保证金的存储、使用、提取和管理的具体办法由国务院或省级人民政府制定。

第八十二条【恢复治理验收】县级以上人民政府自然资源主管部门应当在征求矿山所在地县级人民政府林业、水利、土地、农业、安监等有关部门和当地村民委员会的意见后，会同同级环境保护主管部门组织专家对已完成恢复治理或者已分期、分区完成恢复治理的工程进行验收。经验收合格的，采矿权人有权提取存储的矿山地质环境恢复治理保证金及利息。

第八十三条【矿区生态环境赔偿】省级、市地级人民政府及其指定的相关部门、机构，或者受国务院委托行使全民所有自然资源资产所有权的部门负责提起生态损害赔偿诉讼和索赔，并负责生态环境损害赔偿诉讼、环境公益诉讼和环境侵权民事诉讼之间的衔接。

生态环境损害赔偿诉讼和环境公益诉讼中对损害赔偿方面的责任方式存在着交叉，两种诉讼模式都是应当鼓励的，对于同一损害矿区生态环境行为有证据证明存在前诉审理时未发现的损害或者未被涵盖的诉讼请求，可以提起后诉；同时，如同一违法行为侵犯自然人、法人和其他组织的人身或财产权的，相关部门或组织提起生态损害赔偿诉讼或环境公益诉讼的，不影响受害方就其损失提起民事诉讼。

矿业权人不履行矿区生态环境修复义务的，由县级以上人民政府自然资源主管部门责令限期修复，并进行罚款；逾期仍未修复的，可依法确定有修复能力的单位、企业代为修复，所需费用由违法者承担。

矿区生态环境的修复由造成生态损害的主体将生态环境修复到损害发生之前的状态，不履行修复义务应承担生态环境修复费用。

第五章　法律责任

第八十四条【擅自开采】违反本法规定，未取得采矿许可证擅自采矿的，擅自进入国家规划矿区、对国民经济具有重要价值的矿区范围采矿的，擅自开采国家规定实行保护性开采的特定矿种的，责令停止开采、赔偿损失，没收采出的矿产品和违法所得，可以并处罚款；拒不停止开采，造成矿产资源破坏的，依照《刑法》有关规定对直接责任人员追究刑事责任。

单位和个人进入他人依法设立的国有矿山企业和其他矿山企业矿区范围内采矿的，依照前款规定处罚。

第八十五条【超范围采矿】超越批准的矿区范围采矿的，责令退回本矿区范围内开采、赔偿损失，没收越界开采的矿产品和违法所得，可以并处罚款；拒不退回本矿区范围内开采，造成矿产资源破坏的，吊销采矿许可证，依照《刑法》有关规定对直接责任人员追究刑事责任。

第八十六条【无权、越界勘查】无权、越界勘查矿产资源，责令停止违法行为，没收违法所得和直接用于违法勘查的工具、设备，并处以罚款。

对压覆矿产资源妨碍矿业权行使的，如系政府行为，矿业权人有权请求建设单位给予合理补偿，如与建设单位协商不成，可由有关省、自治区、直辖市人民政府处理，建设单位或者矿业权人对处理决定不服的，可以依法提起行政复议或者行政诉讼；如系非政府行为的，可以就其损失提起民事诉讼。

第八十七条【盗窃、抢夺、扰乱生产秩序】盗窃、抢夺矿山企业和勘查单位的矿产品和其他财物的，破坏采矿、勘查设施的，扰乱矿区和勘查作业区的生产秩序、工作秩序的，分别依照《刑法》有关规定追究刑事责任；情节显著轻微的，依照《治安管理处罚法》有关规定予以处罚。

第八十八条【买卖、出租资源、倒卖权证】买卖、出租或者以其他形式转让矿产资源的，没收违法所得，处以罚款。

违反本法第十条的规定将探矿权、采矿权倒卖牟利的，吊销勘查许可证、采矿许可证，没收违法所得，处以罚款。

第八十九条【违法收购和销售】违反本法规定收购和销售国家统一收购的矿产品的，没收矿产品和违法所得，可以并处罚款；情节严重的，依照《刑法》有关规定，追究刑事责任。

第九十条【破坏性开采】违反本法规定，采取破坏性的开采方法开采矿产资源的，处以罚款，可以吊销采矿许可证；造成矿产资源严重破坏的，依照《刑法》有关规定对直接责任人员追究刑事责任。

第九十一条【处理权限】本法规定的行政处罚，由县级以上人民政府相关主管部门按照规定的权限决定。给予吊销勘查许可证或者采矿许可证处罚的，须由原发证机关决定。

应当给予行政处罚而不给予行政处罚的，上级人民政府主管部门有权责令改正或者直接给予行政处罚。

第九十二条【救济措施】当事人对行政处罚决定不服的，可以依法申请复议，也可以依法直接向人民法院起诉。

当事人逾期不申请复议也不向人民法院起诉，又不履行处罚决定的，由作出处罚决定的机关申请人民法院强制执行。

第九十三条【渎职责任】负责矿产资源勘查、开采监督管理工作的国家工作人员和其他有关国家工作人员徇私舞弊、滥用职权或者玩忽职守，违反本法规定批准勘查、开采矿产资源和颁发勘查许可证、采矿许可证，或者对违法采矿行为不依法予以制止、处罚，构成犯罪的，依法追究刑事责任；不构成犯罪的，给予行政处分。违法颁发的勘查许可证、采矿许可证，上级人民政府自然资源主管部门有权予以撤销。

第九十四条【阻碍公务】以暴力、威胁方法阻碍从事矿产资源勘查、开采监督管理工作的国家工作人员依法执行职务的，依照《刑法》有关规定追究刑事责任；拒绝、阻碍从事矿产资源勘查、开采监督管理工作的国家工作人员依法执行职务未使用暴力、威胁方法的，由公安机关依照《治安管理处罚法》的规定处罚。

第九十五条【争议解决】矿山企业之间的矿区范围的争议，由当事人协商解决，协商不成的，由有关县级以上地方人民政府根据依法核定的矿区范围处理；跨省、自治区、直辖市的矿区范围的争议，由有关省、自治区、直辖市人民政府协商解决，协商不成的，由国务院处理。

第六章　附　则

第九十六条【用语含义】探矿权，是指在依法取得的勘查许可证规定的范围内，勘查矿产资源的权利。取得勘查许可证的单位或者个人称为探矿权人。

采矿权，是指在依法取得的采矿许可证规定的范围内，开采矿产资源和获得所开采的矿产品的权利。取得采矿许可证的单位或者个人称为采矿权人。

国家规定实行保护性开采的特定矿种，是指国务院根据国民经济建设和高科技发展的需要，以及资源稀缺、贵重程度确定的，由国务院有关主管部门按照国家计划批准开采的矿种。

国家规划矿区，是指国家根据建设规划和矿产资源规划，为建设大、中型矿山划定的矿产资源分布区域。

对国民经济具有重要价值的矿区，是指国家根据国民经济发展需要划定的，尚未列入国家建设规划的，储量大、质量好、具有开发前景的矿产资源保护区域。

第九十七条【外商投资】外商投资勘查、开采矿产资源，法律、行政法规另有规定的，从其规定。

第九十八条【申请补办手续】本法施行以前，未办理批准手续、未划定矿区范围、未取得采矿许可证开采矿产资源的，应当依照本法有关规定申请补办手续。

第九十九条【实施细则制定】本法实施细则由国务院制定。

第一百条【生效日期】本法自　　年　　月　　日起施行。

后　记

　　专著是作者及科研团队在承担并完成广西社会科学院 2020 年国情（区情）调研课题"生态文明视域下我国矿产资源法修订的理论与实践创新研究"和广西社会科学院 2021 年招标课题"新发展理念视域下我国矿产资源法修订研究"的基础上，综合各方面的意见和建议，对前期研究加以进一步修改完善后形成的科研成果。为做好课题研究，作者及科研团队赴国家自然资源部、广西壮族自治区自然资源厅等政府部门，以及中国有色矿业集团有限公司、中国有色桂林矿产地质研究院等企事业单位进行了深入的调研，共召开座谈会 6 次，访谈专家 20 余人次，并认真梳理了当前《矿产资源法》修订所面临的关键性问题。值得一提的是，为及时获得国外最新的矿产资源法相关资料，我们主要通过在美国、法国和日本等地的留学生，大量搜集他们所在国家有关矿产资源立法与修法的第一手资料，并在此基础上进行总结提炼。可以说，本专著是大家共同努力的结果，是集体智慧的结晶，是研究团队多年持续关注国内外矿产资源立法与修法的又一力作。

　　专著虽已脱稿，但大家内心仍战战兢兢。因为在深入贯彻习近平生态文明思想，把握新发展阶段、贯彻新发展理念、构建新发展格局的背景下，研究我国《矿产资源法》修订是一项极为重要的系统性课题，涉及国内外矿业形势的分析预判，国外先进立法理念与经验的学习借鉴，国内《矿产资源法》及其实施细则贯彻落实与修改完善的经验总结，全国各省（自治区、直辖市）贯彻落实《矿产资源法》及其实施细则的实践经验和成功案例等内容的归纳总结、吸收和采用，尤其是对国外英语、法语、日语等资料的翻译及准确把握与运用，这些都让作者及科研团队产生如临深渊、如履薄冰之感，不敢有丝毫的松懈与马虎。

相关课题立项两年多以来，研究工作时间紧、任务重，我们得到了多方的关心、支持和帮助，因此，要感谢的部门、专家和相关人员很多。首先，要感谢广西社会科学院党组成员、副院长解桂海同志，他鼓励研究团队开展矿产资源相关问题研究，并大力支持申请课题立项和申报新型智库出版资助活动；其次，要感谢国家自然资源部、广西壮族自治区自然资源厅、中国有色矿业集团有限公司、中国有色桂林矿产地质研究院等部门（单位）提供的支持与帮助；再次，要感谢中国科学院院士毛景文同志于百忙之中为本专著作序及书评；最后，要感谢课题组科研团队成员连光阳、谭庆红、周青、廖善康、查献群、钟凯、陈秋红、史亚博、刘建军、邵雷鹏、杨舟、宋思麒、王书柏、黄旭文、刘曙华、陈晨、余桂荣、杨红、廖凌风、黄强等同志认真收集资料、撰写文章。也衷心感谢商务印书馆对本专著出版发行的热情支持。

廖 欣
2021 年 11 月 26 日于南宁